本书得到北京高等学校教育教学改革立项项目应用型大学财会专业实践教学改革创新研究（项目编号2015-ms193）和北京联合大学校级教研重点项目财会专业实践教学体系优化研究（项目编号JJ2015Z003）资助

财务会计类专业教学改革研究

鲍新中　孟秀转　主编

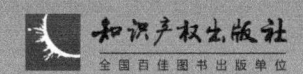

图书在版编目（CIP）数据

财务会计类专业教学改革研究/鲍新中，孟秀转主编. —北京：知识产权出版社，2016.11
ISBN 978-7-5130-4628-2

Ⅰ.①财… Ⅱ.①鲍… ②孟… Ⅲ.①财务会计—教学改革—高等学校 Ⅳ.①F234.4

中国版本图书馆 CIP 数据核字（2016）第 296870 号

内容提要

本书介绍了北京联合大学管理学院财务与会计类教师与学生在"科研与教学双轮驱动的财会类应用人才培养模式"中的一些教学改革实践，特别突出了学生在这种人才培养模式下参与实践的一些成果。包括将企业真实会计账目引入实训课程的实践成果、依托财务管理课程开展的企业财务预测与价值评估案例大赛参赛作品、企业财务综合分析研究报告以及学生参与教师科研撰写的部分学术研究论文成果。这些成果很好地体现了北京联合大学财务与会计类应用性学生培养的模式特点，可为同类财会类专业大学生培养提供一定的借鉴。

责任编辑：荆成恭	责任校对：潘凤越
封面设计：京诚华信	责任出版：孙婷婷

财务会计类专业教学改革研究

鲍新中　孟秀转　主编

出版发行：知识产权出版社 有限责任公司	网　　址：http://www.ipph.cn
社　　址：北京市海淀区西外太平庄 55 号	邮　　编：100081
责编电话：010-82000860 转 8341	责编邮箱：jcggxj219@163.com
发行电话：010-82000860 转 8101/8102	发行传真：010-82000893/82005070/82000270
印　　刷：北京中献拓方科技发展有限公司	经　　销：各大网上书店、新华书店及相关专业书店
开　　本：720mm×1000mm　1/16	印　　张：21
版　　次：2016 年 11 月第 1 版	印　　次：2016 年 11 月第 1 次印刷
字　　数：329 千字	定　　价：66.00 元

ISBN 978-7-5130-4628-2

出版权专有　侵权必究
如有印装质量问题，本社负责调换。

序

  大学生活是人生中最为美好的一段时光，灿烂美丽，纯真简单。那么在人才培养过程中，应该如何引导大学生规划自己的青春奋斗史呢？传统奋斗的三个关键词是背景、学历、人脉，而如今奋斗的三大关键成为知识、情怀和创新。

  所谓知识并非学历，也并非仅指知识本身，而是学习知识的方法与本领。据专家预测，这一代大学生在以后的职业生涯中平均每人要换两个行业，要换八九份工作。因此大学生应该拓宽视野，放大自己学习生活的半径，除了专业课以外，要走进图书馆去阅读，跟大师们辩论；去聆听一次哪怕跟专业风马牛不相及的讲座；去试试看自己能为同学、学校、社区或者家乡做点什么。一定要多阅读，每个大学生要给自己设定一个阅读目标：每年至少50本书。

  所谓情怀，是指应该树立正确的人生观和价值观。每个大学生都需要选择是做一个劳力者还是一个劳心者。所谓劳力者，就是去做一个权力和金钱的执著占有者；所谓劳心者，就是做一个自觉的知识分子和社会精英。或者，可以选择成为第三种，占有权力和金钱的自觉的知识分子。答案表面看很简单，但事实上回答和实行每一个答案都是对心智的长期折磨。希望每个大学生都能成为一个完整的成功者。为了生计努力打拼的人应该得到尊重，我们更欣赏人们能够努力为社会、为他人默默地做点什么。

  所谓创新，是以学术储备为基奠的理性思考的结果。高等教育的目的之一在于培养具有创新精神的人才。我国改革开放30

多年以来的经济发展是一种企业家的投机经济，什么挣钱做什么。但是2016年应该成为企业家创新经济的元年，未来的企业和企业家应该以创新来引领经济和社会发展。要记住，大学不是知识数据的储藏室，大脑也不是储藏文件的U盘。大学生需要大量阅读，但更重要的是，要用自己的脑袋思考，阅读后要进行比较和分析，看看每一位作者讲的是否正确，看看自己有没有不同见解，想想自己的见解用什么证据来支持。这样的批评意识和创新思维会让你受益终身。

教学改革就是要适应这样的人才培养需求，本书就北京联合大学管理学院财务会计类专业教学改革、学生实践成果、科学研究三个方面展现了财会类人才培养的相关成果。

前段时间微信上广为流传着一段话：竹子用了四年的时间，仅仅长了三厘米，在第五年开始，却以每天三十厘米的速度疯狂地生长，仅仅用了七天的时间就长到十五米。其实，在前面的四年，竹子将根在土壤里延伸了数百米。巧合的是，大学本科生活也正好是四年，不要担心此时此刻的付出得不到回报，因为这些付出都是为了扎根，等到时机成熟，每个大学生都会结出令别人仰望的果实！

编者

2016年9月

目　录

教改研究篇

基于"学—练—赛"相结合的应用型大学《财务管理》
课程改革研究 …………………………………………… 鲍新中　1
财务报表分析课程研究式教学设计 ……………………… 李秀芹　6
地方应用型大学财务管理定位与专业特色调查与启示
　——以北京联合大学为例 ……………… 孟秀转　李凤玲　12
慕课背景下财会课程网络课堂建设与教学
　改革研究 ………………………………… 徐　鲲　鲍新中　24
"互联网+"时代财务管理专业人才素质的新要求 ……… 孟秀转　28
应用型大学金融专业"双师型"教师队伍建设策略 ……… 邢秀芹　34
绿色就业生态链的会计实践教学体系研究
　——基于协同创新视角 ………………… 尹夏楠　鲍新中　40
加强伦理和诚信教育的必要性及实现路径 ……………… 俞　娜　47

学生成果篇

财务预测与价值评估案例大赛学生作品

中国石油价值评估
　报告 ………… 高　睿　王　佳　罗　欣　孙睿芳　吴博文　54

中国石化价值评估
  报告 ………………… 李傲雪　施晓雪　宋　致　王　旭　郑　玉　63
中国石油财务预测与价值评估
  报告 ………………… 马亦欣　李　宁　刘晓敏　李　佳　王伟丽　67
五粮液财务预测与价值评估
  报告 ………………… 万子佳　石　颖　向学颖　李玉婉　安林鹤　75

财务会计"最后一里路"实训报告

财务会计"最后一里路"实训
  报告（一）……… 樊禹盟　刘子悦　张　倩　高嘉鸿　许祎航　80
财务会计"最后一里路"实训
  报告（二）……… 王金秋　乔　煜　申　坤　刘天雄　胡昕怡　89
财务会计"最后一里路"实训
  报告（三）……… 王秋月　刘青青　张芯蕊　何秋秋　张　路　93
财务会计"最后一里路"实训
  报告（四）……… 杨　晶　刘柯显　肖　莹　兰诗琳　刘　昊　100
财务会计"最后一里路"实训
  报告（五）……… 张卓宇　张元乾　梁永兰　和文娟　高丽萍　107

财务报告分析报告

我国乳制品行业上市公司财务报表
  分析 ……………………………………………… 樊瑞炜　唐　剑　110
上市证券公司的财务状况比较
  分析 ……………… 施晓雪　李傲雪　宋　致　郑　玉　王　旭　124

学生研究论文

中小企业集合债发展综述	夏利娟	129
互联网金融产融结合模式比较研究	刘乐乐 徐 鲲	133
基于分类回归树的会计信息失真		
识别研究	霍欢欢 鲍新中	145
产融结合一体化的价值溢出机理分析	田 然	156
互联网背景下物流企业在供应链融资中的风险		
评价研究	吴 航	165
基于粗糙集的电商小微企业信贷条件研究	张 楠	177
基于社会网络理论的双边市场供应链		
融资体系研究	陈青青	188
公司并购融资策略分析		
——以宝能收购万科为例	李冬梅 张 峰	196

科学研究篇

互联网消费信贷的发展模式及其存在的		
问题研究	陈 岩 凌丽萍	206
资产重估的动机研究综述	崔 婧	218
互联网虚拟货币金融风险的法律规制研究		
——以比特币为例	房 燕	225
第三方担保对P2P网贷的风险作用机理		
及监管启示	傅巧灵 韩 莉	236
合同能源管理会计核算探析	李俊林	248

商业银行发展个人理财业务的问题
　　探讨………………………………………李雅宁　李国玫　255
上市公司股权结构对公司内部控制影响的研究……曲喜和　温佳庆　265
天丰节能财务舞弊案研究……………………………………王永萍　281
P2P平台的运营模式及风险因素分析…………………赵　睿　文思冰　290
小微企业税收优惠政策的实施效果及问题分析…………………梁　红　301
公司衍生产品使用影响因素研究综述……………………………刘方方　307

教改研究篇

基于"学—练—赛"相结合的应用型大学《财务管理》课程改革研究[1]

鲍新中

(北京联合大学管理学院金融与会计系,北京,100101)

摘要:针对应用型大学办学特色,结合《财务管理》课程授课特点,注重教学环节设计,将多种教学方法有机结合,强调理论与实践的高度融合,构建"学—练—赛"一体化的教学模式,并从教学内容设计、教学方法设计、教学过程管理、教学团队建设、教学资源建设等多方面着手,形成较为完善的课程建设方案。

关键词:"学—练—赛" 财务管理 课程改革

一、应用型大学财务管理课程现状及存在的问题

1. 知识体系较为固定,在如何使所学知识融会贯通方面略显欠缺

《财务管理》课程作为会计学、财务管理专业的专业核心课程,是实现学生从基本账务处理能力向企业财务管理能力提升的重要课程。课程内容主要围绕企业投资决策、筹资决策、资本结构决策、资金营运、利润分配、财务分析等多个核心章节展开(但在授课过程中对于个别知识点如何有效衔接,以及在实践应用中如何综合使用的讲解较少,各章节内容的学习相对较为孤立,缺乏章节间的有机整合)以给学生展示财务管理知识的

---

[1] 基金项目:北京市高等学校教育教学改革项目(2015 – ms193);北京联合大学教育教学研究与改革重点项目(JJ2015Z003);北京联合大学普通本科专业核心课程建设项目(财务管理课程)。

全貌，便于理解与掌握。

2. 授课方式程式化，学生处于知识的接受方，对知识的主动挖掘不够

财会类课程均属于知识密集型课程，因此在授课过程中，受到课时、教学内容、授课环节等多方面的限制，多数高校财务管理课程的授课模式仍停留在传统的程式化模式下，以教师为主导、学生做听众，这样不仅限制了学生获取知识的质量与数量，而且不利于学生主动性的调动与提升，不利于学生自主学习能力的培养。

3. 理论与实务衔接不够紧密

服务于财会类应用型人才培养的需要，课程体系的设置应该直指应用，特别注重理论与实务的有机结合，通过多种方式的实践与应用提升理论知识的掌握和理解程度。而传统的单案例的实训模式与真实的实践环节存在较大程度的差距，无法满足学生个人发展的需要，不便于高校学生到工作岗位的角色转变。

二、"学—练—赛"模式在应用型大学财务管理课程建设中的应用

1. "学—练—赛"模式的构建

实现"学—练—赛"的有效衔接，激发学生学习兴趣的同时，强化实践应用能力培养。"学"为"练"奠定基础，"赛"是"练"的提高与升华。

（1）"学"将单纯的《财务管理》理论课讲授转变为启发学生自主学习的过程

以实践应用为导向，优化知识体系结构，依托综合性财务案例对企业投资决策、筹资决策、资本结构决策、资金营运、利润分配、财务分析等多个核心章节知识点进行有机整合，形成便于学生理解和掌握的知识体系。并注重理论知识与微案例的有机结合，培养发现知识、挖掘知识的能力，夯实知识基础。

（2）"练"依据上市公司真实数据，开展企业财务规划与价值评估综

合性财务案例分析

注重理论与实践的有机结合，改善传统实践环节采用虚拟案例的弊端，结合上市公司真实数据，围绕企业竞争力与财务分析、企业财务规划与预测、自由现金流量的预测、贝塔系数的测算与综合资本成本的确定、企业价值评估五个模块，实现财务相关知识的融会贯通，提升"学"的质量。

（3）"赛"针对综合案例分析需要，将学生科技竞赛嵌入教学环节

综合考核学生对于发现专业知识、获取专业知识、综合应用专业知识的能力，并激发学生课后学习热情和动力。在财务管理教学中开展案例比赛试点的基础上，2015年举办校级赛事，面向财务管理、会计学、金融学等多专业学生全面开展"财务预测与价值评估"案例大赛，成效显著。

2. 基于"学—练—赛"模式的课程特色

《财务管理》课程以提升专业能力为导向，从教学内容布局、教学环节设计、教学方法创新等多方面进行了大胆的探索和尝试。

①贴近实务，围绕综合性案例整合与优化教学内容；

②方法多样，将启发式、案例式、项目式、研讨式等多种教学方法综合运用到教学中，注重自主学习能力培养；

③模式创新，基于"学—练—赛"模式，注重理论与实践的结合，"学"是"练"的基础，"赛"是"练"的延伸，将"财务预测与价值评估"专业案例大赛嵌入教学环节，激发学生的专业学习兴趣。

3. 资源拓展

注重教学资源库建设，包括学生案例成果资料库，丰富课外学习内容。

三、基于"学—练—赛"模式的财务管理课程建设方案

1. 教学内容设计

以深入理解财务分析体系、企业财务活动等专业知识为出发点，按照报表解读能力、财务分析能力、财务决策能力、财务规划能力、企业价值

评价能力的能力提升路径，依托综合性财务案例对企业投资决策、筹资决策、资本结构决策、资金营运、利润分配、财务分析等多个核心知识点进行有机整合，形成便于学生理解和掌握的知识体系。优化并整合理论课程教学内容，使理论教学更好地服务于实践教学及应用。建设并完成课程案例讲义和实践指导书。

2. 教学方法设计

服务于不同的教学内容和教学环节的需要，综合运用启发式、案例式、项目式、线上线下混合式教学模式等多种教学方法，培养自主学习能力。注重启发式教学法在理论教学中的应用，依据实践应用需求完善理论知识框架，并鼓励学生不断探索并发现知识，培养自主学习能力；将项目式教学法贯穿于实践教学和课外专业案例大赛过程中，依托于上市公司综合案例，让学生以项目组的方式协作完成，营造同伴式学习的良好氛围；开展多样化的案例式教学，将理论教学中的微案例与实践教学中的综合型案例相结合，依托案例实现教学内容间的有效衔接，为以教师为主建设的微案例库和以学生为主建设的综合型案例库奠定基础；充分发挥线上线下混合式教学模式的作用，利用网络教学平台实现课内外的有机结合。

3. 教学过程管理

围绕教学大纲和课程教学内容，精心设计"学—练—赛"相结合的教学环节；注重学习过程管理，推进"3＋X"的考核方式，在常规考核内容的基础上，增加网络课堂讨论板的问题反馈与交流、综合性案例分析、专业案例大赛评比三个环节，以体现学生的个性化学习轨迹和成果；建立包括督导专家、本专业校外同行、校内同行在内的课程审查及指导专家小组，在授课之前和授课过程中，对课程进行审查和指导；建立有效的课程评价反馈体系，除常规方式以外，利用网络课堂的反馈和网络问卷调查的方式及时了解学生对于课程的需要以及意见建议，并不断完善和调整。

4. 教学团队建设

注重教学团队多元化建设，精选多年从事财务管理课程教学且教学效果优良的教师，在提高教学水平的同时，注重科研项目的合作，以教学为基础，以科研带动教学，实现"教学团队与科研团队合一"。同时，聘请信用评级机构、投资银行、财务公司等行业专家加盟专业授课团队，充分体现理论与实践相结合的教学设计思路。充分发挥任课教师的专长，对教学内容、教学体系的设计进行优化。组织1~2名专业教师参与企业实践，团队内部每学期至少组织一次教学研讨，通过课程建设增强教师队伍的凝聚力和团结协作精神。

5. 教学资源建设

重点完成课程概况、课程内容授课教案、练习作业、教学课件、实践教学、参考资料、辅导答疑等部分必选项目的建设，并形成具有特殊的成果如下：建设开发微案例库与综合案例库，共计15~20个案例，丰富课程网络学习资源；开发5~8段精选内容微课程；建设完善学生大赛板块，发布大赛的评选规则与章程，展示学生优秀案例，基于学生比赛成果，建立学生成果资源库；完善实践教学体系，优化实践教学指导方案一套。

参考文献

[1] 徐苏燕. 在线教育发展下的高校课程与教学改革 [J]. 高教探索，2014（4）：97-102.

[2] 冯露，等. 基于问题学习的探究式教学改革实践 [J]. 高等工程教育研究，2013（4）：176-180.

[3] 黄瑞玲. 网络环境下财会类专业本科课程改革探析 [J]. 财务管理，2011（8）：78-80.

财务报表分析课程研究式教学设计

李秀芹

（北京联合大学管理学院金融与会计系，北京，100101）

摘要：随着我国高校教学改革进程的不断加快，新型多元化的教学方法逐渐应用到教学过程中，与传统的教学方式相比，研究式教学方法具有趣味性、针对性、多元化等优势，受到了教师和学生的广泛欢迎。本文将从财务报表分析课程研究式教学设计的角度进行论述，希望能为改进教学方法、提升学生综合素质提供帮助。

关键词：财务报表分析课程　研究式教学　设计

财务报表分析是一门综合性、逻辑性、应用性很强的课程，其教学的关键不仅在于使学生熟练掌握财务报表分析的基本理论和方法，更在于对学生系统使用财务等相关信息，综合运用专业知识，发现问题、分析问题和解决问题能力的培养。因此，财务报表分析课程的教学必须改变传统的"灌输式"教学模式，探索和建立能充分调动学生积极性、锻炼学生研究能力与综合素质的研究性教学方法。

一、财务报表分析课程的教学现状

财务报表分析对企业而言意义重大，也是所有经济和管理院校都开设的一门重要的必修课。目前，北京联合大学管理学院开设的财务报表分析课程，主要面向财务管理和会计学专业，也作为全院其他专业的选修课程。

我校在现实教学过程中，仍然采用传统的理论授课模式，在课程内容和教学方法上不尽完善，主要表现在以下几个方面。

1. 财务分析案例不够丰富

目前，本科适用的财务报表分析教材有很多，具有代表性的教材有东北财经大学张先治教授编写的《财务分析》、对外经贸大学张新民教授编写的《财务报表分析》和中国人民大学王化成教授编写的《财务报表分析》，这些教材的内容不尽相同，各有特色。各教材由于篇幅所限，每一项内容相对应的财务分析案例一般只有一个。

我校选用的是东北财经大学张先治教授编写的《财务分析》，目前已经出版第7版。全书共分为4篇14章，其主要内容包括财务报表的水平分析、垂直分析和项目分析，以及企业财务能力的专项分析和综合分析，财务报表的趋势分析与预测分析等内容。教材结构完整，内容丰富，每章设有一个导入案例。

2. 教学模式单一

我校财务报表分析课程的授课方式依然是以教师讲解为主，师生之间互动较少，学生多数时间都是被动地接受知识，缺乏自主参与的兴趣。学生习惯于被动听课，自主思考与学习的能力较低。在课堂上教师用大部分精力来进行理论知识的传授，理论知识固然重要，但更重要的是如何利用这些理论知识，恰当地对企业财务状况和经营成果进行分析、评价和预测。

3. 考核制度有待调整

在课程的考核方式上，我校仍以学生的应试能力作为最重要的考核标准。财务报表分析课程是财务管理和会计学专业的必修课，期末总评成绩由平时成绩占40%和期末考试成绩占60%组成。课程的考核主要取决于期末试卷的成绩，注重考查学生对知识的记忆，忽视对学生学习过程的评价，缺乏调动学生自主探究能力。尽管已经将平时表现纳入了最终考核范畴，但平时成绩考核所占比重低于期末考核，学生对其重视程度远远不及期末考试。平时成绩的评定以作业和测验为主，导致学生平时的学习重心也倾向于理论学习与记忆，忽视创新式思维的培养。

二、财务报表分析课程研讨式教学的设计

研讨式教学法源于早期的德国大学，现已成为西方发达国家高校中的一种重要教学方法。研讨式教学是指在教师的启发引导下，围绕教学中的

重点难点内容、有争议的学术问题或学科前沿问题，通过学生查阅资料、独立思考，展开课堂讨论和交流，在不同观点相互交流补充、碰撞交锋中实现教学目标的一种教学方法。它的教学方式灵活多样，如阅读自讲式、讨论式、专题式、案例式等。

1. 教学目标的设定

教学目标的设计是确定教学内容、选择教学方法和进行教学评价的重要依据。美国认知心理学家安德森将认知教学目标分为记忆、理解、运用、分析、评价和创造六个层次。

根据安德森的六层次认知教学目标，结合财务报表分析课程的教学重点和难点进行研讨式教学目标的设定，如表1所示。在记忆、理解目标这部分，主要要求学生理解和领会财务报表分析的体系、财务报表分析的信息基础等方面的内容，是学生学习财务报表分析课程所要达到的基本目标。在运用、分析、评价目标这部分，要求学生熟练掌握并运用财务报表分析、财务效率分析等方法，培养学生分析问题和解决问题的能力，是财务报表分析课程的核心内容。在创造目标这部分，教学内容实质上是前两部分内容的延伸和拓展，用于开拓学生的视野和思考问题的能力，培养其创新能力。

表1 研讨式教学课程教学目标、教学内容及课时分配表

目标类型	教学目标	教学内容	课时
记忆理解	理解财务报表分析内涵、框架	财务报表分析体系与内容	2
	理解财务报表分析信息基础	财务报表的内涵及种类	2
运用分析评价	掌握财务报表分析方法	战略分析、比率分析、因素分析等	4
	熟练进行财务报表分析	基本报表及相关附表、附注分析	8
	熟练进行财务效率分析	偿债能力、营运能力、盈利能力等分析	8
	熟练进行财务报表综合分析	杜邦分析体系、沃尔比重分析	2
创造	理解绩效评价体系	业绩评价综合指数法	2
	理解价值评估的内涵和方法	企业价值评估的方法	4

2. 教学内容的设计

为了实现课程的目标，围绕财务报表分析职业能力的培养，将财务报表分析工作流程整合为七个教学项目，即财务报表分析认知、资产负债表分析、利润表分析、现金流量表分析、专项财务能力分析、综合财务报表分析和企业绩效评价等。这七个教学项目相互联系，层次递进，形成完整的财务报告分析内容。

3. 教学过程的设计

（1）设计研讨课题

根据财务报表分析课程的教学目标和教学内容挑选合适的研讨课题是有效开展研讨式教学的基础。研讨课题符合学生的知识基础，便于学生通过自学在一周之内能解决研讨课题提出的问题，每个研讨课题一般覆盖课程中1~3个核心知识点。研讨课题要有助于培养学生的创新能力和分析解决问题的能力，学生通过自主学习，能提出改进办法或者设计新的实现方案。

（2）课前准备

研讨式教学是一种开放式教学，学生是主体，教师起引导作用。首先，教师要在上课前把研讨课题印发给课题研讨小组，让学生有充分的时间去了解研讨课题；其次，要从各个角度寻找问题的可能性答案，以及学生可能提出怎样的见解；最后，教学条件的准备，包括多媒体设备、网络、软件、课件等。

首先，学生组成研究小组，每组6~8人，并指定一名组长；其次，根据研讨课题要求，准备必要的研讨材料，包括软件、电子资料和纸质材料等；最后，学习课题所要求的预备知识和背景知识，根据研讨课题要求，提出问题的解决办法、设计方案等。

（3）组织课堂讨论

课堂讨论是研讨式教学的核心环节，在这个过程中，需要教师与学生双方积极参与。做好课堂讨论，首先要遵循师生平等原则，鼓励学生充分表达自己的意见；其次是鼓励学生提出不同的观点，培养学生独立思考和勇于创新的精神；最后教师作为导师角色，需要掌握研讨的方向紧紧围绕主题展开，善于发现讨论中的新问题。

（4）课后总结巩固

一是针对学生提出的问题，以及教学重点难点布置相应的练习题；二是和学生建立有效的交流平台，便于及时向学生答疑解惑；三是各小组撰写研讨课题的总结报告，教师阅读学生报告，并及时总结经验，对教学活动进行调整。

4. 教学评价体系的建立

研究性教学的实施需要采用以过程性考核为主的评价方式，注重学生平时的表现，强调学生分析能力的培养。可以采用下面的方法进行考核：总成绩＝出勤×10%＋课堂讨论×30%＋课后作业×10%＋期末考试×50%。课堂讨论成绩的评定：根据讨论前的准备情况（个人提交的讨论提纲）、研学成果展示和表述，以及个人撰写的分析报告三者综合确定。

期末考试的内容可以是开放式的主观题为主，给出一家公司的财务数据或者案例，让学生运用知识进行综合财务分析，注重学生分析能力的考核。

三、实施研究式教学方法应注意的问题

1. 案例或问题的设计要难度适中

研究式教学的基础是研讨课题，研讨课题的选择与编排非常重要。它们必须难度适中，不能太难或太大，否则在规定时间内难以完成；也不能太小或不具备足够的挑战性，否则难以引起学生的兴趣。

2. 在教学过程准确定位教师的角色

研究式教学方法的构建使学习的过程充满探索与创新的机会。因此，教学过程尤其是对讨论过程的有效性把握是教学过程的难点。教师在课程讨论过程中的指导作用实际上影响着教学过程的质量与效率，尤其是在学生缺乏经验与训练的情况下，开始运用这种方式进行学习时，教师的指导作用是举足轻重的。教师的角色和作用的定位应是指导而非主导。

3. 针对教学评价难点，有效进行教学评价

教学评价的难点是对小组工作的评价。由于作业往往是以小组的形式完成的。对每个组员的能力与贡献大小的评价是一个难题。教学评价的难点还在于答案是开放性的。由于没有标准答案，解决问题的答案完全有可能超出教师的原有知识积累。因此，如何评价学生工作的优劣，对教师的知识结构、工作经验等提出更高的要求。

4. 合理量化教师的工作量

采用研究式教学方法，会增大任课教师的工作量。首先，案例需要有现实背景。由于任课教师缺乏实际工作经历，想设计出高质量的案例或积累源于实际工作的研究性问题并非易事，需要多接触实际工作，做很多准备工作。其次，由于学习是基于小组的形式进行的，教师在进行分组指导时，会花费几倍于统一授课的时间。最后，作业的答案是开放的、个性化的，教师在评价方案上也要逐一评判，花费更多的时间。研究式教学方法对教学评价体系，比如如何计算这种教学方法的工作量，如何评价课程的教学效果，提出了挑战。

参考文献

[1] 苗东利，雷佑安. 研讨式教学在高校教学中的应用 [J]. 大学教育，2013（1）：131-132.

[2] 覃遵跃，周清平，蔡国民. 研讨式教学在 Java 语言课程中的应用 [J]. 计算机教育，2014（18）：55-58.

[3] 伏军，汤远，贺婧雯. 研讨式教学模式实践探究 [J]. 现代教育科学，2015（4）：77-80.

[4] 冯静静. 财务分析与业绩评价课程改革探索 [J]. 产业与科技论坛，2016（1）：220-221.

地方应用型大学财务管理定位与专业特色调查与启示

——以北京联合大学为例

孟秀转[1]　李凤玲[2]

（1 北京联合大学管理学院金融与会计系，北京，100101；
2 北京联合大学管理学院财务管理专业1201B班）

摘要： 高校财务管理专业特色化发展势在必行。本文对北京地区高校本科财务管理专业定位、专业特色情况进行调查，以北京联合大学财务管理专业为例，思考地方应用型大学财务管理专业定位与专业特色建设问题，为地方应用型大学财务管理专业特色建设、差异化发展提供经验。

关键词： 财务管理专业　专业特色　专业定位

目前，高校财务管理本科专业存在设置趋同、培养模式单一、学术化取向、人才培养同质化，毕业生就业难和就业质量低等问题。为顺应经济社会发展培养高素质、多层次、多样化的人才需要，高校本科专业特色化发展势在必行。教育部在《引导部分地方普通本科高校向应用型转变的指导意见中》指出："地方应用型大学应着重科学定位、特色发展。"研究地方应用型大学财务管理专业定位和特色是解决财务管理人才培养结构性矛盾，服务于区域经济结构调整和产业升级需求的必由之路。

陈四清、韦德洪从财务管理学科角度进行财务管理专业定位，区分了财务管理、会计和金融学专业的定位差异，姚正海、张彦明、黄忠东分别从特色专业建设角度介绍了各自院校财务管理专业建设的经验。为明确北京联合大学财务管理专业定位与特色，本文从分析北京地区各高校财务管理专业定位、培养特色入手，对北京联合大学财务管理专业学生进行专业定位、专业特色、课程体系、实践环节等方面进行调查，寻找异同，同时结合区域经济发展趋势，研究财务管理专业定位，实施专业特色化发展。

一、北京地区高校本科财务管理专业调查分析

1. 专业设置学院和培养目标定位

北京地区开设财务管理专业的院校有对外经济与贸易大学、第二外国语学院、中央财经大学、北京工商大学等包含 985、211 普通本科院校在内的 15 所院校，这些院校财务管理专业设置在会计学院的有 2 所院校，首都经济贸易大学和中央财经大学，设置在管理学院、商学院、经济管理学院的大学有 13 所，如表 1 所示。

表 1　北京地区高校财务管理专业定位

学校	学院	培养目标
北京工商大学	商学院	旨在培养德、智、体、美全面发展，适应经济建设和社会发展需要，具备扎实的社会主义市场经济和管理理论基础，熟悉国家财经方针和法规，系统掌握财务管理基本理论、方法和技能的复合型、应用型专门人才
首都经贸大学	会计学院	培养能够适应首都经济建设需要的德、智、体全面发展的复合型、国际型和应用型的财务管理专门人才
北京信息科技大学	经济管理学院 证券与投资方向	培养具有较强的财务管理技能和掌握证券投资的理论知识，能从事证券投资分析与操作、财务管理、投资咨询等工作的高级应用型专门人才
	公司财务方向	培养具备管理、经济、法律和财务、金融等方面的知识和能力，能在企业、事业单位从事财务、金融工作的工商管理学科高级应用型专门人才
中国青年政治学院	经济管理学院	培养德、智、体、美全面发展，具备管理、经济、金融和法律等方面的相关专业知识和能力，能在工商企业（包括金融企业）、行政事业单位从事财务管理实际工作的应用型高级专门人才

续表

学校	学院	培养目标
北京第二外国语学院	国际商学院	面向专业化、产业化、国际化，着力改革创新，以学科建设为龙头，以本科教学为基础，以科研工作为支撑，以人才梯队建设及组织管理为保障，全面提高教学质量。建设面向现代服务业的，国际化特色鲜明的财务管理专业教学与科研基地。突出国际化、开放式、应用型的办学特色，强调教学实践环节，走产学研一体化道路，借助学校雄厚的外语教学平台，致力于培养专业基础扎实、英语水平一流、创新能力突出、具有较强的分析和解决问题的中高级财务人才
北京印刷学院	经济管理学院	本专业培养具备管理、经济、法律和理财、金融等方面的知识和能力，能在工商、金融企业、事业单位及政府部门从事财务、金融管理以及教学、科研方面工作的工商管理学科高级专门人才
北京物资学院	商学院	培养具备管理、经济、法律和理财、金融、会计等方面的专业知识和能力，具有国际视野和社会责任感，富有创造性，对复杂多变的财务管理环境有较强的适应性，具备相应的外语和计算机水平，能在金融机构、企业、会计师事务所、事业单位从事财务、金融和会计核算等管理工作的应用型专门人才
中华女子学院	管理学院	本专业旨在培养德、智、体、美全面发展，具有"四自"精神、公益意识，有较宽厚的经济、管理相关理论基础和扎实的财务管理专业知识，熟悉财务管理的相关法律法规，具有财务管理方面分析问题和解决问题的能力，能够在企业、政府及非营利组织从事财务管理相关工作的、知性高雅的应用型女性人才
中国劳动关系学院	经济管理系	本专业培养适应社会主义市场经济需要，具备人文精神、科学素养和诚信品质，具备经济、管理、法律和财务管理等方面知识和能力，能在财务管理领域胜任专业工作的应用型人才
中国人民大学	商学院	本专业旨在培养掌握宽泛的工商管理基础知识以及公司理财和金融方面的专业理论，具有国际视野和社会责任感，理解中国企业财务金融实务，善于分析问题和解决问题的管理人才。学生毕业后，能够秉持求真、创新、合作、开放的价值观，从事公司理财和金融业务工作

续表

学校	学院	培养目标
对外经济贸易大学	商学院	旨在培养具有国际视野、掌握先进财务管理理论和方法、熟悉资本市场和投资银行业务的高级财务管理专门人才
中央财经大学	会计学院	本专业培养具备管理学、经济学、法律和理财、金融等方面的基础知识和能力，具有扎实的财务管理知识和技能，适应政府经济管理部门、企事业单位、金融与证券机构以及会计事务所、资产评估事务所等中介机构的相关业务工作，能在工商、金融企业、事业单位和政府部门从事财务、金融管理以及在大专院校、科研单位从事教学、科研方面工作的工商管理学科高素质复合型专门人才
北京化工大学	管理学院	本专业依托化工企业，致力于培养学生具备扎实的财务和金融专业基础，掌握现代财务理论和实际操作方法，熟悉金融、证券相关领域的专业知识，了解国内外财务、金融领域的最新动态和发展，富有创造性和社会适应性，具备国际视野和较强外语能力的高级复合型专门人才
中国地质大学	人文管理学院	业务培养目标：本专业培养具备管理、经济、法律和理财、金融等方面的知识和能力，能在工商、金融企业、事业单位及政府部门从事财务、金融管理以及教学、科研方面工作的工商管理学科高级专门人才。业务培养要求：本专业学生主要学习财务、金融管理方面的基本理论和基本知识，受到财务、金融管理方法和技巧方面的基本训练，具有分析和解决财务、金融问题的基本能力
北京交通大学	经济管理学院	按照与国际接轨的培养方案，培养每一位学生成为具有高度的社会责任感、具有国际视野和跨文化交流能力，勇于探索的创新精神和善于解决问题的实践能力，以回应社会现实需求的现代高层次专门人才。本专业培养计划的特点是在完成经济管理大类基础课程培养的基础上，自主选择专业按照本硕、本硕博一体化培养的思路，注重体现知识、能力与素质全面发展，体现实践能力和创新精神培养，体现学生的个性化发展。突出宽口径、厚基础、重个性、强能力、求创新、专业自选的培养特点，强调在全面的理论知识学习基础上，注重实践能力和创新创业精神的培养和训练；力求使培养的学生具有较强的理论基础和实践能力

资料来源：从各高校官方网站获得并整理。

目前高校财务管理专业人才培养目标大同小异，8所地方性学校或者非985、211高校定位于培养应用型人才，如北京工商大学、首都经济贸易大学、中华女子学院、中国劳动关系学院等。而这些学校对于应用型人才的定位又有所区别，如北京工商大学强调要培养复合型、应用型的专门人才；首都经济贸易大学强调培养复合型、国际型、应用型财务管理专门人才；7所211和985高校定位于高级人才的培养，中国人民大学、对外经济贸易大学、北京化工大学等高校强调培养高级专门人才。中国人民大学、首都经济贸易大学、北京第二外国语大学、对外经贸大学和北京交通大学更强调国际化人才培养。有9所院校提到财务管理专业培养金融领域人才，其中重点大学更为突出，如对外经贸大学、人民大学等。依托行业定位的只有两所大学：北京第二外国语大学，建设面向现代服务业的，国际化特色鲜明的财务管理专业；北京化工大学，依托化工行业及其企业。从目前专业定位上看，高校对于财务管理专业的定位同质化明显，定位宽泛，特别是北京区域性高校根据区域经济结构调整和产业升级需求科学定位，特色发展还有待加强。

2. 专业核心课程设置

目前，各高校专业核心课设置基本形成两种模式：一种是按照财务管理的层次来划分，专业核心课包含财务管理、中级财务管理、高级财务管理、国际财务管理。如中国人民大学、北京交通大学、中国地质大学、中国青年政治学院和中国劳动关系学院。另一种是按照财务管理环节设置课程体系，专业核心课包括会计、管理会计、投资、税法、资产评估、审计等，如北京信息科技大学、首都经济贸易大学等。而从调查中我们发现，各高校财务管理专业的主要课程多以会计专业的主干课程为基础，体现了国内财务管理专业来源于会计学专业的现实。财务管理专业大部分课程与会计学专业课程同化，使得财务管理专业与会计学专业没有显著且明显的区别，导致学生对财务管理专业定位与特色认识模糊，如表2所示。

表2 北京地区高校财务管理专业课程设置

学校	专业课现状
北京工商大学	企业财务学、中级财务会计学、成本会计学、管理会计学、企业集团财务管理、财务报表分析、管理信息系统、国际财务管理、金融工程等
首都经贸大学	财政学、公司财务管理原理、财务会计学、管理与成本会计、高级会计、金融会计、Business Finance、审计学、税法、资产评估、投资学、财务估价理论与方法等
北京信息科技大学	金融学、国际金融、投资银行学、证券投资学、金融工程、金融市场学、风险投资、商业银行经营学、高级财务管理、资产评估等，部分课程采用双语教学 财务会计、财政学、财务与会计信息系统、审计学、高级会计学、财务管理、国际财务管理、资产评估、成本会计与管理、内部控制等，部分课程采用双语教学
中国青年政治学院	财务会计、会计信息系统（含上机）、财务管理、中级财务管理、高级财务管理、投资学、管理成本会计、财务分析、税法、金融市场等
北京第二外国语学院	国际财务管理，国际会计，经济学，管理学，会计学，企业管理，金融学、会计学原理，中级财务会计，财务管理，财务报表分析，成本会计，管理会计，审计学，高级财务会计，高级财务管理等
北京印刷学院	经济学原理、管理学原理、统计学、会计学、财务管理、审计学、经济法、中级财务会计、管理会计、金融学、投资学、税法、公司战略与风险管理等
北京物资学院	基础会计、中级财务会计、成本管理会计、税法与税务筹划、财务管理、公司理财（双语）、高级财务管理、财务报告分析（双语）、管理学、市场营销学等
中华女子学院	管理学、微观经济学、会计学原理、宏观经济学、市场营销、统计学、社会统计软件SPSS、财务管理、管理信息系统、管理沟通经济法、中级财务会计（上）、中级财务会计（下）、金融市场学、公司理财、税务会计、成本管理会计、审计学、会计信息系统、国际金融、国际贸易、人力资源管理
中国劳动关系学院	管理学、微观经济学、金融市场学、税法、统计学、会计学原理、中级财务会计、财务管理、管理会计、高级财务管理、财务分析、国际财务管理、内部控制与风险管理、投资学、国际金融、国际贸易、审计学、项目评估、期货投资学、税收筹划、商业银行管理、创业管理

续表

学校	专业课现状
中国人民大学	管理学原理、微观经济学、宏观经济学、中级微观经济学、组织行为学、经济法概论、会计学、统计学、人力资源管理、财务管理概论、市场营销学原理、企业战略管理、管理沟通、论文写作、财务会计学、中级财务管理、投资学、成本管理学、财务分析学、财务建模方法与技术、金融市场与金融机构、高级财务管理
对外经济贸易大学	经济学原理、金融计量经济学、财务会计、管理学原理、战略管理、货币金融学、投资银行业务、营销学原理、成本与管理会计、公司财务管理、国际财务管理、企业财务报表分析、投融资决策与管理、企业并购与资本运营以及财务工程概论等
中央财经大学	会计学基础、中级财务会计、高级财务会计、成本会计、管理会计、审计学、电算化会计与审计、财务管理、企业财务诊断、西方财务管理、金融企业会计、预算会计、中外比较会计、会计制度设计、国际企业财务管理、资产评估、微观经济学、宏观经济学、国际税收、税法、货币银行学、国际金融、国际贸易、证券投资实务、财政学、经济法、统计学等
北京化工大学	管理学、经济法、经济学（微观经济学、宏观经济学）、财政与税收、专业英语、市场营销学、组织行为学、企业战略管理、人力资源管理、管理中的数学方法、管理信息系统、纳税筹划、企业伦理、初级会计学、中级财务会计、高级会计学、审计学、Management Accounting（双语）、Corporate Finance（双语）、Strategic Financial Management、企业财务报告分析、个人理财基础、企业内部控制制度设计、Case Studies in Finance（双语）、金融学、商业银行经营管理、金融工程概论、国际金融、风险投资、税法、税收筹划、资产评估、财务信息系统、XBRL财务报告
中国地质大学	管理学、微观经济学、宏观经济学、管理信息系统、统计学、会计学、财务管理、市场营销、经济法、中级财务管理、高级财务管理、商业银行经营管理等
北京交通大学	管理学原理、经济学原理、管理信息系统、应用统计、会计学原理、会计与财务研究方法与方法论、财务管理基础、中级财务管理、国际财务管理、金融衍生工具、企业并购与重组、风险投资与私募融资、成本管理、中国税制、中级会计学、计量经济学、运营管理、STATA统计软件应用、审计学、成本会计、税务会计、财务模型与Excel应用分析

资料来源：从各高校官方网站获得并整理。

3. 专业实践环节设置

各级高校都比较注重实践能力培养，设置了实践教学环节，其中包括课内实践教学课程、实验室教学课程和课外教学课程，如社会实践调查、实训、毕业实习等。如表3所示，调查发现地方普通高校更重视实践教学，教学内容包括专业课内实践、模拟实践到专业实习和毕业论文等综合实践内容。调查发现财务管理专业实践除了简单的手工会计核算，或是运用电算化进行相应的会计处理外，还需强调财务管理中预算、成本控制、筹资、投资、利润分配和资产管理这些知识的实习环节，特别是综合实习环节。但由于安排的课时不足，这就导致财务管理专业定位不突出。

表3 北京地区高校财务管理专业实践环节设置

学校	专业实践环节
北京工商大学	财务诊断与决策实验、管理会计与控制实验、各类课程的实验上机、专业实习、毕业论文
首都经贸大学	会计、审计、财务管理模拟实习、专业实习、毕业论文
北京第二外国语学院	企事业单位调查研究、会计实训、业务实习、管理实验室教学活动
北京物资学院	企业经营沙盘模拟、SAP系统实训、ERP企业资源计划
中国劳动关系学院	会计综合业务模拟实验、财务建模方法与技术、财务软件应用技术、财务管理沙盘模拟训练
中华女子学院	会计学原理模拟实验、中级财务会计模拟实验、审计模拟实验、税务模拟实验、投资模拟实验、财务管理模拟实验、社会调查、学年论文、专业实习、工商管理综合实训、毕业实习、毕业论文
中国地质大学	计算机模拟、教学实习

续表

学校	专业实践环节
中国人民大学	专业实习、毕业论文
对外经济贸易大学	社会实践、专业实习、企业参观、商业调研
中央财经大学	社会实践、专业实训、商业调研、实习
北京化工大学	专业调研、认识实习、经管类实验、企业资源管理沙盘模拟、专业实践、应用软件实践、毕业实习
北京交通大学	会计账务实践、企业资源规划（ERP）、税务综合实践、证券期货模拟、专业实习、毕业设计

资料来源：从各高校官方网站获得并整理。

二、对北京联合大学财务管理专业定位与特色发展的启示

专业科学定位、特色发展是解决人才培养与市场脱节问题，即高等教育的结构性失衡问题的根本路径。科学定位、特色发展就必然要坚持需求导向、服务地方。高校应该与当地创新要素资源对接，与经济开发区、产业聚集区创新发展对接，与行业企业人才培养和技术创新需求对接。因此北京联合大学财务管理专业定位于特色发展，必须深入研究北京区域经济发展特征和人才需求特征，分析财务管理人才供给现状，找到突破口，真正增强地方高校为区域经济社会发展服务的能力，为行业企业技术进步服务的能力，为学习者创造价值的能力。

1. 专业定位

专业定位包括学科专业定位和办学定位。我院有会计学专业和金融学专业，财务管理专业与会计学专业的比较，前者重点是理财，后者重点则是会计信息确认计量。与金融学专业比较，前者是公司金融，后者重点则面向金融市场。因此财务管理专业人才培养应突出企业资金运作管理的专业特色培养。

专业办学定位必须结合区域发展和学校定位确定。当前区域经济发展主题是京津冀协同发展，北京地区产业结构升级，2016 年的《政府工作报告》指出，服务业增加值占地区生产总值比重 2020 年要高于 80%，形成"高精尖"经济结构，把北京建设成为具有全球影响力的科技创新中心。同时，持续推进投融资体制改革，创新投资运营模式，建立和完善合理投资回报机制，引导社会资本扩大投资。落实大众创业万众创新行动计划，建设国家科技金融创新中心，构建科技、金融一条龙服务体系。由此可见，北京市高科技服务产业未来对财务管理人才需求旺盛。

北京联合大学是北京市属普通高等学校，以培养基本素质好、实践能力强，具有创新创业精神和社会责任感，具有一定的国际视野、较强的适应能力和可持续发展能力的高素质应用型人才为目标。管理学院定位，立足北京、服务首都、辐射全国、拓展国际，重点专注中关村国家自主创新示范园区，面向首都经济的现代服务产业群落，重点专注科技服务业、信息服务业、金融服务业、文化创意产业，培育具有独立人格和实践创新能力的管理专才。

根据社会需要、学校定位和学生的未来发展，我院财务管理专业培养目标：面向高技术信息服务业，培育科技与人文素质兼备，理论与实务知识并重，具备较强分析与解决问题的能力，具有国际视野、创新创业素质和社会责任感，具备会计和财务管理专业能力，具备良好的诚信品德和职业道德素养，能够胜任工商企业、金融证券机构、政府与事业单位从事会计处理、财务计划编制、财务控制与业绩评价、资金管理和投融资决策分析、审计等财务管理工作的，国家未来经济社会发展所需的复合型、应用型管理专业人才。

北京联合大学财务管理专业立足北京，依托高技术信息服务业，与其他高校的财务管理专业实现错位发展，营造广阔空间。

2. 专业课程设置

财务管理是一个综合性很强的学科，与会计学、金融学、管理学等诸多学科存在密切联系与交叉区域，不宜彻底划清界限。但它作为一个独立的专业应该有一个恰当的发展定位，体现自己的特色。首先，财务管理专业的知识结构应该包括必要的会计知识，但与会计专业雷同的趋势是值得警惕的；其次，分清财务学与金融学概念的内涵，找回财务学科应有的领地。另外，在广度和深度两个维度上拓展财务管理专业的内容，构建完善的财务学科体系。财务管理工作是以财务会计、金融学和决策知识为基础的综合知识运用，在课程设置上相对于会计学、金融学专业而言更应"杂"而非"专"。财务管理工作更注重于决策，故财务管理专业课程设置要注重"决策"能力的培养。在课程设置中应该相应地增加相关课程，以提高学生的综合决策能力。

为此，我校财务管理专业课程在专业基础课程基础上，按照财务管理环节设置课程体系，使学生能够对财务管理环节有一个整体认识。同时，针对财务管理实际需要，注重可操作性。为培养专业核心应用能力，运用基于"任务驱动"的教学模式，将理论知识与技能及相应的实践环节进行重新整合，使理论与实践相融合。学科大类必修课程应包括管理学、微观经济学、宏观经济学、基础会计、统计学、财务会计、财务管理、投资学、财务分析、金融市场学、成本会计、管理会计、审计学、税法等课程。

3. 实践教学环节

为夯实财务管理专业基础，培养学生实践能力，我们设置了"三级递进式"的实践教学环节：首先是企业管理综合实践、专业认知实习，使学生对专业有一个感性认识；其次是针对每门专业核心课设置单项实践训练，如会计实习、财务管理实习、审计实习等；最后是综合技能训练，如顶岗实习、真账进课堂、代理真实企业纳税、财务管理综合模拟等。同时，以赛带练，从知识竞赛、技能大赛到综合性CMA案例大赛等的递进式竞赛，进行进阶式的实践锻炼。

本文只就专业定位、专业特色，以及体现两者的课程体系和实践教学环节进行了讨论，当然专业特色建设不仅仅是课程体系和实践环节，诸如与专业定位和特色匹配的师资队伍、教学方法和教学方式等都是今后特色专业建设需要着力的地方。

参考文献

[1] 陈四清. 财务管理专业特色探讨——与会计学、金融学专业的比较

[J]. 会计之友, 2009 (2): 69-70.

[2] 韦德洪, 杨海燕. 基于中文字义的中国财务管理学科的构建——兼论中国财务管理教育的改革 [C]. 中国会计学会财务管理专业委员会学术年会, 2009: 1755-1763.

[3] 姚正海. 财务管理特色专业建设思路与方案设计 [J]. 财会月刊, 2010 (10): 104-106.

[4] 黄忠东. 试论应用型本科院校财务管理国家特色专业的建设 [J]. 黑龙江高教研究, 2012 (3): 161-163.

[5] 张彦明. 财务管理专业办学特色改革与实践 [J]. 会计之友, 2009 (9): 81-82.

[6] 张婕. 高校特色专业建设: 现实与前瞻 [J]. 教育研究, 2011 (5): 36-40.

慕课背景下财会课程网络课堂建设与教学改革研究[1]

徐 鲲 鲍新中

(北京联合大学管理学院金融与会计系,北京,100101)

摘要:被誉为"印刷术发明以来教育最大革新"的慕课模式,对现有的教学模式产生着重大的影响,特别是对于网络课堂建设中的思路构建、任务分析、目标设定、策略选择、结果反馈等方面影响较大,因此有必要借鉴现有财会类慕课资源和课程建设思路,丰富完善网络课堂建设,为深入开展教学改革和混合式教学模式的推进奠定基础。同时网络课堂建设的慕课化特征也将增强慕课模式的应用性,促进其快速发展。

关键词:慕课模式 财会课程 教学改革

一、慕课模式的发展现状

强有力的慕课浪潮为财会类课程教学提供了广阔的信息资源,同时慕课也将信息技术与教学深度融合的思想渗透到了教育领域,然而这并未改变财会类课程网络课堂建设模式单一、资源有限、对学生的吸引力不足的现状。

不同学科门类的课程在网络课堂的建设中也存在较大的差异。知识点密集的会计类课程,内容综合性、实践性较强,信息传递量较大,学习难度大。会计学专业课程的网络课堂试图突破课程枯燥、刻板的固有印象,拉近与学生的距离,与课堂教学相互促进。但是根据我校教务处关于网络课堂使用情况的统计,部分会计学专业课程的网络课堂使用效率相对较

---

[1] 基金项目:北京市高等学校教育教学改革项目(2015 - ms193);北京联合大学教育教学研究与改革项目(JJ2015Q028)。

低，访问量、上传量等指标在所有课程中基本处于中等或偏低的位置。而且其中大部分学生通过网络课堂仅仅完成下载课件、上传作业等基础性工作，网络课堂的互动式学习、辅助式学习功能发挥欠佳，因此整体使用效率甚微。

这与同样依托于网络开展教学活动的慕课相比收效差距甚大，目前全世界已有约2000门慕课，已经吸引了近2000万人注册学习，其中中国人约200万。慕课能够在短短几年内席卷全球并广受好评，在对传统教育模式产生冲击的同时，也引发了对现有网络课堂教学模式的反思。究其根源，主要是资源不够丰富，网络课堂建设未与教学方法创新相结合，没有很好地发挥学生的主动性。因此有必要结合我校财会类课程的基本情况，借鉴慕课模式的开发思路和理念，高效利用丰富的慕课资源，引导学生积极开展探究式学习和自主式学习，构建"慕课式"的财会类课程网络课堂平台，进而将翻转课堂等教学方法融入其中，采取混合式教学模式，全面推进教学改革进程。

二、慕课背景下财会类课程改革思路

我校会计学专业学生的生源不断优化，学生对于教学的要求也日益提高，因材施教、分层教学的需求增强，如何培养学生科研创新能力的问题日趋凸显。然而在有限的课堂教学环节解决所有问题并不现实，因此需要充分发挥网络课堂的优势，创设可以由学习者控制的学习环境，为学习者的自我投入式学习、自我构建式学习和同伴式学习创造良好的氛围。同时专业课程建设是专业和学科发展的基础，会计学作为管理学院重点建设专业，更加有必要夯实课程建设的基础，依托于网络平台和资源，不断探索优化课程建设的新途径。

针对财会类课程优质网络资源不足的现状，拟结合我校会计学专业学生特点，借鉴慕课思想，利用慕课资源，通过"嵌入式""微案例""微格课"等模块不断丰富网络课堂资源，引导学生积极开展探究式和同伴式学习，构建"慕课式"财会类课程网络课堂平台。并结合"慕课式"网络课堂的建设，采用混合式教学模式，积极推进"翻转课堂"的实践，通过学习小组的知识要点研讨、案例分析，实现同伴式学习和自主学习。

三、慕课背景下的网络课堂建设方案

1. 整体思路

以慕课时代为背景，结合应用型大学的具体情况，充分利用财会类慕课资源及思想，构建财会类网络课堂。按照"调研分析—方案设计—应用推广"的思路展开研究，以达到理论研究引领实践操作，实践操作推进理论研究的目的。

2. 具体方案

（1）优质财会类慕课资源调研与经验借鉴

利用网络调研方式，对现有慕课平台中的财会类课程进行调研分析，将慕课的资源和思想为我所用。甄选出反馈良好的慕课资源及其他高质量的网络教学资源，进行比较分析，提炼可借鉴的经验。

（2）财会类课程网络课堂建设方案

借鉴慕课开发的思路和理念，结合网络课堂建设的一般程序，构建三个主要模块，分别是：以慕课资源或其他优秀网络资源为基础的"嵌入式慕课"模块；以学生为主导的"慕课案例库"模块；以教师为主体的精品授课单元的"微格课"模块。并依托于"慕课式"网络课堂的建设，将翻转课堂教学模式应用其中。

（3）新型财会课程网络课堂模式的应用研究

新型网络课堂建设及混合式教学模式在专业人才培养方面的应用体现，在分层教学、课内外教学一体化，以及对学生的科研创新能力培养的作用等方面展开分析。

3. 预期研究目标

以"成本会计学"为试点，分模块化逐步开展慕课式网络课堂建设，甄选优秀慕课资源制作"嵌入式慕课"模块3~5个；以学生为主导制作"慕课案例"5~8个；以教师为主体录制完成精品授课单元的"微格课"2~4个。并依托于"慕课式"网络课堂的建设，将翻转课堂教学模式应用其中。

参考文献

[1] 曾馨瑢,等. 成本会计课程教学改革研究 [J]. 会计之友,2009 (5): 67-69.

[2] 秦炜炜. 翻转学习:课堂教学改革的新范式 [J]. 电化教育研究, 2013 (8): 84-90.

[3] 许义生. 关于改革财务会计教学内容和调整课程体系的思考 [J]. 中国大学教学, 2010 (10): 51-53.

"互联网+"时代财务管理专业人才素质的新要求

孟秀转

(北京联合大学管理学院金融与会计系,北京,100101)

摘要:"互联网+"作为一种新的技术经济范式,深刻影响着社会变革和产业变革,也影响着微观企业组织边界、业务模式和生产模式等。财务管理作为企业资金流管理的支柱,不可避免面临着巨大变革,对财务管理专业人才素质也提出了更新的要求。本文在分析"互联网+"对财务管理领域的影响基础上,提炼"互联网+"时代的财务管理特征,进而分析提出"互联网+"时代财务管理专业人才素质的新要求。

关键词:"互联网+" 财务管理 人才素质

李克强总理在2015年的政府工作报告中提出"互联网+"行动计划,推动移动互联网、云计算、大数据、物联网等与工业、农业、商业、金融业全面融合,以"互联网+"为驱动,提升各行业创新能力,加速提升产业发展水平。"互联网+"给企业生产和管理带来了巨大的变化:企业从研发到规模生产的路径更加垂直,产品和服务更加个性化,生产过程更加智能化、柔性化,企业组织也日益扁平化,企业间组织趋于模块化,数据信息快速传递,产业价值链重塑。由于企业的研发、生产、销售、投融资和质量管理等各环节都影响企业的财务成果,都是财务管理的工作范围。因此,"互联网+"给企业带来的重大变革也不可避免地给企业财务管理工作带来巨大的变革。企业财务管理人才是否具备"互联网+"时代的特殊经济环境所要求的能力素质,决定了企业能否适应新的经济发展形态,决定了企业能否在第六次技术经济范式革命中掌握先机或采取主动。(《互联网+对我国制造业转型升级的影响》)

因而,探讨"互联网+"时代财务管理人才素质要求,无论对于企业的生存和发展，还是对于我国财务管理人才培养模式的创新和实践，都具有重大的现实意义。

黄世忠教授对移动互联网时代财务与会计的变革与创新进行了研究，从商业模式、智能制造和资源整合三个方面研究了财务管理与会计面临的挑战。黄德红、贺铭、毛华扬、刘加利研究了网络经济下企业财务管理创新的内容及方法。目前还缺乏对于"互联网＋"时代财务管理人才素质的研究，在明晰"互联网＋"时代财务管理的创新内容、方法和手段基础上，进一步研究财务管理人才需求的特征将丰富人才培养理论。

一、"互联网＋"对财务管理的影响

"互联网＋"作为一种新的技术经济范式，深刻影响着社会变革和产业变革，也影响着微观企业组织边界、业务模式和生产模式，生产者、用户、伙伴、股东、服务者等身份在"互联网＋"环境下自由转换。公众可以参与产品的设计、创新、创造、传播与销售。基于"互联网＋"产生的众包、众筹、众创，既是社会的新结构、商业的新格局，又是经济的新范式，这一切对企业资金流的管理提出新的挑战和要求。互联网的利用将提升财务管理和会计人员知识、技能和素质的提升，如使用非财务绩效指标的能力、对业务的了解能力、变革管理能力、有效使用信息技术的能力、项目管理的能力、沟通和表达能力、税务和资金管理能力、公司治理的能力等。互联网拓展了财务管理人员的新思维，可以进行千里之外的跨地域财务管理，确保业务处理的一致性。

1. 管理范畴的转变

"互联网＋"时代已不再是"单打独斗闯天下"的年代，而是"资源整合定成败"的年代。在生态网络日益盛行、资源整合纵横交错的市场环境下，企业之间的边界日益模糊，"你中有我，我中有你""无边界组织理论"应运而生，企业管理和财务管理的范畴已超越企业边界。即使单个企业或单个企业集团为边界的传统财务管理工作如预算管理、成本控制、定价策略、运营资金、税务筹划、业绩评价、危机管理等做得再好，但与其协同配合的材料供应商、技术开发商、产品代理商、品牌策划方如果没有做好相应的财务管理工作，企业的核心竞争力和盈利能力将大受影响。将财务管理的边界由单个企业或单个企业集团延伸到整个供应链、价值链、生态网络，是大势所趋、环境使然。如何以资源整合为契机，构建崭新的供应链财务、价值链财务和生态网络财务，是值得会计界认真探讨的重大课题。亟须变革，迫切需要拓展财务管理的边界。

2. 工作职能转变

在（移动）互联网、大数据、云计算等科技不断发展的背景下，企业财务管理部门要以互联网思维定位财务管理职能，尽快完成变革。财务管理职能要由传统的基础财务、核算财务，向业务财务、战略财务转型，从附属职能部门向核心职能部门和价值创造部门转型，从事后核算向事前管理转型，全程参与到"互联网＋"时代企业战略制定过程，以财务指标、非财务指标及特有指标为抓手，为市场运作模式、商业模式的创新提供决策支持。

3. 工作方式的转变

财务管理工作方式也发生重大变革。传统的财务工作很大程度上集中于财务核算，财务人员大部分时间是在从事一系列重复性的基础工作，无暇分神于核心的财务管理工作，如数据分析、资金的运作、税务筹划，等等。"互联网＋"时代，借助财务共享服务系统，使财务人员由记账转向财务建议、财务管理，为各个部门、各项业务提供财务支持，对市场变化做出反应，把工作重心转到高价值的决策支持上来，更好实现财务职能，满足企业战略及发展的需要。同时，智能制造与财务系统的结合，使企业可实时地获取每一天生产运作过程中的生产、销售、仓储、财务等信息；基于大数据分析可以最大限度地利用信息、整合信息，快速准确地指导决策，实现全员决策、全员创新、数据驱动。

二、"互联网＋"时代的财务管理特征

1. 即时性

建立在大数据和云计算等基础之上的互联网经济范式，其生产模式和管理理念要求对每一件内容产品和每一个独立受众进行差异化管理和个性

化追踪，在这种情况下，传统企业必须以尽可能小的时间单位进行财务管理的动态分析，以"即时性"作为管理会计决策活动期间的终极划分目标，把管理会计活动的分期尽可能细化，同时可以根据需要选择特定时间段的决策支持活动。

在"互联网+"时代，移动互联网、大数据、云计算、物联网等计算机技术的发展，为管理会计的数据分析提供了更高层次的财务数据分析技术，也为管理会计活动中结果导向的数据进行经验模型的预测分析提供了保障。同时，根据现代战略管理的观点，战略具有应变性、竞争性和风险性的属性。可见，企业所面临的环境瞬息万变，企业需要以环境变化为导向，并结合企业经营发展的数据信息，实时进行模型分析预测，进而预期经济前景，参与经济决策，规划经营目标，控制经济过程，考评经营业绩。

2. 大数据

随着互联网和物联网在企业的广泛应用，形成了内容丰富、结构复杂的数据，同时，互联网存储技术的提升，使得数据获取的连续性增加，多端分享信息变得越来越容易。现实社会与网络空间的相互融合使得数据更加鲜活，不仅表现为数据，也表现为人们的行为、思想甚至情感。但是，大数据关注事物的全部细节，原始数据包含了所有数据和全部细节信息，对于某一个特定决策问题来讲，会有大量的不相关信息，而这些不相关信息会影响决策的效率与效益，有时甚至干扰决策的正确性，为了保证对于新产生的应用有足够的有效信息，就必须利用大数据技术，实现结构性和非结构性财务决策信息的融合，提供发现海量数据间相关关系的机会，并以定量的方式来描述、分析、评判企业的经营态势，做出科学的财务决策。

3. 持续创新

基础互联网技术是公司财务管理创新的重要工具之一。企业可利用互联网技术设置电子账户，完成资金融通和流动，公司的一些财务活动可以搬到互联网系统进行在线结算、签约和评估，互联网里的众筹则是信息技术广泛应用的一种新筹资方式。互联网技术的快速发展，促进了公司财务活动的扩展和财务方法创新。互联网经济的标准化特征，使得公司筹资和投资决策及其评价、资产定价和公司治理结构设计等都可以通过全球性行业大数据、宏观经济云计算等信息加以实施和完成。

三、"互联网＋"时代财务管理专业人才素质的新要求

1. 国际化的视野

互联网将世界变得扁平，互联网真正让世界变成了地球村，让国际社会越来越成为你中有我、我中有你的命运共同体，作为企业财务管理人员，不仅需要把握国内经济和国内市场的动态，还需要密切关注世界经济或国际市场的发展趋势，才能适时、因地制宜地调整企业的财务策略，快速应对企业经营环境的变动。

因此全球国际化的视野是"互联网＋"时代财务管理人员必须具有的一种重要的能力素质。

2. 风险意识

技术是把"双刃剑"，"互联网＋"给企业带来创新机遇和财富的同时，也带来了更多更新的风险："互联网＋"时代的经济环境将更加复杂和难以预测，互联网金融的创新多变及信息监管、信用危机、信息技术风险等问题接踵而至，财务管理人员的风险意识变得愈加重要。财务管理人员应有风险意识和战略思维，通过自己的战略性分析和风险评估，帮助企业及早预见风险，并提早进行风险管理，做到未雨绸缪，以尽可能减轻危机给企业带来的伤害。

3. 创新思维

持续创新是"互联网＋"时代财务管理的特征，因此要求财务人员要抛弃以前在工作中因循守旧的思维，学习应用互联网思维，发挥自身的创造精神，进行合理大胆的创新，不断开创出工作的新局面。

4. 数据处理与分析的能力

数据处理与分析将成为大数据时代最重要的管理课题，大数据挖掘能

力将成为决定竞争力的关键因素。美国麻省理工学院罗宾森教授指出："国际企业中创造利益的原动力是一个精确的有效率的信息管理系统,一天 24 小时随时提供信息。例如,在哪里可以用最低的成本取得所需资金?哪里可以获得最恰当的技术?哪里可以找到最有用的管理人才和技术人才?哪里可以制造廉价的产品?"因此,财务管理者必须具有数据处理与分析能力,从纷繁复杂的结构化和非结构数据中找到决策信息并发现信息之间的关系,以便做出科学决策。

5. 具有"互联网+"技术应用能力

"互联网+"时代的管理者和企业家必须熟练运用互联网(包括移动技术)互通信息,及时做出决策和处理各种变化。如果财务管理者不能够掌握信息系统或利用互联网技术的优势,将很难有效地工作,更无法实现基于"互联网+"的持续创新管理。因此财务管理人员必须具备"互联网+"技术应用能力。

参考文献

[1] 黄世忠. 移动互联网时代财务与会计的变革与创新 [J]. 财务与会计, 2015 (21): 6-9.

[2] 罗福凯,于国洋. 互联网对公司财务及其研究的影响与学术批判——兼评"互联网金融"命题 [J]. 会计之友, 2015 (23): 34-38.

[3] 毛华扬,刘加利. "互联网+"背景下财务管理创新 [J]. 国际商务财会, 2016 (1): 44-45.

[4] 李娜. "互联网+"时代企业财务管理转型的几点思考 [J]. 商场现代化, 2015 (15): 188-189.

[5] 黄德红,贺铭. 网络经济下企业财务管理创新的内容及方法研究 [J]. 科技管理研究, 2006 (2): 187-189.

应用型大学金融专业"双师型"教师队伍建设策略

邢秀芹

(北京联合大学管理学院金融与会计系,北京,100101)

摘要:在大众化教育背景下,社会上用人单位的用人观念日趋理性,用人单位从一味追求学历转变为注重能力,在招聘时越来越注重毕业生的综合素质和实践能力。教师是课堂教学、实践教育的承担者,是促进理论教学与实践教学融合的责任人,是培养学生实践能力的负责人。金融是现代经济的核心,随着我国金融市场的快速发展,区域性金融市场发展日新月异,培养出满足社会需求的应用型金融人才成为摆在应用型高校金融教育者面前的一大课题。在这一背景下,传统师资队伍结构已经不能满足应用型人才培养的需求,"双师型"教师队伍建设势在必行。本文将立足应用型大学,探索金融专业"双师型"教师队伍建设。本文首先阐述"双师型"教师的含义,分析金融专业"双师型"教师队伍建议的制约因素,最后提出完善金融专业"双师型"教师队伍建设的建议。

关键词:应用型大学 金融专业 "双师型"教师

伴随着大学扩招的脚步,我国高等教育由精英教育阶段迈入了大众化教育阶段,大学生就业市场已经由高校主导的卖方市场转向了用人单位主导下的买方市场。与此同时,社会上用人单位的用人观念日趋理性,用人单位从一味追求学历转变为注重能力,在招聘时越来越注重毕业生的综合素质和实践能力。教师是课堂教学、实践教育的承担者,是促进理论教学与实践教学融合的责任人,是培养学生实践能力的负责人。金融是现代经济的核心,随着我国金融市场的快速发展,区域性金融市场发展日新月异,培养出满足社会需求的应用型金融人才成为摆在应用型高校金融教育者面前的一大课题。在这一背景下,传统师资队伍结构已经不能满足应用型人才培养的需求,"双师型"教师队伍建设势在必行。

一、应用型大学"双师型"教师概念的界定

"双师型"教师概念最早是在职业教育领域提出的,它由时任上海冶金专科学校仪电系系主任王义澄先生在 1990 年首次提出。而"双师型"教师概念首次在国家权威机构中提出是在 1995 年。国家教委在 1995 年发布的《关于开展建设示范性职业大学工作的原则意见》中,提出有一支专兼结合、结构合理、素质较高的师资队伍。专业课教师和实习指导教师具有一定的专业实践能力,其中有 1/3 以上的"双师型"教师。

"双师型"教师这一概念的提出时间还不长,学者们对其尚未形成统一的认识,代表性观点有双职称说、双证书说、双能力说、双师素质说、双来源说等。事实上,"双师型"教师是一个不断发展变化的群体,"双师型"教师概念的提出,最早是在职业教育中,但是随着高等教育从精英教育转向大众化教育,这一个概念开始在应用型高校中提及并付诸实践。高等职业院校和应用型本科院校的"双师型"教师虽然都以培养应用型人才为目标,但二者在人才培养的质量、要求等方面有很大的区别。因此,应用型大学的"双师型"教师比一般普通高职院校层次更高,条件要求也更高。

结合教育政策文件关于"双师型"教师的叙述以及学界对于"双师型"教师的阐述,本文认为应用型大学"双师型"教师除一般教师应具有的标准外,既要精通专业知识理论,具有较高的学术研究能力,还要有较长的专业实践经历,具备与专业相结合的实践和应用能力,具备较高的教学水平和有效开展专业的实习、实训及指导学生进行毕业设计的能力,等等。

二、应用型大学金融专业"双师型"教师队伍建设的制约因素

近年来,我国金融市场发展迅速,对金融人才的需求呈现多层次、多类型的态势,高、中、低端及特色类人才都有其市场需求。与国内重点院校不同,应用型大学金融专业在人才培养方面,往往定位于培养面向地方、服务地方经济的应用型人才。相对于传统的学科型教师,"双师型"

教师在应用型人才的培养方面有着显著的优势。然而，目前应用型大学普遍存在"双师型"教师比例不高的问题，"双师型"教师队伍建设还存在着诸多制约因素。

1. 在"双师型"教师资格认定方面，评判标准流于形式

由于目前理论界对"双师型"教师没有一个准确的定义，对"双师型"教师没有形成统一的、可操作的评价标准。虽然教育部在评价体系中列出了"双师型"教师的标准，但是很多应用型大学对"双师型"教师的重要性认识不足，在"双师型"教师认定上把持有"双证书"的教师认定为"双师型"教师，但是很多持证教师没有行业工作经历。如果简单把"双证书"持有者认定为"双师型"教师，这不仅会曲解"双师型"教师的概念，而且会严重影响应用型人才的健康培养和发展。

2. 在教师招聘和引进方面，存在"重学历、轻实践"现象

应用型大学培养的应该是有实践能力的应用型人才，这决定了它所招聘的教师不仅要有扎实的理论知识，还要有相关的实践经历。但现实情况是，应用型大学虽然在人才培养方面确立了应用型人才培养定位，但由于当前高校评价体系依旧单一，主要看学术论文发表、科研立项等情况，应用型高校为了在高校排名中不落后，在近些年的教师招聘和引进中，普遍存在重学历、重理论水平，忽视教师的专业实践能力的现象。一方面，一般金融教师招聘的主要渠道是高校刚刚毕业的博士生，有些应用型大学甚至还要求其本科学校必须是"211"或"985"高校；另一方面，学科带头人的引进，也往往来自重视理论教学的重点高校。应该看到的是，无论是"211""985"等重点高校的毕业生，还是从重点高校引进的高层次人才，传统学科教育痕迹很明显，重理论、轻实践的理念很严重。大多数教师在学校主要以理论学习或理论研究为主，他们从这个学校的校门迈出，直接跨入另一个学校的校门，缺乏实际工作经验，甚至几乎没有实践经历，从而无益于应用型人才的培养，也不符合"双师型"教师的标准。

3. 在教师职称评审和教师考核评价方面，缺乏配套制度

就应用型大学而言，要最大限度地发挥"双师型"教师队伍的积极

性、创造性，需要有一套具有应用型大学特色的、行之有效的管理制度。然而，在大多数应用型大学中，现有管理制度却不利于"双师型"教师全面发展。

一方面，应用型大学在教师职称评审中，忽视了"双师型"教师的特色，即重应用性和技术性，在导向上有所偏差，依然以理论研究为考量重点，过分强调科研论文水平和国家、省部级自然科学基金资助的理论课题研究，而忽略了横向的实际应用课题的研究，忽视了实践能力的考核。这种制度直接导致大部分教师将主要精力倾注于单纯的学术研究上，不注重实际应用课题的研究，无暇顾及实践操作能力的提高，不利于应用型人才的培养。另一方面，应用型大学"双师型"教师考核评价制度尚不完善。在对"双师型"教师考核时，大都沿用普通高校的评价制度，评价指标一刀切，对不同类别教师的考核体系没有差别。考评指标体系仅仅是从科研方面和教师的岗位工作量考核，而教师的实践能力并不在评价考核之列，而且"双师型"教师的福利待遇与非"双师型"没有任何区别。这样一种制度使得非"双师型"教师失去了成为"双师型"教师的动力和压力，阻碍了"双师型"教师队伍建设。

4. 在教师专业成长方面，缺少企业实践机会

在应用型大学，普遍存在着教师承担教学任务十分繁重的现象，很难抽出时间去企业进行系统地实践来提高实践能力。

同时，由于金融行业的特殊性，使得金融专业的在职教师很难到银行、保险公司、证券公司等金融企业进行实践锻炼。一方面，金融行业是服务行业，非常重视顾客的口碑，金融企业不愿拿自己的声誉冒险；另一方面，金融业是涉及大量资金融通的行业，在企业中存在大量的客户资料和相关文件，有些甚至涉及隐私和机密，不能外泄。所以金融企业对于接受教师挂职锻炼和顶岗实习都非常慎重。与高等院校的合作也只停留在浅层次的交流，往往只愿意提供见习、访问、讲座等形式的合作，教师就很难深入参与到金融企业日常经营运作当中，也就很难有效提高专业实践能力。

三、完善"双师型"教师队伍建设的建议

建设一支高素质的"双师型"教师队伍，是应用型大学适应当前经济

的发展,深化教育教学改革,培养出企业满意的高级应用型人才的基本保证。应用型大学金融专业"双师型"教师队伍的建设,是一个长期的艰巨的系统工程,这就要求应用型大学必须努力克服以上提到的种种制约因素。

1. 完善"双师型"教师资格认定制度

完善的"双师型"教师资格认证制度是其队伍建设的前提及基础。许多国家都建立了完善的职业教师资格培养制度,资格认证制度就是其中一项。"双师型"教师的认定不能是简单的教师资格证+职业资格证的双证标准,还应当重视教师实践能力的考核。具体而言,应用型大学应该以教育部提出的双师素质内涵作为标准,将教师的相关行业专业实践工作经历和相关行业的权威资格证书,以及在校内外主持或主要参与相关实践项目建设和实践研究成果结合起来,确定"双师型"教师资格认定标准。

2. 端正用人观念,重视高技能人才引进

应用型大学在近年的人才招聘和引进中,普遍存在重学历、重理论水平,忽视教师的专业实践能力的现象。因此,加强"双师型"教师队伍建设,要端正用人观念,在人才招聘和引进中,除了重视高学历、高职称人才的招聘和引进,还应该重视高技能人才的招聘和引进。就应用型大学金融专业,应拓宽人才招聘渠道,努力从金融企业引进实践能力强又兼具较高理论水平的专业人员来充实"双师型"教师队伍。另外,考虑到金融行业是高薪行业,与教师的工资待遇相差很大,学校应制定高技能人才引进政策,以增加对金融行业高技能人才的吸引力。

3. 完善教师职称评审和教师考核评价制度

一方面,改革完善现有的教师职称评审制度。应用型大学应探索建立适合高校自身情况、可操作性强的"两条线"职称聘任制度,对"双师型"教师和非"双师型"教师采用不同的职称评审条件和标准。在"双师型"教师职称评审中,研究制定适合应用型人才特点的教师职称评审条件和标准,强调实际的专业教学水平,把技能考核作为高等学校教师职称评审的主要指标,适当降低学术要求,通过职称评审引导"双师型"教师队伍建设。

另一方面,改革完善现有的教师考核评价制度。应用型大学要制定适应"双师型"教师队伍成长的评价考核机制,建立实践质量考评制度,定期对"双师型"教师的专业实践能力及其实践教学的效果进行考核检验,确保其始终保持较高的业务水平,能够正常进行实践内容教学。同时,要让"双师型"教师与一般教师相比享有特别的待遇,如职务晋升、进修机会、薪酬福利等,以推动"双师型"教师队伍的建设。

4. 推进校企战略合作,培养"双师型"教师实践能力

通过建立校企战略合作关系,安排专业教师以挂职锻炼、顶岗工作等方式到企业参加实践,可以不断积累实践工作经验,提高实践教学能力。而建立校企战略合作关系,使专业教师参加企业实践落到实处,尚需要多方共同努力。一是学校要为教师参加企业实践提供制度保障,从机制、经费、时间等方面予以保证;二是加大政府主导、政策支持力度,确立行业协会在校企合作中的地位和作用,着力解决好企业在校企合作中动力不足问题,改变目前校企合作流于形式的状况,促进校企合作质量提高。就金融专业开展校企合作而言,更要高度重视行业协会,加强与行业协会的沟通和联系,依托行业协会开展校企合作,着力解决金融专业教师企业实践不深入的问题。

参考文献

[1] 张帅,等. 专业应用型高校双师型教师队伍建设的研究 [J]. 南昌教育学院学报,2011 (1):12-15.

[2] 汤筱娴. 金融保险专业"双师型"教师队伍建设的探讨 [J]. 科技经济市场,2011 (11):32-35.

[3] 段贞锋. 论应用型地方本科院校"双师型"教师的培养 [J]. 教育与职业,2015 (13):16-17.

绿色就业生态链的会计实践教学体系研究

——基于协同创新视角[1]

尹夏楠　鲍新中

（北京联合大学管理学院金融与会计系，北京，**100101**）

摘要：解决应用型会计专业人才学、用之间的"最后一里路"是高校乃至实务界备受关注的问题。文章依据协同创新理念，以学用无缝隙对接实践活动为支撑，构建"一个创新""二大基石""三项服务"的绿色就业生态链的实践教学体系，以切实提高学生的就业竞争力。实践表明，基于绿色就业生态链的产学协同创新的实践教学综合改革与实践效果显著，人才培养成效明显，对一些不适合学生分散校外实习的专业实践教学发挥了较好的示范引领用。

关键词：绿色就业生态链　实践教学体系　协同创新

实践性强作为会计学科的主要特色已经得到学术界和实务界的共识，实践教学不仅是培养学生实践技能的重要手段，也是应用型会计专业学生提高就业竞争力、适应未来就业岗位、获取可持续发展能力的必由之路。因此，会计专业的实践教学体系在整个教学体系构架中显得尤为重要，实践教学体系的效用直接决定了以应用型人才培养为目标的高校人才培养质量。实践教学由校内实训和校外实践构成，由于会计岗位的特殊性，未毕业的学生直接在校外企业顶岗财会工作是难上加难，从而造成学生毕业时学、用之间存在的"最后一里路"障碍。因此，如何调动社会资源、搭建校企合作平台、实现绿色就业生态链、重构会计实践教学体系是当前应用型会计专业培养学生急需解决的难题。

---

[1] 基金项目：北京市高等学校教育教学改革项目（2015-ms193）；北京联合大学教育教学研究与改革重点项目（JJ2015Z003）；北京联合大学普通本科专业核心课程建设项目（财务管理课程）。

一、会计实践教学体系创新的必要性

1. 关键性实践环节效果弱化

北京联合大学会计专业的会计实践教学体系设计遵循的思路：专业认识实践——手工模拟实训——相关会计综合实训——专业顶岗实习——毕业论文。具体操作模式是校内实验实训中心以及校外实践。这种培养模式在一定程度上对提高学生的实际操作能力起到了很重要的作用。从多年实施的经验来看，实践教学体系中专业认识实践、手工模拟实现、相关会计综合实训环节以及毕业论文一般均能高质量的顺利完成。专业顶岗实习是要求学生到企业单位实习，学生也相对容易能够找到实习单位，但真正能够顶岗会计岗位实习的机会是少之又少。一方面，因为会计岗位自身的特殊性，企业的财务信息一般都涉及单位的部分秘密并且责任重大，所以用人单位不太愿意让未毕业的学生接触这些岗位，加之学生实习期一般都比较短，财务信息又相对复杂，即使能够交接，单位考虑到交接成本也不愿意接收实习生顶岗实习。所以学生的实习往往流于形式，不能掌握真正的会计岗位职责；另一方面，即使用人单位愿意接收学生顶岗实习，由于岗位数量有限也只能解决少数学生的实习。所以大部分学生在这个环节的实习是去会计师事务所，从事一些简单的服务性工作，或者跟随事务所指导老师辅助审计。这样的实习结果和我们预期的实践结果相差太远。

2. 学、用之间存在"最后一里路"现象

传统的会计专业实践教学模式培养的学生，在理论上以及校内偏理想化的会计业务处理都能很好地掌握。但企业实际发生的业务交易往往比理论上业务交易要复杂得多，需要考虑的影响因素也很多，比如要考虑各种税金的缴纳，涉及各种会计职业的判断，等等。学生刚步入工作岗位后，会发现真实经济业务的发生与在学校中理想化或者简单化的业务处理存在很大的差异，很难马上适应单位会计岗位的要求。由于学生在企业实习关键环节效果的弱化导致学生所学与社会需求之间出现了问题，即所学与所用之间出现"最后一里路"现象，这种理论知识与实务工作脱节的问题成为制约会计专业应届大学生就业择业的主要瓶颈。正如易伟新认为，应用型人才最大的特点在于其动手能力和实践能力，毕业后能很快适应工作岗位的要求。

综上所述，学校要培养适应社会需求的会计专业学生，破解横在学、用之间最后实践环节的障碍，构建绿色生态就业链的实践教学体系势在必行。

二、协同创新会计无缝隙对接实践教学活动

1. 设计思路

协同创新理念作为一种新型的教育理念，是以高校、科研机构、企业等多主体间高度的资源整合与共享，通过沟通与合作，实现"1+1>2"的效用。将实践教学资源进行全面协同，构建以实践教学内容的协同、实践教学实现途径（校企合作平台）的协同以及学生职业能力培养的协同等为主要内容的崭新的协同创新实践教学体系，该体系不仅使理论教学与实践教学紧密结合，而且能够同地方经济社会的实际紧密结合。引入协同创新理念，充分利用社会资源，强化学生毕业前的职业素质，提升学生的综合实践能力，实现教学到实践、实习到就业的"无缝连接"。一方面，会计专业学生急需到校外正式从事会计相关岗位的顶岗实习；另一方面，北京市会计类服务业的快速发展，尤其是小型企业的财务外包业务已初具规模，服务类财会企业需要大量的员工完成会计核算处理业务，为已经经过校内外实践的财会类专业学生提供了宝贵的实训机会。因此，构建高校、企业资源共享、协同发展的实践教学模式势在必行。会计学专业的实践教学模式创新的设计思路：以理论知识为基础，以阶段性实践为基石，以企业资源为平台，以协同创新为保障，以学、用无缝隙对接为目标，采用学生走出去，真实业务引进来的模式，开展模拟及仿真实践为一体的教学模式。

2. 解决"最后一里路"突破性实践活动创新

北京联合大学管理学院会计专业为了培养适应社会需求的会计人才，按照培养方案制定的标准，立足会计职业人才实践能力和创新能力培养，基于与企业协同创新、实现共赢的理念，与中国中小企业协会纳税人公众服务平台唯一指定代理记账单位——北京卓立信会计服务中心合作，将认

知实践、手工模拟实训、专业校内电算化实训、校外专业实习、校内真实业务仿真实训等递进式实践模块有机地相互联系起来，整合为系统化的学习生态链，同时实践环节又贯穿于整个会计专业理论教学的不同环节过程中，真正做到理论与实践相结合，实现培养社会需求的会计专业人才。针对当前社会实践活动单位难以满足会计学专业学生到企业财务部门顶岗实践的普遍难题，北京联合大学管理学院与北京卓立信会计服务中心在合作近20年的基础上，再次实现了突破性进展——将企业真实业务带进课堂。具体实践操作过程如下。

在保证所有业务凭证安全的前提下，由合作单位提供连续2个月的几十家小企业的真实业务凭证，考虑接受企业需要纳税的时间要求，初次实践活动定于4月和5月各实训一次。学校提供符合实训要求的实验室，实训所需软件必须提前安装完毕并试运行，确定实训能够顺利进行。整个实训过程由校外专家和本校专业教师共同辅导，指导学生根据真实原始单据进行业务处理并按照实务中的纳税要求，进行纳税申报。具体处理环节包括：根据原始单据编制记账凭证并录入系统；打印记账凭证；由校外专家负责审核，如有问题，进行修改；正确无误后，指导学生在系统中生成报表；申报纳税；进行阶段性总结；循环下一个阶段的真实业务处理程序；两阶段完成后，最终总结，进行评价、完善、提高环节。实践评价是创新教学模式的重要环节，该实践教学结果的评定主要由四部分构成：真实业务的难易程度、在录入系统前处理的正确性、纳税申报的正确性和课堂纪律。该实践成绩主要由合作机构指导老师予以给定。

3. 教学活动创新的价值

（1）实现学、用之间无缝隙对接

企业真实业务引进课堂的实践活动彻底破解了长期以来会计学专业学生的学、用之间"最后一里路"的难题。首次提供给学生在校内能够全面、完整、系统地完成企业经济业务会计核算的实战机会。真实业务的处理实践训练，不仅锻炼学生的业务水平，而且能够提升学生处理问题的应变能力和创新能力、与合作单位人员的沟通能力。学生在具备良好的理论基础知识的前提下，全面熟练地掌握会计学基本方法和业务技能，以及纳税申报的真实流程，具备了较强的专业实践能力、合作协调能力以及创新意识，真正实现学、用无缝隙对接，为学生毕业即就业奠定了坚实的基础。

（2）优化了实践教学体系

该实训活动的实施解决了学生仿真业务模拟与真实业务的差距以及校外企业、事务所实习质量难以监控的弊端，有效地实现模拟实训与企业实习的高度融合。真实业务引入课堂的会计实践教学为完善专业培养方案、构建一条完整的学和用无缝隙衔接的实践链条提供重要的支撑作用。不仅完善了实践教学环节，而且在专业教学与企业需求之间搭建了坚实的桥梁，优化了会计专业进阶式的实践教学体系。

（3）降低合作单位运营成本，增加未来收益

人力资源成本是会计服务类企业成本构成中重要的部分。选用毕业前的会计专业学生在老师指导下完成真实业务的会计核算业务以及纳税申报业务将降低服务机构的人力成本，同时，业务是在校内完成，可减少服务机构业务运营空间的成本。此外，人力资源的增多，为合作单位开辟更多的相关业务提供了有利条件，从而增加企业的未来收益。

三、构建绿色生态就业链的会计实践教学体系

以原有会计实践教学体系为基础，结合协同创新无缝隙对接会计实践活动，重新构建绿色生态就业链的会计实践教学体系。

1. 绿色生态就业链的特征

以"降低成本、提供效率"为突出特征的绿色就业生态链，以服务学生就业为导向，以提高学生职业技能训练为目的，以提升个人素质、工作与团队合作为目标，将"理论学习—现有实践体系—就业前全真培训"有机地结合起来，更好地提高学生就业竞争力的同时，有效降低用人单位员工入职的摩擦成本。学校和社会用人单位相互形成合力，通过共同培养应用型会计人才形成共识，将校外资源与就业实践相结合，逐步搭建并完善实践教学活动平台，注重学生综合职业能力的培养，提高高校教师与学生的综合素质。

绿色生态就业链的另一个特征就是绿色生态就业理念贯穿于学生的整个大学学习的全过程。与传统的就业指导和就业服务不同，新型的就业教

育理念包含了与就业相关联的全过程,包括从入学初始,根据学生的个体差异,引导学生对自己的专业学习和职业生涯进行规划,培养学生的就业择业能力,灌输从业规范行为与遵守职业道德的意识,等等。

2. 构建绿色生态就业链的会计实践教学体系

绿色生态就业链实践教学体系应该体现出实践过程是一个由低级到高级、由浅入深、循序渐进螺旋式上升过程,教学体系的内容既要考虑体系的整体性,又要保证教学体系的阶梯性和连续性。构建设计思路清晰、内容完整、操作可行性强的专业培养体系是培养专业人才的顶层设计文件。依托于绿色就业生态链构想,按照"一个创新、两大基石、三项服务"设计思路,结合当前会计专业实践教学活动的创新,规范综合实践体系管理过程,整合现有校企合作资源,优化财会专业实践教学体系。

具体构建方案如下所述。

一个创新:依托于绿色就业生态链,逐步扩大与社会资源的合作,构建从真实账务实习到就业的"无缝连接"创新模式。

两大基石:巩固和拓宽现有的两大基石,一为现有较为全面的进阶式的实践教学体系为"最后一里路"课程建设做好了知识储备、奠定了坚实的基础;同时,"最后一里路"又以初级阶段的"认识实践"、中间阶段的"校内相关实践课程"和后期阶段的"校外顶岗实习"为支撑;二为多元化校企合作资源,依据不同专业的差异特征,采用不同的校企合作模式,与企业真实经济业务会计处理实现零距离接触并构建良性循环运作系统,为"最后一里路"课程的无缝对接提供了有力的保障。

三项服务:践行双方共赢的校企合作宗旨,该实践教学体系的实施不仅惠及学生和高校,而且同样惠及合作企业。第一,为学生服务。绿色生态就业链实践教学体系的执行为学生成长发展搭建了广阔的平台,提供了更宽阔的空间和平台,必将有力地提升学生的就业能力和择业能力;第二,为企业服务。学生直接参与真实业务的会计处理工作,一方面降低合作企业的营业成本;另一方面,合作企业在实训过程中可以优先选择学生毕业后直接就业,降低合作单位和用人单位工作启动时的摩擦成本;第三,为高校服务。通过推进会计实践教学改革和创新,与社会会计服务机构的合作,逐步扩大学校在社会中的正向影响,提升人才培养质量的同时也提升了学校的声誉,为后续吸引更多、更优秀的合作资源奠定了基础。

将企业真实业务带进实训室,实现高质量的全真职业培训,完善会计专业实践教学体系,对于解决现有校内实训课程虚拟化、校外实践环节不便于监管的问题具有积极意义。应用型人才的培养需要高校和社会用人单位共同努力,通过有目标的培训提升学生的就业、择业能力,以低廉的成本使学生获得了可贵的实战经验。同时在校企合作中实现互惠互利,由消耗型实习转为成果型实习,实现校企双方在经济利益方面的多赢。

参考文献

[1] 查有良. 高职院校会计专业实践教学体系的构建 [J]. 高校论坛, 2015 (1): 21-25.

[2] 蔡志奇, 黄晓珩. 构建多层次全方位校企合作的实践教学体系 [J]. 实验室研究与探索, 2013 (6): 17-18.

[3] 张玉霖. 应用技术型本科院校会计实践教学改革探索 [J]. 高等教育, 2015 (5): 31-35.

[4] 邓淑容. 大学生就业教育生态系统构建与思考 [J]. 湖北科技学院学报, 2015 (7): 20-22.

加强伦理和诚信教育的必要性及实现路径[1]

俞 娜

(北京联合大学管理学院金融与会计系,北京,100101)

摘要:本文对伦理、诚信和职业道德进行了简要介绍,分析了当前国内外高校伦理教育的现状,提出通过加强学生在校时期的伦理和道德教育、明确教学目的、调整教学方式方法、加强角色扮演和案例教学、建立研讨适合的相关教材,同时注意工作中伦理困境问题的解决等加强伦理和诚信教育的路径。

关键词:伦理 诚信 职业道德

一、经济形势表明伦理类课程的重要性

有人说华尔街的金融危机是一群年轻的专业人士创造出来的;有人说目前世风日下,有的小学生已经开始找人代写作业;部分大学生的考试诚信问题令人担忧;每年的四六级英语考试、研究生考试枪手不少,作弊手段日益高科技;而老人倒地了大家犹豫是扶还是不扶,很多行业道德水准不断下降……那么问题出在哪里?在物质生活日趋丰富的今天,似乎道德水准却在背道而驰。会计"不做假账"言犹在耳,但是否真的解决了问题。这些问题症结在何处,如何通过加强大学生的伦理和诚信教育改变现状是本文所要探讨的主要内容。

二、伦理、诚信及职业道德

所谓伦理,指人与人相处的各种道德准则。伦理有以下两种含义:①事物的条理:乐者,通伦理者也。也指有条理地安排部署。②中国古代原指音乐的条理。后用来比喻封建社会父子、君臣、夫妇、长幼、朋友各

---

[1] 北京市属高等学校人才强教计划资助项目 PHR201008306 的成果之一。

类等级尊卑关系及其相应的道德规范。"伦理"与"道德"一词有时通用，如"伦理关系"即"道德关系"。

伦理学，也称"道德哲学""道德科学"，是关于道德的起源、发展、人的行为准则和人与人之间义务的学说，研究道德现象、揭示道德本质及其发展规律的科学。19世纪末，中国的一些启蒙思想家借用日本的译法，把英文ethics译作伦理学，成为这一学科的名称。在中国古代，曾产生儒家、墨家、道家、法家等各派伦理学说。在西方，则有快乐主义、禁欲主义、功利主义、利己主义等伦理学说。与法律不同，伦理学是一门规范性的科学，而不是一门描述性的科学。道德乃社会意识形态之一，是人们共同生活及其行为的准则和规范，道德通过社会或一定阶段的舆论对社会生活起约束作用。法律和道德是保证社会之车前进的车轮，相辅相成，缺一不可。

商业伦理是一门关于商业与伦理学的交叉学科，是商业与社会关系的基础。研究商业伦理的目的在于，在商业领域中建立经济与正义、人道相一致的这样一种理想秩序：不仅能促进经济良性循环和持续增长，而且能使商业起到激励和促进每个人满足需要、发展能力、完善自我的作用，并能将商业整合到社会整体协调发展的大系统中去。商业伦理是探讨企业在经济领域中进行各种商业活动所应遵循的准则和道德标准。现代商业伦理最初是在美国及西欧兴起并发展起来的，是社会道德在商业领域的具体化或个别化，是商业系统职业伦理规范的总和，是商业行业的道德心理、道德品质、道德习惯、道德传统代代相传的历史积淀。

诚信是以真诚之心行信义之事，也是一种伦理规范和道德标准。职业道德是人们在进行职业活动过程中，一切符合职业要求的心理意识、行为准则和行为规范的总和。它是一种内在的、非强制性的约束机制。会计职业道德准则实质上是属于制度学、心理学、哲学、伦理学、社会学、管理学等多领域的跨学科话题，合理的准则应建立在这些学科的综合理论基础之上。

三、当前高校伦理教育现状

1. 国外伦理教育情况

在西方，崇尚伦理道德是一种趋势。早在18世纪，经济学鼻祖亚当·

斯密 1759 年出版的《道德情操论》一书被称为经济良性运行不可或缺的"圣经",指出企业家要有"道德的血液"。20 世纪 60 年代以后企业伦理问题也是经济学和管理学研究的热点问题之一。并且西方非常注重管理伦理的可操作性,《财富》杂志评选的 500 强企业中 90% 以上有专门的伦理守则,3/5 以上设置了专门的伦理机构,20% 设有伦理主管。

美国多数商学院都会开设职业道德和伦理教育的课程,美国大学商学院联合会 AACSB 要求其成员在课程中加入伦理教育课程。同时美国大部分会计类教材中都会穿插伦理教育板块的内容,如欧文出版公司 1989 年出版的 Financial Accounting《财务会计》和 1994 年 Fundamental Accounting Principles《基本会计原理》都对伦理问题给予高度重视,并在序言中指出:伦理是最基本的会计原理。卡尔·沃伦的 Survey of Accounting《会计学》一书中,每章都会有一个叫"伦理在行动(Ethics in Action)"的内容,从虚报收入、办公用品的领用、信用卡诈骗、巴菲特的名言等来警示和提醒学生伦理和道德的重要性。财务会计一书中每章都会有一个实际的伦理案例。

世界上最早的会计职业道德制度起源于美国。1907 年,时任美国注册会计师协会(AICPA)主席的约瑟夫·斯特雷特(Joseph E. Sterrett)就指出,一部成文的会计职业道德准则是必要的。经过一个多世纪的发展,各国、各地区的会计组织都先后制定了会计职业道德准则。然而在安然、世通为代表的会计丑闻发生、2008 年全球金融危机发生之后,各界矛头直指会计界,表明会计人员职业道德缺失的现象在世界范围内仍然普遍存在,这在一定程度上不得不归咎于会计职业道德准则依然不足。有学者认为,虽然会计职业道德的学院化教育培养并没有达到实践者预期的社会效果,但是针对会计人员所做的道德指导已经增加了很多。还有调查表明,参加"伦理与职业作风"课程的学生在伦理发展水平上有显著的提高。

哈佛大学免费向全球开放的公开课迈克尔·桑德尔教授的"公平(Justice)",是哈佛大学最受欢迎的选修课之一,最开始只有一二百人选修,后来选修的学生人数高达上千人,所以这门课的上课教室改到了哈佛的桑德斯剧场。这门课如此受欢迎固然首先是由于桑德尔教授的精彩演讲,其次是不是也和这门课的名称有关?因为公平是人类社会一直追求努力实现的一个社会目标。在现实当中每个人对公平的看法并不相同,很多问题也没有一个明确的答案。桑德尔教授在大部分课堂上也没有给同学一个特定的解答，通过现实中的很多实例、很多道德困境伦理困境的事例引发同学们对许多问题的思考、讨论。

2. 我国高校伦理教育

目前，我国的大学生伦理教育显然是缺失的。仅以会计学专业的学生为例。一般认为会计学专业是最应该注意伦理和职业道德教育的，然而2012—2015年，全国有586家高等院校设有会计专业，每年毕业的会计专业学生超过50万人。会计教育功利化现象日益突出，注重技能培养的趋势也越来越明显。专科教育、本科教育和研究生教育各阶段人才培养方式有趋同的现象，学校过多关注会计专业知识和技能的培养，考取各类会计证书成为就业的快速通道。会计学专业的学生也仅在会计从业资格考试时有一部分职业道德的内容，其他课程中很少涉及，并且显然流于书本和对付考试。但会计人员从业实践中的很多伦理问题显然不能通过这点考试培训教育而解决。

四、加强伦理和诚信教育的路径

我国杰出的教育家和会计学家潘序伦先生认为，"信以立志，信以守身，信以处世，信以待人，毋忘立信，当必有成""立信，乃会计治本。没有信用，就没有会计"。

1. 加强学生在校时期的伦理和道德教育

高校对大学生进行有效的伦理和道德教育是职业道德培养的基础性环节。大学时期也正是学生世界观人生观的养成时期，在这一时期把相关教育融入各门专业课及讲座之中，有助于学生今后的发展。有研究表明，通过对两个大学会计学专业学生的对比研究，发现将职业道德融入其他会计专业课程后，学生解决职业道德困境的方式确实有所改变。也有学者做了以多名商科学生及研究生为对象的量表测试，探讨道德教育与道德提升的关系，结果显示通过道德课程教育对学生道德观念提高有正面的帮助。将接受过会计伦理教育的学生和没有接受教育的学生进行对比，测试结果显示会计职业道德教育对学生的道德行为产生了较大影响。

2. 明确教学目的

课堂上对职业道德的日益关注是值得提倡，但学校的各种教育不是传授给学生规章制度，而是传授给他们合理的有道德的商业实践和决策行为的真正能力，让学生做好准备去面对比课堂上更为复杂的世界。因此，如何通过在模拟的情境中处理相关职业道德问题；以及走入社会单位，在真实的环境中体验相关道德问题，在面对这些问题时如何应对，应该是教学的根本。

3. 调整教学方式方法

随着互联网的发展，现在可以在网上看世界名校教授的公开课，也有许多国内其他高校的公开资源，网上可以搜索到的各种资料可以说基本能满足学习的所有需求。这些对当前的课堂教学是一个巨大的挑战。大学课堂如何组织，一方面，要充分利用多媒体技术网络资源丰富课堂教学，提高教学效果；另一方面，又不能过度沉浸在PPT和计算机当中，要回归教学的本质。从哈佛大学桑德尔教授的公开课中可以看到他主要是通过自己的讲授和学生的讨论开展课堂教学，并吸引上千名学生学习他的课。这一现象令人深思。

4. 加强角色扮演和案例教学

除了加强会计实务操作训练之外，如何增强学生今后在实际会计工作中所面临的实际场景能力，选择若干家上市公司的资料，让学生分别做不同角色的扮演，从投资人、股东、会计师、银行工作人员、债权人等多个角色对企业资料进行分析，多进行模拟训练，分析所面临的问题，提出解决方案；同时对国内外知名企业案例，如蓝田股份、安然公司、世通公司等予以分析，让学生有切身体会。

避免在课堂上强搬硬套满堂灌，通过鲜活的正反案例引导学生，让学生在课堂上充分体验各种行为及后果。利用正面案例引导鼓励学生，通过反面案例为学生敲响警钟，使学生了解工作中应该具备的基本道德品质以及不当行为的后果。

5. 建立研讨适合的相关教材

美国会计入门教材中关于职业道德的内容非常丰富，不但有专门章节介绍会计职业道德知识，而且配有较多案例和习题。教材中包含各种形式的职业道德内容，而国内在这方面与国外相比还存在一定距离。今后如何根据国情在教材中增加国内的实际案例，更加切合中国的实际，还需要教材编写者付出巨大努力。

6. 注意就业后工作中伦理困境解决

学生的在校时间毕竟是非常短暂的，在漫长的从业工作中，会遇到更加复杂的各种问题和难题，这些问题和难题怎么解决，此时应该注意发挥各种协会以及行业组织的作用，使他们在平时遇到相关困境时可以找到解决途径。

在美国注册会计师协会和国际会计师联合会的官方网站上，均设有职业道德专栏，并且提供了准则制定的过程以及各类征求意见稿、职业道德委员会的工作计划、准则的执行情况等内容。尤其值得一提的是，AICPA还提供了伦理求助热线，用以帮助会计师处理伦理困境。而在中国注册会计师协会的网站上，能查阅到的相关资料除了通知及准则外，其他的资料确实有待丰富。注册会计师协会以及相关部门应加强对会计从业人员职业道德的宣传，强调其重要性，并提供更多的素材和资料给相关人士参考和查阅。

伦理教育有较强的理论性，怎样进行？靠简单的说教不能解决问题。引导学生处理在实际中所遇到的伦理道德问题，任重而道远。

参考文献

[1] 张俊民. 商务伦理与会计职业道德 [M]. 上海：复旦大学出版社，2008.

[2] 加里·约翰·普雷维茨，巴巴拉·达比斯·莫里诺. 杜兴强，等，译. 美国会计史——会计的文化意义 [M]. 北京：中国人民大学出版社，2006.

[3] 谭艳艳. AICPA、IFAC 与 CICPA 会计职业道德准则的对比分析 [J].

财会月刊，2012（15）：80-82.

[4] 陈胜军，江希和，柏檀，王水娟.大学会计学专业"会计职业道德"教育有效性分析［J］.财政研究，2013（5）：79-80.

[5] 齐励.关于高校会计专业学生职业道德培养的若干思考［J］.教育与职业，2013（6）：75-76.

[6] 宋宜珈.国外高校会计职业道德教育对我国的启示［J］.商业经济，2013（15）：121-123.

[7] 李志斌.国外会计伦理教育：现状与启示.会计与经济研究［J］.2013（3）：51-56.

学生成果篇

财务预测与价值评估案例大赛学生作品

中国石油价值评估报告

团队名称： 笑傲江湖

团队口号： 聚天地正，融世间金

团队成员： 高睿、王佳、罗欣、孙睿芳、吴博文（北京联合大学管理学院2013级金融实验班学生）

引言（略）

一、中国石油天然气股份有限公司的基本情况（略）

二、对中国石油天然气股份有限公司进行SWOT分析（略）

三、财务分析

（一）财务概况

2015年年报显示，2015年公司实现主营业务收入17254.28亿元，比上一年度下降24%，实现净利润289.45亿元，同比下降69.6%，每股收益0元，每股经营活动现金流净额为负，经营活动产生的现金流量净额同比下降76.6%。这说明公司运营能力下降，造成了股东收益和利润的同时下降。针对目前的状况，公司并未提出任何分配预案，由于业绩的下降，成本也有大幅度的下降。

2015 年度，公司经营费用之和（营业费用、管理费用与财务费用之和）为 351.60 亿元，占年度主营业务收入的 17.8%，同比有一定幅度下降。同时，2015 年的利息偿付率与上年相比变化不大，但是近两年和之前的年报表相比有大幅度的下滑。表明本公司的偿付能力减弱。近几年，中国石油的财务费用逐年递增，在 2013 年的年报中，中国石油表示，财务费用的增加主要原因是为保障生产经营及投资建设所需资金，集团有息债务增加。与此同时，中国石油去年的资本支出比 2012 年同期下降了 9.6%，但其资产负债率仍旧高达 45.7%。2014 年，中国石油的资本支出继续下降 7% 为 2965 亿元。

（二）趋势分析

表 1　中国石油财务指标分析——历史自由现金流量　（单位：亿元）

年份	2009	2010	2011	2012	2013	2014	2015
资产总计	14507.42	16563.68	19175.28	21688.37	23420.04	24053.76	23940.94
股东权益总计	9081.11	10101.01	10825.66	11807.66	12699.08	13177.60	13442.88
营业收入	10192.75	14654.15	20038.43	21952.96	22581.24	22829.62	17254.28
营业利润	1447.65	1930.86	1845.17	1654.31	1517.11	1538.77	564.30
净利润	1031.73	1398.71	1329.84	1153.23	1295.77	1071.73	356.53
经营现金流量净额	2680.17	3187.96	2901.55	2392.88	2885.29	3564.77	2613.12

（三）比率分析

表 2　中国石油财务指标分析——历史自由现金流量比率

财务能力	财务指标	2011 年	2012 年	2013 年	2014 年	2015 年
成长性	销售收入增长率（%）	36.74	9.55	2.86	1.10	-24.42
	净利润增长率（%）	-4.92	-13.28	12.36	-17.29	-66.73
财务杠杆	总资产/股东权益	1.77	1.84	1.84	1.83	1.78
运营能力	存货周转率（次）	7.82	7.63	7.5	10.46	10.25
	应收账款周转率（次）	37	34	35	43	33
	总资产周转率（次）	1.05	1.01	0.96	0.95	0.72

续表

财务能力	财务指标	2011年	2012年	2013年	2014年	2015年
盈利能力	销售毛利率（%）	28.87	25.53	24.63	23.99	24.63
	销售净利率（%）	6.63	5.25	5.74	4.69	5.07
	净资产收益率（%）	13.49	11.06	11.2	9.03	3.15
	总资产收益率（%）	6.93	5.31	5.53	4.46	1.48
偿债能力	流动比率（%）	68.82	68.99	66.76	67.47	74.11
	速动比率（%）	24.89	24.11	23.77	27.43	31.58
	资产负债率（%）	43.54	45.56	45.78	45.22	43.85

存货周转率＝销售成本/期末存货；应收账款周转率＝销售收入/应收账款。

总资产周转率＝销售收入/总资产；总资产收益率＝净利润/总资产。

四、估值模型（详见 Excel）

（一）基本原理

采用自由现金流贴现模型作为公司价值评估的基本量化模型，即公司的内在价值等于其未来能产生的自由现金流贴现值的总和。在处理方法上采用了二阶段增长模型，第一阶段为2016—2018年，为高速增长区，其贴现价值为公司增长价值，2019年以后为连续低速增长区，其贴现价值为连续价值。其示意图如下所示。

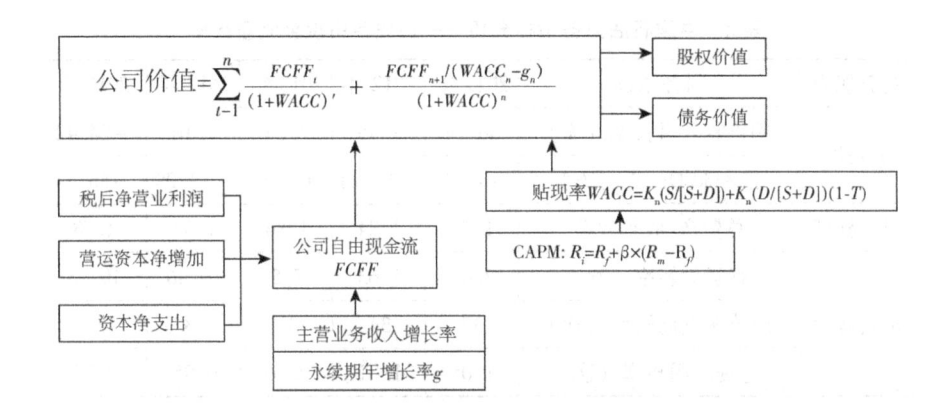

$$公司价值 = \sum_{t=1}^{n} \frac{FCFF_t}{(1+WACC)^t} + \frac{FCFF_{n+1}/(WACC_n - g_n)}{(1+WACC)^n}$$

→ 股权价值
→ 债务价值

贴现率 $WACC = K_n(S/[S+D]) + K_n(D/[S+D])(1-T)$

$CAPM: R_i = R_f + \beta \times (R_m - R_f)$

- 税后净营业利润
- 营运资本净增加
- 资本净支出

→ 公司自由现金流 FCFF

- 主营业务收入增长率
- 永续期年增长率 g

(二) 公司自由现金流 (FCFF) 的计算

1. 基本公式

麦肯锡公司 (McKinsey & Company, Inc.) 的资深领导人——科普兰 (Tom Copeland) 教授阐述了自由现金流量的计算方法:"自由现金流量等于企业的税后净营业利润 (Net Operating Profit less Adjusted Tax, NOPAT, 即将公司不包括利息收支的营业利润扣除实付所得税税金之后的数额) 加上折旧及摊销等非现金支出,再减去营运资本的追加和物业厂房设备及其他资产方面的投资。它是公司所产生的税后现金流量总额,可以提供给公司资本的所有供应者,包括债权人和股东。"

自由现金流量 =(税后净营业利润 + 折旧及摊销)-(资本支出 + 营运资本增加)= 税后净营业利润 - 营运资本净增加 - 资本净支出

2. 计算步骤

历史自由现金流量计算(见表 1)→历史自由现金流量比率分析(见表 2)→未来自由现金流量比率预测(见表 3)→未来自由现金流量预测。

3. 基本假设

(1) 主营业务收入增长率

表3 未来自由现金流量比率预测

年份	2016	2017	2018	2019	2020	2021 年以后
主营业务收入增长率(%)	-15	19	11	10	10	1.5

假设原因如下:

①2016 年一季度大幅亏损,但是有望改善,即 2016—2018 年为高速增长期。

勘探与生产业务一直都是公司的支柱。中国石油公告 2016 年一季度净亏损 138 亿元人民币,主要是因为石油价格创下 12 年新低拖累了上游业务的表现,导致严重亏损。

目前油价已从底部反弹了 70% 以上,随着油价大幅反弹,我们预计此项业务的表现将逐步改善,二季度将拉动整体业务的盈利。

同时，我们预测公司年内将实现规模可观的非经常性收益。我们预计 2016 年公司剥离中亚天然气管道的部分股权和昆仑燃气注入昆仑能源（135HK/港币 7.00，持有）之前的重估将为公司带来一次性收益 185 亿元人民币。这将成为 2016 年公司的盈利增长点。

并且，近期的利好因素已经反映在股价中。

②2019—2020 年为低速增长区。

中国石油经济技术研究院预计，"十三五"期间全球石油需求年均增速为 1.1%，2020 年将在到 9900 万桶/日；全球石油供应能力年均增速为 1.4%，2020 年将达到 1.05 亿桶/日，供应能力高于需求 600 万桶/日。

2020 年前国际油价相对低位运行，总体趋势呈前低后高。中国石油经济技术研究院国际油价预测模型计算结果显示，"十三五"期间国际油价将处于相对低位，运行区间在 40～90 美元/桶，2020 年将在 90 美元/桶左右徘徊。未来轻质原油与重质原油价差将继续缩小。受北美非常规油气革命影响，全球轻质原油供应增长迅猛，但炼油结构不匹配造成轻质原油过剩，价格承压；同时重质原油需求仍保持一定增长，但供应增长缓慢，市场供需相对偏紧，支撑其价格。

我国油气市场进入转折期，油气需求增速放缓，供需宽松常态化。我国石油需求将在新常态下呈现五个特点：

一是经济对石油消费拉动减弱，石油需求将保持 2%～3% 低速增长；

二是成品油消费将由过去的高增长、高消耗、高污染转变为低增长、低消耗、低污染，预计"十三五"期间成品油消费增速为 3%～4%，相比 2009—2013 年 6.3% 的平均增速有较大幅度下滑；

三是成品油消费增速继续分化，"汽高柴低煤多"特点将日趋明显，汽油需求随汽车保有量增长而有较大增长空间，柴油微弱增长至"十三五"末期前后达到需求峰值；

四是成品油出口将逐渐呈现常态化和规模化，未来国内成品油供应量将随炼油产能建设而快速增加，预计 2020 年国内成品油供需富余量将由 2014 年的 1466 万吨扩大到 4000 万吨；

五是以天然气和电能为代表的替代交通运输能源将加速发展，预计 2020 年交通部门的各类替代燃料消费量将由 2700 万吨增至 8000 万吨，但燃料甲醇、燃料乙醇和煤制油的发展仍有较大不确定性。

③2021 年以后处于永久低速持续增长状态，增长率恒定为 1.5%。

假设中石油未来 10 年的平均年增长率基本符合行业增长趋势，并且在 2021 年以后处于永久低速持续增长状态，增长率恒定为 1.5%。永续增长率的绝对上限是宏观经济的长期增长率加上预期通货膨胀率。通常取 1%～5%。但在美国，把一个企业永续增长率设定超过 2%，一定是比较乐观；在全球市场，把一个企业永续增长率设定 3%，一定是比较乐观；基于中石油现有发展以及我们预测的结果，将永续增长率设定为 1.5%。

（2）主营业务成本

主营业务成本较为稳定，假设在未来 5 年平均销售成本率为 71.5%（过去 7 年比率的算术平均）。

（3）主营业务税金及附加

假设占主营业务收入的 11.6%（过去 7 年比率的算术平均）。

（4）营业费用与管理费用

假设占主营业务收入的 7.5%（过去 7 年比率的算术平均）。

（5）营业必要货币资金

根据行业一般经营要求，设定营业现金占主营业务收入为 4% 的恒值。

（6）营运资本

预计营运资本占主营业务收入的 20.4%。

（7）存货净额

假设占主营业务收入的 9.1%（过去 7 年比率的算术平均）。

（8）应收款项净额

假设占主营业务收入的 2.8%（过去 7 年比率的算术平均）。

（9）在建工程及固定资产净值

假设占主营业务收入的 42.6%（过去 7 年比率的算术平均）。

（10）无形资产及其他资产

假设占主营业务收入的 2.9%（过去 7 年比率的算术平均）。

（11）所得税率

根据公司年报披露及未来趋势分析，设公司所得税税率为 21.17%。公司所得税的处理在会计核算中采用应付税款法。

根据以上对中国石油关键财务指标的假定，预测出中国石油未来 5 年的自由现金流量（见表 4）。

（三）估算加权平均资本成本

1. 股权资本成本

股权资本成本的计算公式如下：$R_i = R_f + \beta \times (R_m - R_f)$

其中，R_f 无风险利率；R_m 证券市场平均收益率；β 股票系统风险系数

根据统计资料，我国的风险溢价一般为 7%~8%，这里我们设定风险溢价为 7.5%，即 $R_m - R_f = 7.5\%$。无风险利率按期限 5 年、2015 年凭证式（五期）国债利率计算为 5.32%，两市综合指数平均股指收益率为 12.82%，中国石油的 β 值为 0.67（2011 年 1 月至 2015 年 12 月收盘价向前复权，采用上证成指作为市场指数，回归计算而得），代入计算，得出中石油的股权资本成本为 10.345%。

2. 债务成本

中石油的付息债务包括短期借款，一年内到期的长期借款与长期借款，由于公司年报未披露贷款利率，根据过去六年（2000—2015 年）工行各项借款利率得到算数平均利率，以此假定短期借款年利率为 5.72%（工行 6 个月至 1 年含贷款年利率），1 年内到期的长期借款利率为 6.11%，长期借款利率为 6.11%（工行 3~5 年期年贷款利率）。

表 4　未来自由现金流量预测

项目	数额（亿元）	权重（%）	税前成本（%）	分摊额（%）
短期借款	7113.19	32.65	5.75	1.88
长期借款	12305.24	56.48	6.11	3.45
一年内到期的非流动负债	2368.66	10.87	6.11	0.66
合计	21787.09	100.00		5.99

由表 4 得出综合债务成本为 5.99%。

3. 加权平均资本成本

加权平均资本成本（WACC）估算公式如下：

$$WACC = K_s \times S/(S+D) + K_d \times (1-T) \times D/(S+D)$$

K_s：股本筹资成本；K_d：税前债务成本；T：公司所得税税率

S：股本的市场价值；D：付息债务的市场价值

WACC = 10.345% × 152822516.46/（152822516.46 + 217870900）+ 5.99% ×（1 − 21.17%）× 217870900/（152822516.46 + 217870900）

按 2015 年 12 月 31 日收盘价，中国石油 2015 年的股权资本为 152822516.46 万元（18302100 万股 × 8.35 元），占总资本的 41.23%；债务资本为 217870900 万元（以账面值近似市值），占总资本的 58.77%。公司所得税率 21.17%，代入计算加权平均资本成本（WACC）为 7.04%。

（四）每股价值计算

假定中国石油天然气股份有限公司将在目前水平上维持现有的资本结构和加权平均资本成本，可以认为其 WACC 的值（7.04%）是对其未来风险的合适度量，因而采用它作为贴现率。

公司价值 = 预测期价值 + 连续价值

$$= \sum_{t=1}^{n} \frac{FCFF_t}{(1+WACC)^t} + \frac{FCCFF_{n+1}/(WACC_n - g_n)}{(1+WACC)^n}$$

预测期内（2016—2020 年）公司的价值为 112403302.73 万元；假定公司从 2021 年开始处于低速连续增长状态，此后公司的连续价值为 215755755.2 万元。由此可得公司价值为 328159057.93 万元。

公司的股本价值和每股价值用下面公式计算：

公司的股本价值 = 总价值 − 债务价值 − 少数股东权益

每股价值 = 股本价值/总股本

已知公司债务 217870900.00 万元（含专项应付款），少数股东权益 16432000.00 万元，总股本 18302098 万股，可得股本价值 152822516.46 万元，每股价值 14.65 元，与 2015 年 12 月 31 日收盘价 8.35 元相比，可初步判断该股股价被明显低估，2015 年末市盈率仅为 43.95 倍，具有较高的投资价值。

（五）二级市场走势

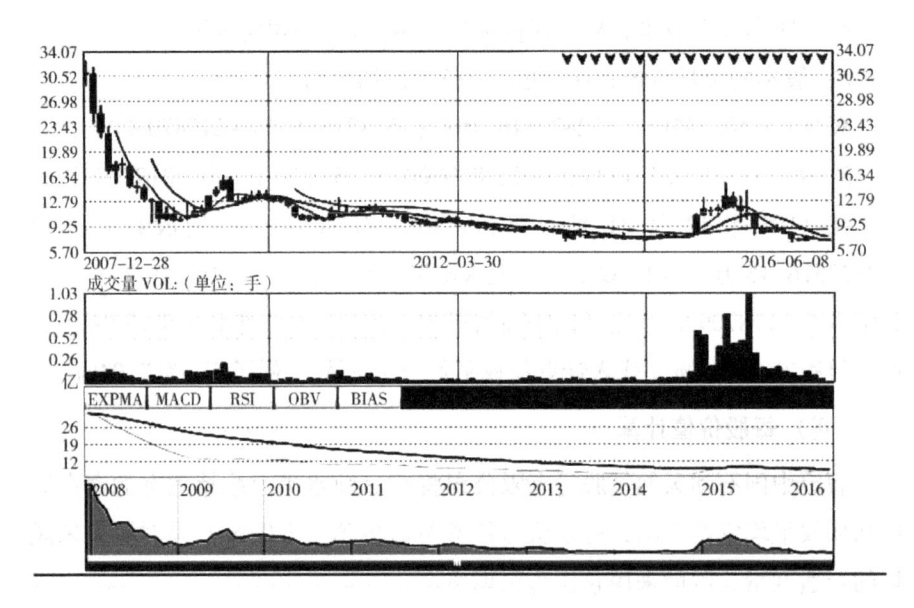

按公司价值构成理论，中石油的价值可分解成静态价值和未来成长价值两部分。静态价值为公司现有资产不增长条件下，持续经营的每股预期可维持收益的资本化价值，静态价值 = EPS/r，其中 EPS = 0.19 元，为中石油 2015 期末每股收益，r = 7.04% 为中石油的加权平均资本成本。这样，中石油静态价值 = EPS/r = 0.19/7.04% = 2.7（元）。根据已求得的每股公司价值，可以求得中石油的成长价值如下：

每股成长价值 = 公司总价值 – 静态价值

$$= 14.65 - 2.7$$

$$= 11.95（元）$$

成长价值代表公司未来业务增长部分的净现值。中石油的每股成长价值（11.95 元）占其每股价值（14.65 元）的 81.57%，即公司现有价值的 81.57% 来自其未来的业务成长。

中国石化价值评估报告

团队名称：No.8

团队口号：财管虐我千百遍，我待财管如初恋

团队成员：李傲雪、施晓雪、宋致、王旭、郑玉（北京联合大学管理学院财务管理1401B班学生）

引　言（略）

一、财务分析及报表建模（略）

二、财务分析与报表建模（略）

三、财务分析（略）

四、估值模型

（一）基本原理

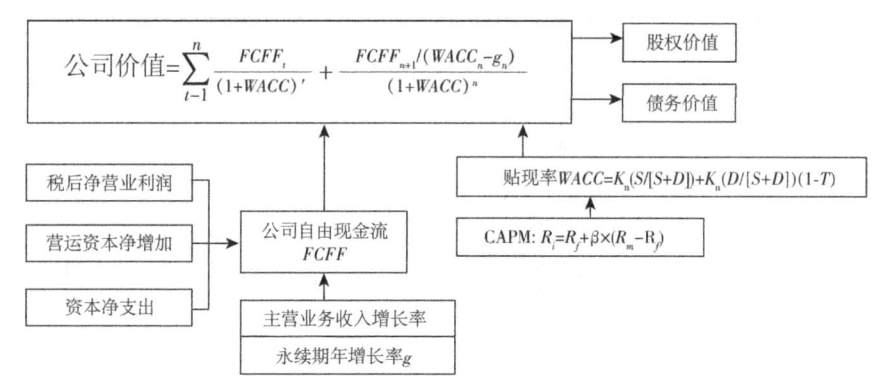

$$公司价值 = \sum_{t=1}^{n} \frac{FCFF_t}{(1+WACC)^t} + \frac{FCFF_{n+1}/(WACC_n - g_n)}{(1+WACC)^n}$$

股权价值

债务价值

税后净营业利润

营运资本净增加

资本净支出

公司自由现金流 $FCFF$

主营业务收入增长率

永续期年增长率 g

贴现率 $WACC = K_s(S/[S+D]) + K_b(D/[S+D])(1-T)$

$CAPM: R_i = R_f + \beta \times (R_m - R_f)$

采用自由现金流贴现模型作为公司价值评估的基本量化模型，即公司的内在价值等于其未来能产生的自由现金流贴现值的总和。

（二）估算加权平均资本成本

1. 个别股票的市场风险

β 系数是随市场组合变动的反应程度的指标，反应个别股票相对于平均风险股票的变动程度。它可以衡量出个别股票的市场风险，而不是公司的特有风险。

表1 中国石化股份有限公司 β 值计算表

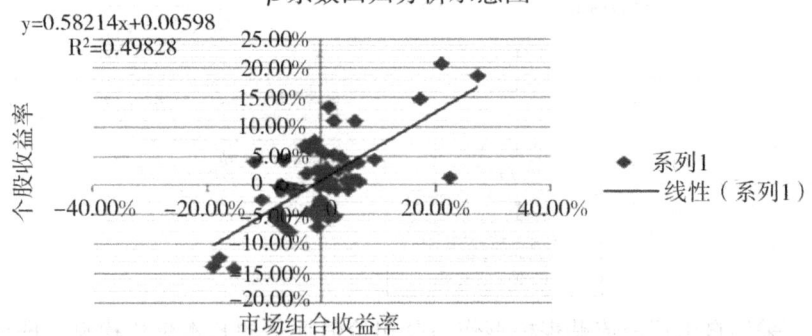

时间期	日期	股票价格（元）	调整后的股票价格（元）	上证指数	股票收益率（%）	市场收益率（%）
1	2011-01-31	9.00	5.83	2790.69		
2	2011-02-28	8.52	5.46	2905.05	-6.35%	4.10%
3	2011-03-31	8.53	5.47	2928.11	0.18%	0.79%
4	2011-04-29	8.64	5.55	2911.51	1.46%	-0.57%
5	2011-05-31	8.06	5.11	2743.47	-7.93%	-5.77%
…	…	…	…	…	…	…
55	2015-07-31	6.00	5.91	3663.73	-15.21%	-14.34%
56	2015-08-31	4.95	4.86	3205.99	-17.77%	-12.49%
57	2015-09-30	4.74	4.74	3052.78	-2.47%	-4.78%
58	2015-10-30	5.03	5.03	3382.56	6.12%	10.80%
59	2015-11-30	4.91	4.91	3445.40	-2.39%	1.86%
60	2015-12-31	4.96	4.96	3539.18	1.02%	2.72%
$\beta = 0.5821$						

β 系数回归分析示意图

$y = 0.58214x + 0.00598$
$R^2 = 0.49828$

2. 股权资本成本（CAPM）

股权资本成本的计算公式如下：$R_i = R_f + \beta \times (R_m - R_f)$ 其中，R_f 无风险利率；R_m 证券市场平均收益率；β 股票系统风险系数 2011—2015 年中国石化的 β 值为 0.5821。$R_i = 5.32\% + 0.5821 \times 7\% = 0.093947$。

3. 债务成本

中国石化的付息债务包括短期借款和 1 年内到期的非流动负债，由于公司年报未披露贷款利率，假定短期借款年利率为 5.60%〔工行 6 个月至 1 年（含）贷款年利率〕，1 年内到期的非流动负债为 6.00%（工行 3~5 年期贷款年利率）。

表2 未来自由现金流量的预测

项目	数额（亿元）	权重（%）	税前成本（%）	分摊额（%）
短期借款	577.49	83.90	5.60	4.70
1 年内到期的非流动负债	110.84	16.10	6.00	0.97
合计	688.33	100.00		5.67

由表 2 计算得到综合债务成本 5.67%。

4. 加权平均资本成本

加权平均资本成本（WACC）估算公式如下：

$$WACC = K_s \times S/(S+D) + K_d \times (1-T) \times D/(S+D)$$

K_s：股本筹资成本；K_d：税前债务成本；T：公司所得税率；S：股本的市场价值；D：付息债务的市场价值

$WACC = 0.093947 \times 538649000000/1080822000000 +$

$\qquad 5.67\% \times (1-25\%) \times 542173000000/1080822000000$

$\qquad = 6.82\%$

（三）公司自由现金流（FCFF）的计算

麦肯锡公司（McKinsey & Company, Inc.）的资深领导人——科普兰（Tom Copeland）教授阐述了自由现金流量的计算方法："自由现金流量等于企业的税后净营业利润（Net Operating Profit less Adjusted Tax，NOPAT，即将公司不包括利息收支的营业利润扣除实付所得税税金之后的数额）加上折旧及摊销等非现金支出，再减去营运资本的追加和物业厂房设备及其他资产方面的投资。它是公司所产生的税后现金流量总额，可以提供给公司资本的所有供应者，包括债权人和股东。"

根据 2010—2014 年的 HFCF（历史自由现金流量）和 HFCF radio（历史自由现金流量比率），以过去五年的 HFCF radio 的算术平均预测出未来十年的 FCFF radio（假定在第五年保持不变，即从第五年起增长率相同），并在此基础上计算得出 FCFF（未来自由现金流量）。

基本公式：

自由现金流量 =（税后净营业利润 + 折旧及摊销）-（资本支出 + 营运资本增加）

= 税后净营业利润 - 营运资本净增加 - 资本净支出

FCFF = HFCF ×（1 + FCFF radio）

（四）每股价值计算

表3　基础数据

贴现率　WACC（%）	6.82
预测期内经营价值（元）	1014119210712.70
永续期年增长率（%）	1.50
永续价值	FCF maybe negative
公司价值（元）	1014119210712.70

公司价值为 1014119210712.70 元。

公司的股本价值和每股价值用下面公式计算：

公司的股本价值 = 总价值 - 债务价值 - 少数股东权益

每股价值 = 股本价值/总股本

总股本 118280000000 股，可得股本价值 1012639210712.70 元，每股价值 8.56 元，与 2015 年 12 月 31 日收盘价 4.96 元相比，可初步判断该股股价被明显低估，具有较高的投资价值。

中国石油财务预测与价值评估报告

团队名称：5 怕 who

团队口号：who 怕 who

团队成员：马亦欣、李宁、刘晓敏、李佳、王伟丽（北京联合大学管理学院财务管理1401B班学生）

一、公司基本情况简介（略）

二、业务简介（略）

三、财务状况

表1　中国石油利润　　　　　　　　（单位：亿元）

时间 项目	2015-12-31	2014-12-31	2013-12-31	2012-12-31	2011-12-31	2010-12-31
营业收入	17254.28	22829.62	22581.24	21952.96	20038.43	14654.15
减:营业成本	13004.19	17353.54	17018.4	16348.19	14252.84	9702.09
营业税金及附加	2002.55	2277.74	2386.63	2460.78	2580.27	1776.66
销售费用	629.61	632.07	600.36	550.32	529.46	576.55
管理费用	796.59	845.95	905.64	839.36	771.24	634.17
财务费用	238.26	248.77	218.97	168.24	98.16	60.17
资产减值损失	285.05	55.75	41.82	19.63	87.59	44.08

续表

时间 项目	2015-12-31	2014-12-31	2013-12-31	2012-12-31	2011-12-31	2010-12-31
加：投资收益	266.27	122.97	107.69	87.87	126.30	70.43
营业利润	564.30	1538.77	1517.11	1654.31	1845.17	1930.86
加：营业外收入	129.56	132.74	387.35	115.78	94.80	41.62
减：营业外支出	112.20	103.83	124.30	101.99	97.21	80.54
利润总额	581.66	1567.68	1780.16	1668.10	1842.76	1891.94
减：所得税费用	158.02	377.34	357.87	361.92	382.69	385.19
净利润	423.64	1190.34	1422.29	1306.18	1460.07	1506.75

四、企业价值评估

（一）基本原理

采用自由现金流贴现模型作为公司价值评估的基本量化模型，即公司的内在价值等于其未来能产生的自由现金流贴现值的总和。在处理方法上采用了二阶段增长模型，第一阶段为高速增长区，其贴现价值为公司增长价值，以后为连续低速增长区，其贴现价值为连续价值。

（二）β 系数

表2　中国石油天然气集团表公司 Beta 值计算

日期	股票价格（元）	调整后的股票价格（元）	上证指数	股票收益率（%）	市场收益率（%）
2011-01-31	11.42	12.23	2790.69		
2011-02-28	11.41	12.22	2905.05	-0.000817661	0.040979113
2011-03-31	11.90	12.74	2928.11	0.042553191	0.007937901
2011-04-29	11.71	12.54	2911.51	-0.015698587	-0.005669186

续表

日期	股票价格（元）	调整后的股票价格（元）	上证指数	股票收益率（%）	市场收益率（%）
2011-05-31	11.01	11.79	2743.47	-0.059808612	-0.057715756
2011-06-30	10.89	11.86	2762.08	0.005937235	0.00678338
…	…	…	…	…	…
2015-11-30	8.40	10.56	3445.40	-0.04	0.018577645
2015-12-31	8.35	10.49	3539.18	-0.006628788	0.027218901

◆β=1，表示该单项资产的风险收益率与市场组合平均风险收益率呈同比例变化，其风险情况与市场投资组合的风险情况一致；

◆β>1，说明该单项资产的风险收益率高于市场组合平均风险收益率，则该单项资产的风险大于整个市场投资组合的风险；

◆β<1，说明该单项资产的风险收益率小于市场组合平均风险收益率，则该单项资产的风险程度小于整个市场投资组合的风险。

根据表2以市场收益率为横轴，个股收益率为纵轴，绘制散点图即可得出β值。

经计算，β=0.6657。

（三）公司自由现金流（FCFF）的计算

麦肯锡公司（McKinsey & Company, Inc.）的资深领导人——科普兰（Tom Copeland）教授阐述了自由现金流量的计算方法："自由现金流量等于企业的税后净营业利润（Net Operating Profit less Adjusted Tax, NOPAT，即将公司不包括利息收支的营业利润扣除实付所得税税金之后的数额）加上折旧及摊销等非现金支出，再减去营运资本的追加和物业厂房设备及其他资产方面的投资。它是公司所产生的税后现金流量总额，可以提供给司资本的所有供应者，包括债权人和股东。"

自由现金流量 =（税后净营业利润 + 折旧及摊销）-（资本支出 + 营运资本增加）

= 税后净营业利润 - 营运资本净增加 - 资本净支出

(1) 主营业务收入

主营业务收入增长率如表 3 所示。

表 3 主营业务增长率预测

年份	2016	2017	2018	2019	2020
主营业务收入增长率（%）	15	13	9	7	7

(2) 主营业务成本

主营业务成本较为稳定，假设在未来 10 年平均销售成本率为 74.47%（过去 5 年比率的算术平均）。

(3) 主营业务税金及附加

假设占主营业务收入的 11.25%（过去 5 年比率的算术平均）。

(4) 营业费用与管理费用

假设占主营业务收入的 6.85%（过去 5 年比率的算术平均）。

(5) 营运资本

随着公司进一步优化物流管理，带动资金使用效率的提升，预计营运资本占主营业务收入的 10%~13%。

(6) 存货净额

假设占主营业务收入的 8.71%（过去 5 年比率的算术平均）。

(7) 应收款项净额

假设占主营业务收入的 3.46%（过去 5 年比率的算术平均）。

(8) 在建工程及固定资产净值

假设占主营业务收入的 40.23%（过去 5 年比率的算术平均）。

(9) 无形资产及其他资产

假设占主营业务收入的 4.20%（过去 5 年比率的算术平均）。

（四）估算加权平均资本成本 WACC

(1) 股权资本成本（CAPM）

股权资本成本的计算公式如下：

$$R_i = R_f + \beta \times (R_m - R_f)$$

注：R_f 无风险利率；R_m 证券市场平均收益率；β 股票系统风险系数。

2011—2015 年中国石油的 β 值为 0.6657。

$R_i = 10.33\%$，其中，$R_f = 5\%$，$R_m = 13\%$。

(2) 债务成本

中国石油的付息债务包括短期借款和 1 年内到期的非流动负债，由于公司年报未披露贷款利率，假定短期借款年利率为 4.35%〔工行 6 个月至 1 年（含）贷款年利率〕，1 年内到期的非流动负债为 4.75%（工行 3~5 年期贷款年利率）。

表 4 综合债务成本计算

项目	数额（亿元）	权重（%）	税前成本（%）	分摊额（%）
短期借款	700.59	16.08	4.35	0.70
1 年内到期的长期负债	361.67	8.30	4.75	0.39
长期借款	3294.61	75.62	4.75	3.59
合计	4356.87	100.00		4.69

由表 4 计算得到综合债务成本分摊额为 4.69%。

(3) 加权平均资本成本（WACC）

表 5 加权平均资本成本率计算

R_f 无风险收益率（%）	5
β 系数	0.6657
市场预期收益率（%）	10.34
市场风险溢价率（%）	5.34
R_s 股本资本成本率（%）	8.56
R_b 债务资本成本率（%）	4.69

表 6 借款计算

项目	数额（亿元）	权重（%）	税前成本（%）	分摊额（%）
短期借款	700.59	16.08	4.35	0.70
1 年内到期的长期负债	361.67	8.30	4.75	0.39
长期借款	3294.61	75.62	4.75	3.59
合计	4356.87	100.00		4.69

表7　市值计算

项目	数额（元）	权重（%）
债务资本（账面值近似市值）	435687000000	22.18
股本资本（市值）	1528225164780	77.82
总市值	1963912164780	100.00

加权平均资本成本（WACC）估算公式如下：

$$WACC = K_s \times S/(S+D) + K_d \times (1-T) \times D/(S+D)$$

加权平均资本成本率 = 债务资本成本率 ×（债务资本/总市值）×（1 - 所得税税率）+ 股本资本成本率 ×（股本资本/总市值）

注：K_s：股本筹资成本，K_d：税前债务成本，T：公司所得税率，S：股本的市场价值，D：付息债务的市场价值。

由公式可以得出。

$WACC = 4.69\% \times 22.18\% \times (1 - 13\%) + 8.56\% \times 77.82\% = 7.56\%$

（五）每股价值计算

公司的股本价值和每股价值用下面公式计算：

公司价值 = 预测期价值 + 连续价值

$$= \sum_{t=1}^{n} \frac{FCFF_t}{(1+WACC)^t} + \frac{FCFF_{n+1}/(WACC_n - g_n)}{(1+WACC)^n}$$

公司的股本价值 = 总价值 - 债务价值 - 少数股东权益

每股价值 = 股本价值/总股本

表8　每股价值计算表

股东权益价值（元）	公司价值（元）		负债合计（元）	少数股东权益（元）
3004370.22	4218496.22		1049806	164320.00
每股价值（元）	股东权益价值（元）	股份总额（股）		
16.42	3004370.22	183021		
2015 - 12 - 31 收盘价（元）				
8.35				

预测期内（2016—2020年）经营价值为741757.9349万元；公司的连续价值为3476738.2855万元。由此可得公司价值为4218496.22万元。

公司的股本价值和每股价值用下面公式计算：

$$公司的股本价值 = 总价值 - 债务价值 - 少数股东权益$$

$$每股价值 = 股本价值/总股本$$

已知公司债务1049806万元，少数股东权益164320.00万元，总股本183021万股，可得每股价值16.42元，与2015年12月31日收盘价8.35元相比，可初步判断该股股价被低估，故该股票具有较高的投资价值。

五、二级市场走势

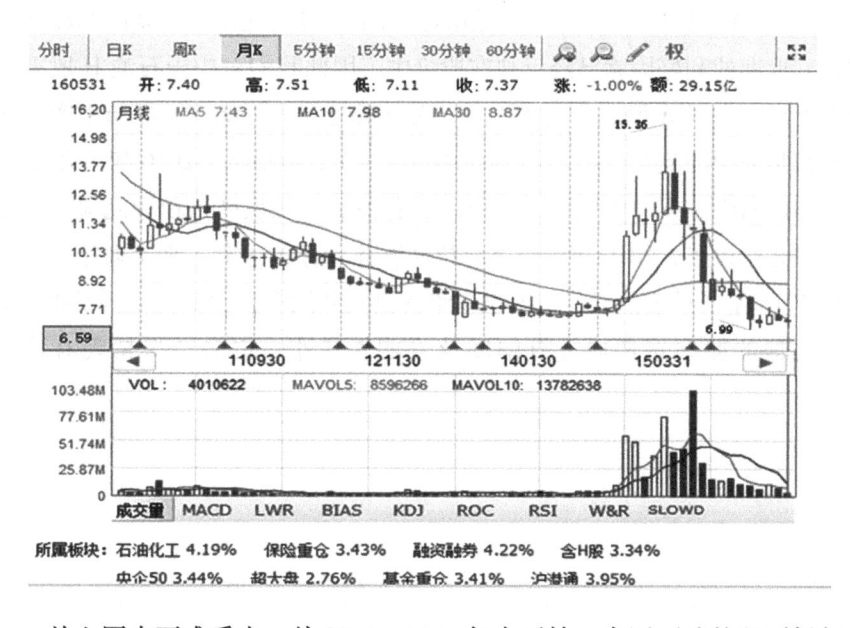

从上图中不难看出，从2011—2014年末开始，中国石油的股票偶尔有小幅上升，总体呈下降趋势。在2015年年初涨幅较大，但好景不长，在经历了短短四个月的增长之后又一路下跌至年前水平，并且从2015下半年至今都没有复苏的迹象。从行业分析看自2014年以来，中石化和中石油作为混合所有制改革的先锋，中石化已经完成了油品销售业务引进民资的混改，中石油在不断加速，2015年第一个交易日，沪指大涨逾3%站上3300点，石化双雄更是双双冲击涨停，更是带动石油板块集体大涨，曾有评论称依照这形式，股市复苏应该是不会怠慢的！但事实并非如此。中国股市

受政治因素影响更大。就目前国内形势和中石油中石化所处的位置，以及环境，这些能源企业在2015年主要处于稳定、调整年，能维持平稳生产满足国内市场需求就不错了，短暂的红利来自于暂时的原油价格低廉，但这并不会维持长久，世界经济不会任由原油价格一直低迷将整个世界拖入泥潭，所以2015年中石油、中石化、中海油的股价只会在平稳走低中，偶尔出现短暂反弹，但总的趋势应该是下行。2016年一季度大幅亏损，这也正与股市事实相符，但是这种情况在未来有望改善。

根据中银国际证券的评估中国石油公告，2016年一季度净亏损138亿元人民币，主要是因为石油价格创下12年新低拖累了上游业务的表现，导致严重亏损。预计2016年二季度公司盈利有望改善，因为目前油价已从底部反弹了70%以上。同时，我们预测公司年内将实现规模可观的非经常性收益。近期的利好因素已经反映在股价中，因此我们对中国石油H股重申持有评级；由于A股股价变动不大，对其维持买入评级。勘探与生产业务一直都是公司的支柱。由于石油价格跌至2012年最低，2016年一季度此项业务经营性亏损203亿元人民币。随着油价大幅反弹，预计此项业务的表现将逐步改善，2016年二季度将拉动整体业务的盈利。据实而论，从中石油2016年二季度的股价情况也不难看出其并没有多大变化，所以我们认为中石油的股票短期内上升幅度及可能性较小，更多会保持现有稳定水平。

五粮液财务预测与价值评估报告

团队名称： 巴菲特的后裔
团队口号： 股神在前，成功在后
团队成员： 万子佳、石颖、向学颖、李玉婉、安林鹤（北京联合大学管理学院财务管理1401B班学生）

一、公司简介（略）

二、五粮液财务报表建模

1. 预测利润表

五粮液公司2011—2015年的利润表（略）。
首先对2011—2015年利润表相关项目进行分析。
利润表的预测首先要预测销售收入，因为在报表的建模过程中，一些重要的变量都是要假设为销售收入的函数，所以对收入的预测，是报表建模的第一步。从2011—2015年的报表看，每一年的营业总收入不一定都是上升或者下降，但总体是保持一个上升的趋势。

2. 预测资产负债表

五粮液公司2011—2015年的资产负债表（略）。
在预测资产负债表时，还是要先预测应收账款、存货、固定资产、预付货款及流动资产等敏感项目。

三、β系数计算

β系数也称为贝塔系数（Beta coefficient），是一种风险指数，用来衡量个别股票或股票基金相对于整个股市的价格波动情况。β 系数是一种评估证券系统性风险的工具,用以度量一种证券或一个投资证券组合相对总体市场的波动性,在股票、基金等投资术语中常见。

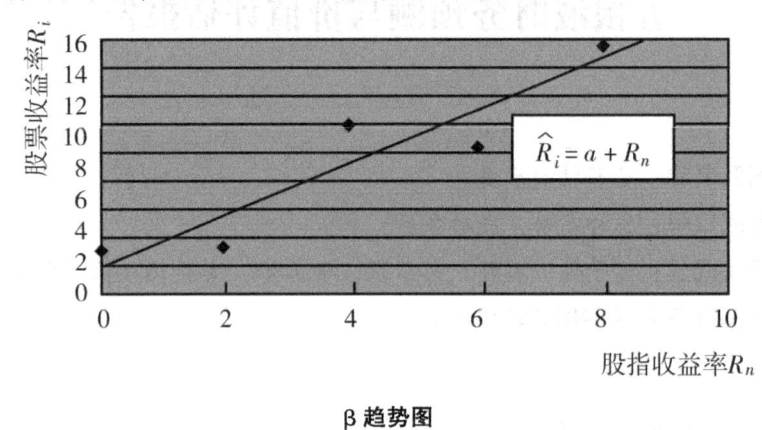

$$\widehat{R}_i = a + R_n$$

β 趋势图

五粮液公司 β = 0.6523。

β 系数是衡量股票收益相对于业绩评价基准收益的总体波动性的指标,用于衡量系统性风险。投资者可以通过对系统风险指标的测量,在大盘处于趋势性较强的行情中进行有效的选股。β 值越高,意味着股票相对于业绩评价基准的波动性越大,反之亦然。当 β = 1 时,表示该股票的收益和风险与大盘指数收益和风险一致;当 β > 1 时,表示该股票收益和风险均大于大盘指数的收益和风险。

四、预测自由现金流量

现金流量表是反映企业一定期间经营活动、投资活动与筹资活动现金流入和现金流出的会计报表,从动态上反映现金的变动情况,现金流量表虽然编制起来比较烦琐,但现金流量表能评估企业未来取得净现金流入的能力、未来偿还负债能力、分析企业盈利能力和分析本期营业取得净现金流入与本期净收益之间差异的原因、反映企业用现金或非现金的投资与筹资活动以及向外界提供所需要的现金流量信息,也可以分析企业财务管理水平,制定营运资金计划,以加强财务管理和合理运用企业的营运资金,是一张很有作用的会计报表。

五、估值模型

1. 基本原理

采用自由现金流贴现模型作为公司价值评估的基本量化模型,即公司的内在价值等于其未来能产生的自由现金流贴现值的总和。在处理方法上采用了二阶段增长模型,第一阶段为 2011—2015 年,为高速增长区,其贴现价值为公司增长价值,2015 年以后为连续低速增长区,其贴现价值为连续价值。

2. 公司自由现金流(FCFF)的计算

基本公式如下:

麦肯锡公司(McKinsey & Company, Inc.)的资深领导人——科普兰(Tom Copeland)教授阐述了自由现金流量的计算方法:"自由现金流量等于企业的税后净营业利润(Net Operating Profit less Adjusted Tax, NOPAT,即将公司不包括利息收支的营业利润扣除实付所得税税金之后的数额)加上折旧及摊销等非现金支出,再减去营运资本的追加和物业厂房设备及其他资产方面的投资。它是公司所产生的税后现金流量总额,可以提供给公司资本的所有供应者,包括债权人和股东。"

自由现金流量 =(税后净营业利润 + 折旧及摊销)-(资本支出 + 营运资本增加)

= 税后净营业利润 + 营运资本净增加 + 资本净支出

计算步骤:

历史自由现金流量计算→历史自由现金流量比率分析→未来自由现金流量比率预测→未来自由现金流量预测。

基本假设:

(1)主营业务收入增长率

年份	2016	2017	2018	2019	2020	2021
主营业务收入增长率(%)	0.0301	0.0296	0.0287	0.0255	0.0232	0.0211

(2) 营运资本增长率

年份	2016	2017	2018	2019	2020	2021
营运资本增长率（%）	1.1069	0.9528	0.8766	0.7065	0.5134	0.3028

(3) 存货周转率

年份	2011	2012	2013	2014	2015
存货周转率（%）	3.6700	4.0700	3.5900	2.5900	2.4900

(4) 应收款项周转率

年份	2016	2017	2018	2019	2020	2021
应收款项周转率（%）	0.0047	0.0032	0.0028	0.0026	0.0021	0.0014

3. 估算加权平均资本成本（WACC）

(1) 股权资本成本

股权资本成本的计算公式如下：$R_i = R_f + \beta \times (R_m - R_f)$

其中，R_f 无风险利率；其取值来源有两个，一个是国债利率，另一个是银行拆借利率。我们选用的是 5.32% 的国债利率。

R_m 证券市场平均收益率；估算为 12%。

β 股票系统风险系数；2011—2015 年五粮液的 β 值为 0.635。

由资本资产定价模型计算可得：

R（s）	0.0989

(2) 债务成本系数

由相关资料可得，五粮液公司的债务成本系数如下。

R（d）	0.0357

(3) 加权平均资本成本

加权平均资本成本（WACC）估算公式如下：

$WACC = R_s \times S/(S+D) + R_d \times (1-T) \times D/(S+D)$

R_s：股本筹资成本，R_d：税前债务成本；T：公司所得税税率。

S：股本的市场价值，D：付息债务的市场价值。

R（WACC）	0.09

计算出来的 R（WACC）作为预测五粮液公司未来自由现金流量现值的贴现率。

（4）每股价值计算

企业价值（元）	89291954357.45
流通股票数量（股）	3795673400
每股价值（元）	23.52

假定五粮液公司将在目前水平上维持现有的资本结构和加权平均资本成本，可以认为其 WACC 的值（9.0%）是未来风险的合适度量，因而采用它作为贴现率。

公司价值＝预测未来自由现金流量现值＋后期连续稳定增长的现值

预测期内（2016—2020 年）公司价值 34439083884.79 元；假定公司从 2021 年开始处于低速连续增长状态，且其增长率稳定为 1.05%，此后公司的价值为 6709960305.55 元。由此可得公司价值为 89291954357.45 元。

公司的股本价值和每股价值用下面公式计算：

公司的股本价值＝总价值－债务价值－少数股东权益

每股价值＝股本价值/总股本

财务会计"最后一里路"实训报告

财务会计"最后一里路"实训报告(一)

樊禹盟 刘子悦 张 倩 高嘉鸿 许祎航

(北京联合大学管理学院财务管理1301B班学生)

一、公司简介

由于提高能力的需要,学校在安排两轮实训时要求我们要在两家行业不同的企业进行实训;同时实训时间相对有限,安排我们都是对小规模纳税人进行相应的账务处理。第一家是A有限公司,公司主营园林绿化设计、园林绿化施工;销售苗木、花卉、建筑材料业务。第二家是B有限公司,公司主营组装各种成套控制设备、开关控制设备、输电配套设备等;技术开发、转让、咨询服务;应用软件服务;计算机系统服务;销售计算机、软件及辅助设备、电子产品、文化用品业务。这里介绍第一家公司的实习情况。

二、凭证处理与编制

第一笔经济业务是收到G股份有限公司的工程款30000元,通过转账转入基本存款账户。

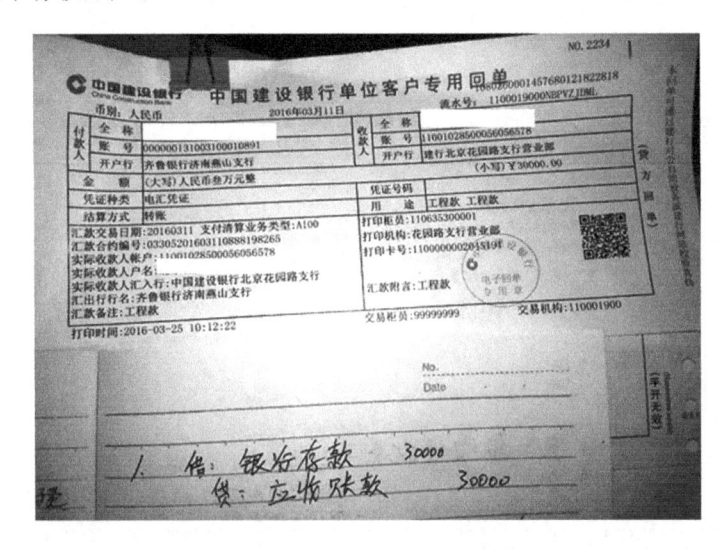

第二笔经济业务是企业购买 Y 有限公司的材料并支付材料款 500000 元（含税）。

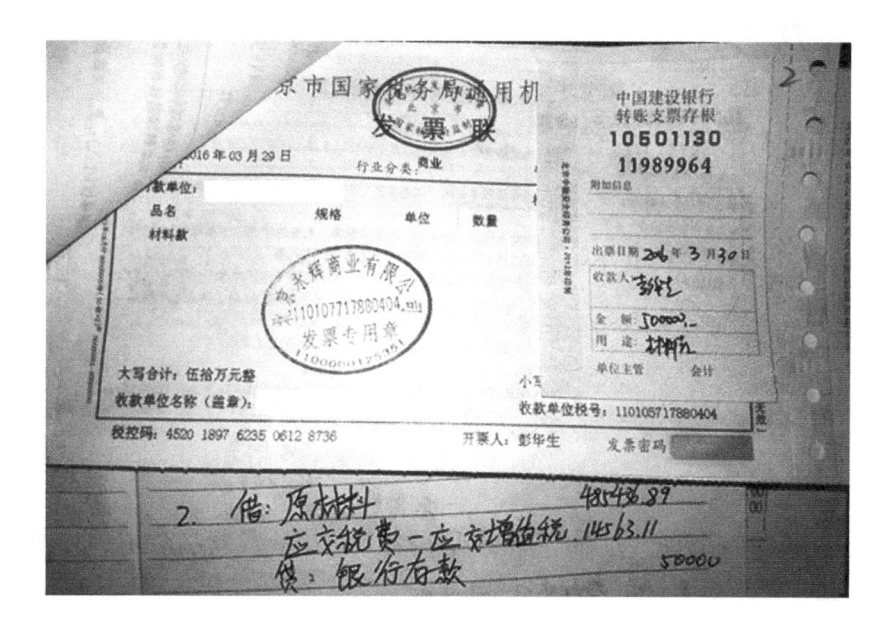

[发票及转账支票存根图片]

2. 借：原材料   485436.89
      应交税费—应交增值税   14563.11
   贷：银行存款   500000

第三笔经济业务是 D 有限公司的预收款 20000 元。

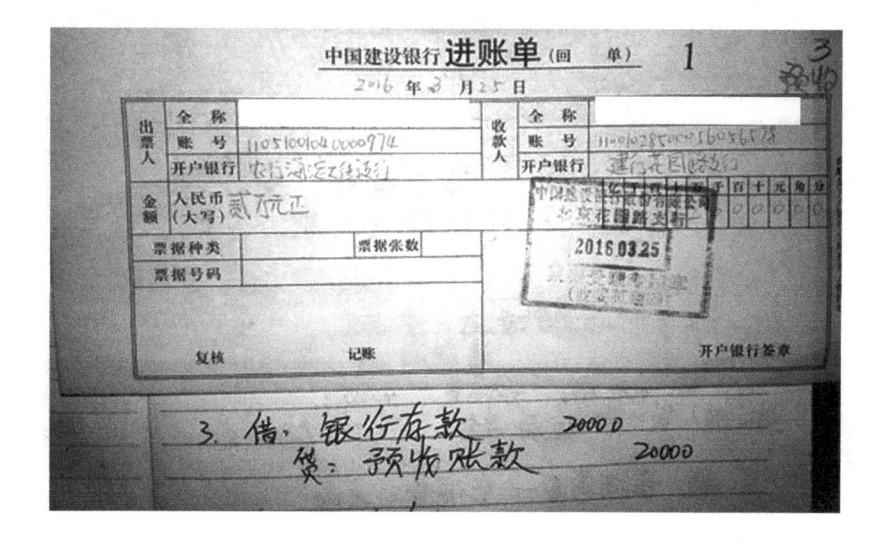

[中国建设银行进账单图片]

3. 借：银行存款   20000
   贷：预收账款   20000

第四笔业务是收到银行支付的利息 290.12 元，收到回单。

第五笔业务是银行代扣手续费 12 元，短信服务费 15 元，以银行存款支付。

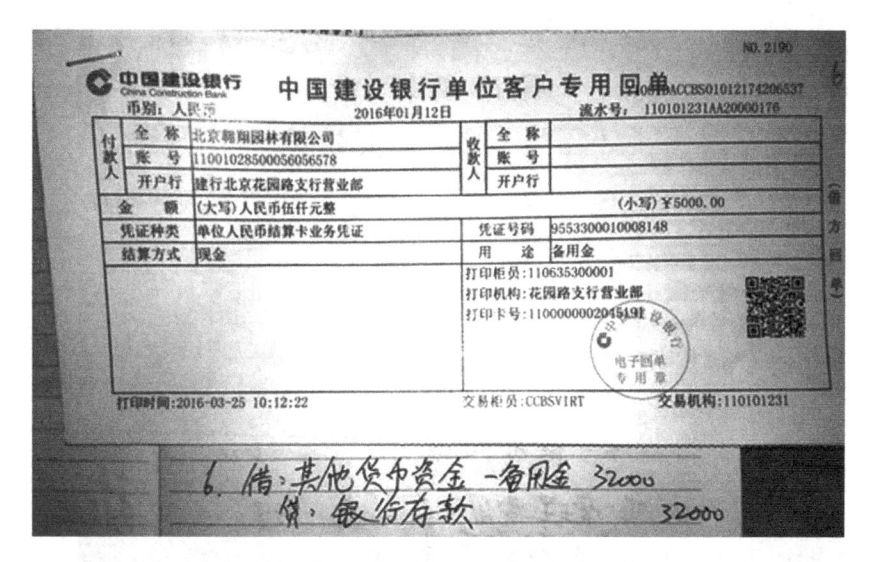

第六笔业务以银行存款做提备用金账户 32000 元。

第七笔业务以银行存款 35616 元，分别缴纳营业税、地方教育税附加、城市维护建设税、教育费附加 31800 元、636 元、2226 元、954 元。

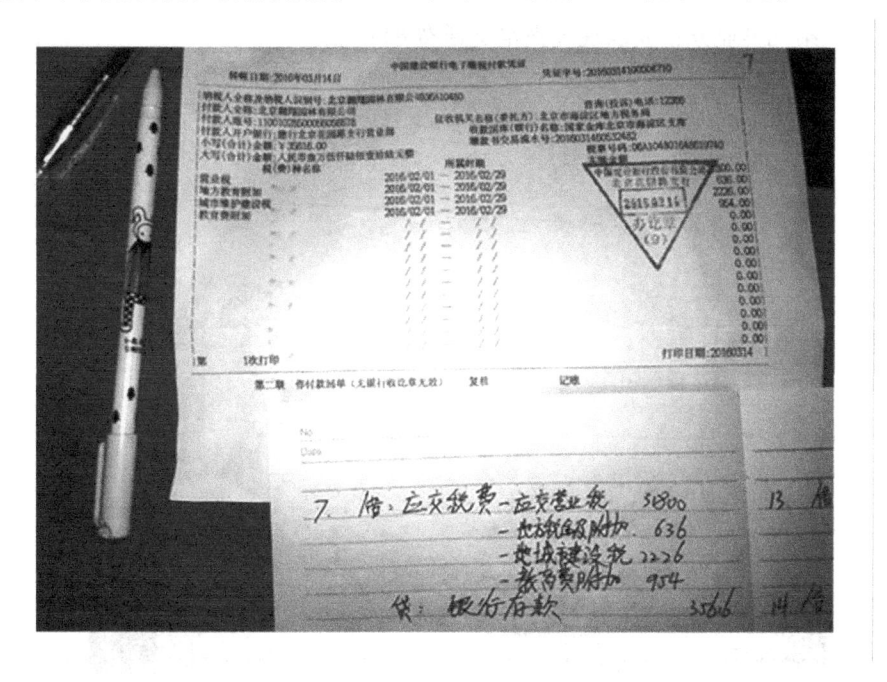

第八笔业务企业以现金报销劳保用品费4275.2元。

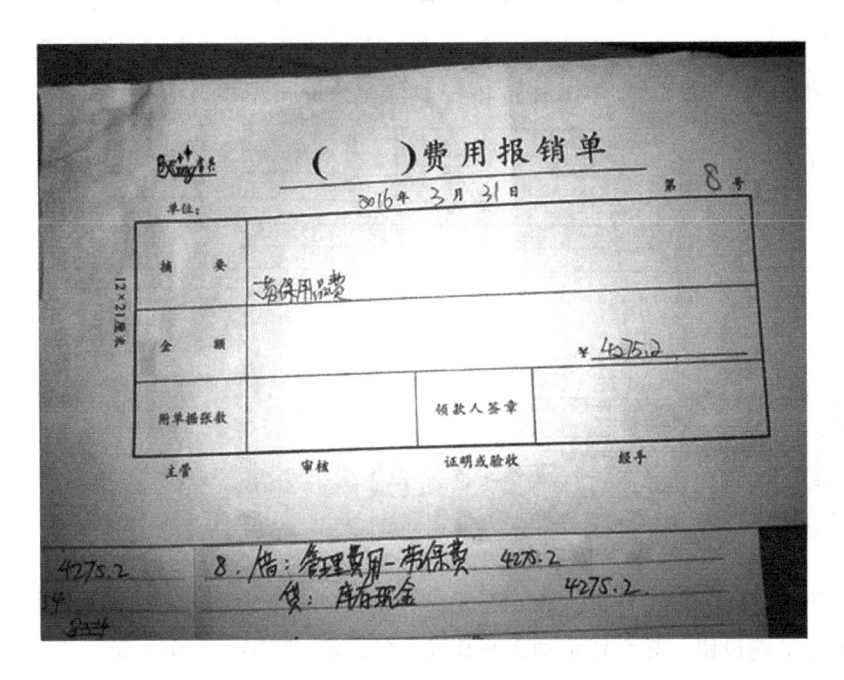

第九笔业务企业以现金报销交通费854元。

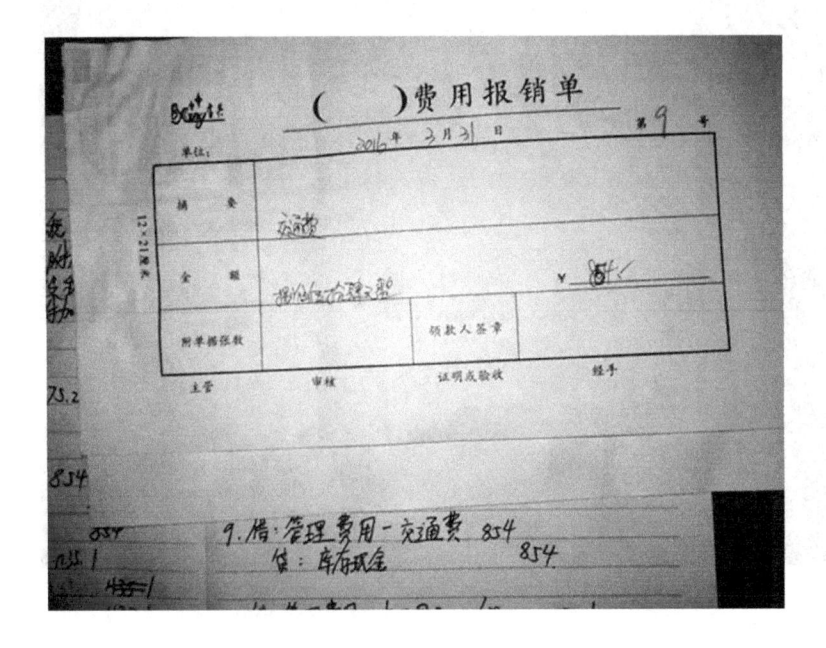

第十笔业务企业以现金报销办公用品费 1135.1 元。

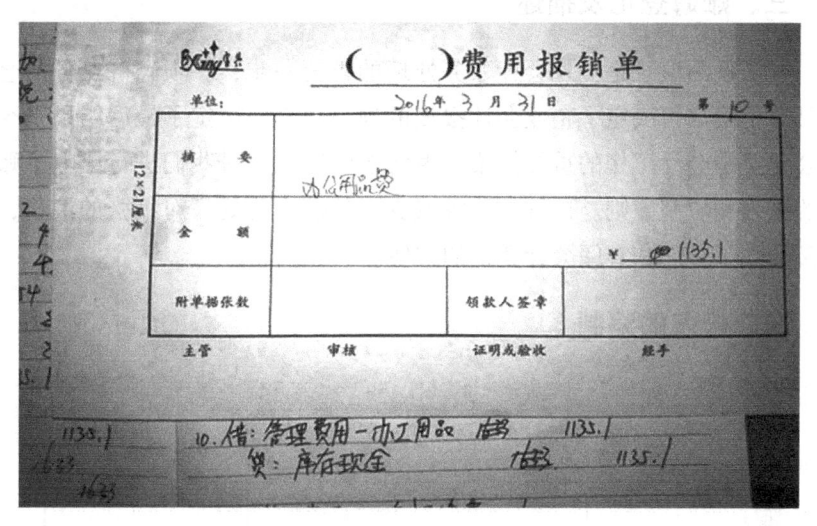

第十一笔业务企业以现金报销业务招待费 1633 元。

图片（略）。

第十二笔业务企业以现金报销差旅费 649 元。

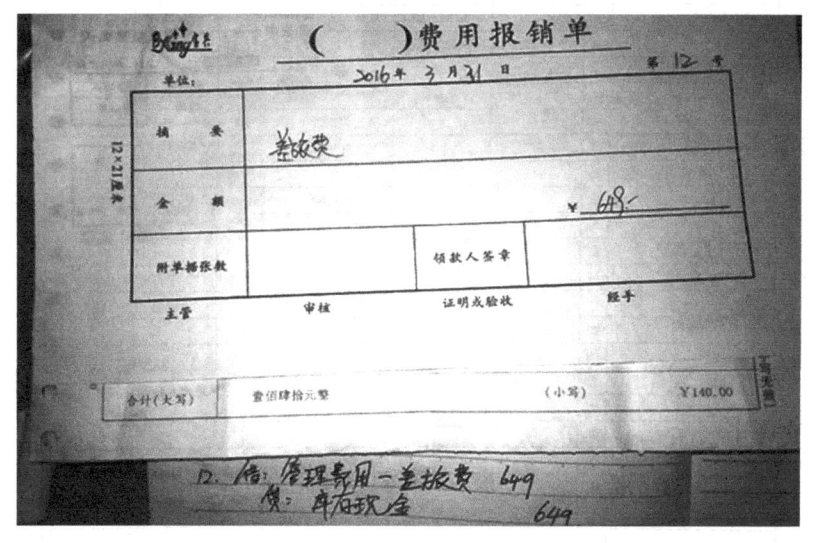

第十三笔业务企业分别以现金形式发放孙晓燕、崔克平工资 3500 元。

图片（略）。

第十四笔业务企业以现金形式发放工资 13600 元。

图片（略）

三、账簿登记及描述

电子账的填录是实现会计账务处理的重要一步,一项经济业务的会计科目的正确与否决定了企业会计报表的项目总额,决定了最后结果是否有失公允。是会计工作的重要桥梁,因此老师特意安排我们进行了电子账系统的录入和填制原则。这种方法既减少了传统会计处理对纸张的浪费,同时又加强了管理和查阅会计凭证的方便性。

四、报表的编制

(2016年3月)资产负债表

企业负责人:刘建国　　财务负责人:刘建国　　单位:元

资产	行次	年初数	期末数	负债及所有者权益	行次	年初数	期末数
流动资产:				流动负债:			
货币资金	1	82,675.37	78,885.78	短期借款	46		
短期投资	2			应付票据	47		
应收票据	3			应付帐款	48	2,856,104.69	3,102,152.28
应收帐款	4	1,498,211.37	1,217,735.76	预收帐款	49	543,760.00	543,760.00
减:坏帐准备	5			其他应付款	50	341,442.00	341,442.00
应收帐款净额	6	1,498,211.37	1,217,735.76	应付工资	51		
预付帐款	7	1,030,564.55	1,133,543.05	应付福利费	52		
其他应收款	8	780,520.03	1,006,987.95	未交税金	53	154,720.41	9,829.28
存货	9	1,373,141.70	1,420,688.72	未付利润	54		
待摊费用	10			其他未交款	55	167.07	449.94
待处理流动资产净损失	11			预提费用	56		
一年内到期的长期债券投资	12			待扣税金	57		
其他流动资产	13			一年内到期的长期负债	58		
流动资产	20	4,765,113.02	4,857,841.26	其他流动负债	59		
长期投资:				流动负债合计	65	3,896,194.17	3,997,633.50
长期投资	21						
固定资产:				长期负债:			
固定资产原价	24	344,557.21	351,629.86	长期借款	66		
减:累计折旧	25	91,075.71	100,350.38	应付债券	67		
固定资产净值	26	253,481.50	251,279.48	长期应付款	68		
固定资产清理	27			其他长期负债	75		
在建工程	28			长期负债合计	76		
待处理固定资产净损失	29			所有者权益:			
固定资产合计	35	253,481.50	251,279.48	实收资本	78	1,000,000.00	1,000,000.00
无形资产及递延资产:				资本公积	79		
无形资产	36			盈余公积	80		
递延资产	37			未分配利润	82	122,400.35	111,487.24
递延及无形资产合计	40			所有者权益合计	85	1,122,400.35	1,111,487.24
其他长期资产							
其他长期资产	41						
资产总计	45	5,018,594.52	5,109,120.74	负债及所有者权益总计	90	5,018,594.52	5,109,120.74

制表人:　　　　　　　　　　　　　　　　　　　制表时间:2016年3月31日

（2016年3月）损　益　表

有限公司

工业

企业负责人：刘建国　　　　财务负责人：刘建国　　　　　　　　单位：元

项　目	行次	本期数	本年累计数
一、主营业务收入	1	213,831.60	800,938.41
减：主营业务成本	2	157,378.72	699,034.84
销售费用	3	8,404.10	26,962.36
主营业务税金及附加	4	899.88	1,807.55
二、主营业务利润	7	47,148.90	73,133.66
加：其他业务利润	9		
减：管理费用	10	26,761.78	69,368.15
财务费用	11	76.60	1,276.19
三、营业利润	14	20,310.52	2,489.32
加：投资收益	15		
营业外收入	17		
减：营业外支出	18		
四、利润总额	25	20,310.52	2,489.32
减：所得税	26		248.93
五、净利润	30	20,310.52	2,240.39

制表：　　　　　　　　　　　　　　　　　　制表日期：2016年3月31日

　　由于时间的原因，老师已经为我们提前编制好了报表以便我们需要。财务报表作为会计工作的重要一环是财务会计报告的核心部分，反映了公司的基本面。反映了企业过去未来一年的发展情况，为管理层和投资者所借鉴的重要参考。同时报表两边是否平衡也是检验上一步电子账是否正确的重要依据。

五、纳税申报及描述（略）

六、实训感悟

本次的实训作为会计的最后一里路，同时也是我们走出学校、走上工作岗位的"最后一里路"。首先衷心感谢学校为我们提供了一套真实且完整的会计业务，这将会使得我们在人才市场竞争当中更具备竞争力。由于我们曾经的实训课已经对传统的手工记账了然于心，但当前市场普遍都采用电算化方式。这次实训便给我们打开了一道走向未来的大门，面对真实的企业业务，如何记账、如何编制报表、如何申报纳税。

会计作为一门学问是学无止境的，作为尚未步入社会的我们对许多会计业务都有很多不熟练的地方。具体到某一项业务针对的是具体哪一个会计科目我们小组有时都拿不定，最后老师为我们细心解答了每一个问题，使得我们下课以后都不留疑问，增长了自身的见识。

同时，会计作为企业的核心部门掌握着公司的许多重要业务往来资料，这就要求我们具有会计人的职业素养。学习知识，具备最基本的职业道德永远是第一步。在实训课的动员会上老师就再三要求我们保管好会计凭证和商业秘密，这是每一位会计人所必需的。这也是这门课程给我带来的最大收获。不管以后我们是否从事会计工作，对自身道德行为永远要达到高要求。

这次的实训课程也使我们第一次接触到了真实企业的纳税申报工作，以往接触到都是从书本上。然而没有经历过实践，见到再多的东西也是纸上谈兵。经验较少的我们通过小组讨论、研究，在进行实训的同时又进一步温习了当初所欠缺的知识点，这对我们构建完整的知识层面无疑是大有帮助的。

财务会计"最后一里路"实训报告（二）

王金秋 乔 煜 申 坤 刘天雄 胡昕怡

（北京联合大学管理学院财务管理1301B班学生）

一、公司简介

G有限公司，位于中关村高科技园区内的皂君庙电话局附近，注册资金600万元人民币，地理位置优越，人员配备齐全，是技工贸、服务一体化的新型科技企业，专业从事电信及通讯应用设计、工程施工、系统集成、运营代理、设备维护及增值服务，可为用户提供从咨询、策划、设计到安装、调试、维护的电信一体化服务。企业员工专业涉及电子、通信、计算机、自动化、暖通、工民建、地质、机械和其他工程类，以及财会、审计、经济类等。G有限公司在电信领域有丰富的贸易经验和雄厚的开发及技术力量，是北京市通信行业协会会员单位，并具有北京市政府有关部门颁发的弱电智能化系统专业承包资质。

G有限公司秉承"以质量求生存，以信誉求发展，以科技为先导，以客户为根本"的企业精神，建立了以股东会为核心，下设新政部、财务部、销售部、市场部、渠道部、技术部等多个职能部门，并附设行政、人力资源、材料设备、市场开发、技术、安全质量及客户服务等执行机构的组织结构，旨在为客户提供建筑智能化建设从设计、组织施工到售后维护的完备服务体系。公司拥有一支从事电子、自动化、通信、计算机及建筑施工专业知识的高级技术和管理队伍，可对工程进度、质量、安全进行全过程控制，真正做到设计先进，施工精良，服务优质。

完善的组织机构，严谨的工作作风，科学的管理程序，先进的技术手段，是公司立足市场，走向辉煌的保证。面对新时期的挑战，G有限公司愿与各界携手，共同谱写新的篇章。

经营理念：以技术优化资源、以价格扩大市场、以服务赢得口碑、以质量获取信赖。

二、凭证处理与编制

以下是部分业务的会计处理。

1. 发生业务：向 L 有限公司销售精密空调一台

会计分录如下：
借：应收账款　　　　　　　　　　　　　　　38500
　　贷：主营业务收入　　　　　　　　　　　32905.98
　　　　应交税费——应交增值税（销项税额）　5594.02

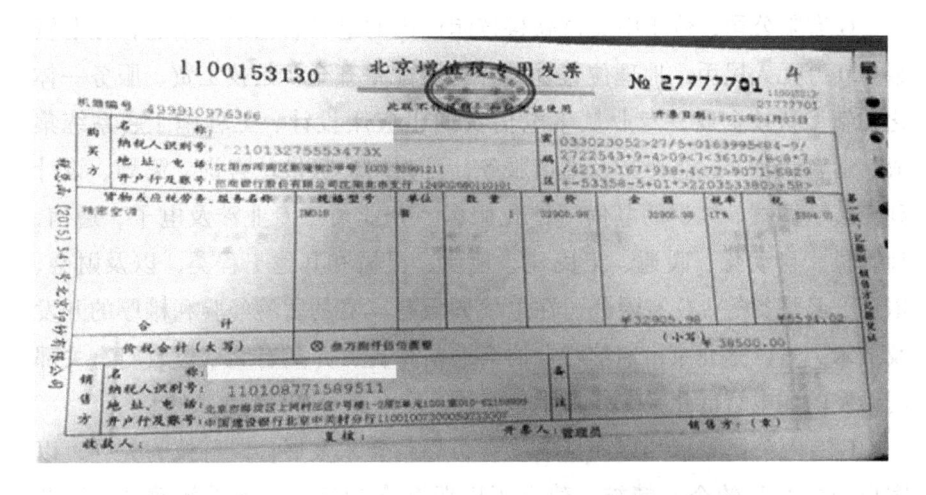

2. 发生业务：从上海约顿机房设备制造有限公司购入恒温恒湿空调一套

会计分录如下：
借：库存商品　　　　　　　　　　　　　　　42904.27
　　应交税费——应交增值税（进项税额）　　　7293.73
　　贷：预付账款　　　　　　　　　　　　　50198

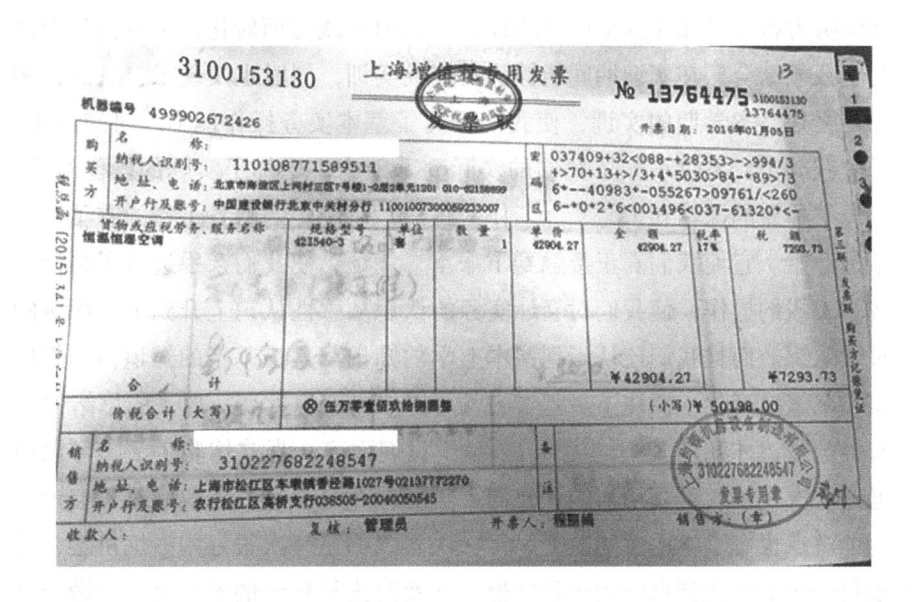

3. 发生业务：向 R 有限公司付账款

会计分录如下：

借：预付账款　　　　　　　　　　　　　　　　　6500

　　贷：银行存款　　　　　　　　　　　　　　　　6500

后面的业务略。

三、账簿登记及描述

根据之前所写会计分录登记电子账套如下（略）。

四、纳税申报及描述

根据"增值税专用发票汇总表""增值税专用发票明细表""增值税专用发票结果认证结果清单""认证结果通知书"进行网上的纳税申报。

五、实训感悟

四周的"企业纳税实务"实训又要结束了。在这四周的实训里，我们的专业知识又上了一个新的台阶。会计是个讲究经验的职业，为了积累更多的实际操作经验，在本学期我们得到了一次纳税申报实训的机会。实训期间努力将自己在课堂上所学的理论知识向实践方面转化，尽量做到理论与实践相结合，在实训期间能够认真完成实训，同时也发现了自己的许多不足之处。本学期的实训，使我们提高了基本实务操作能力。时间虽短，但收获颇丰。不仅培养了我们的实际动手能力，增加了实际的操作经验，缩短了抽象的课本知识与实际工作的距离，对实际的财务工作的有了一个新的开始。它使我们真正接触到了账本、凭证，使我们亲手进行了会计实务手工账的操作，使我们对会计实务的认识从感性认识上升到了更深刻的理性认识。而且我们还认识到课本上学的知识都是最基本的知识，不管现实情况怎么变化，抓住了最基本的就可以以不变应万变。放飞的思绪"只有经历过，才知道其中的滋味"。对于我们而言，喜欢体验生活，可以说通过这次实训，真真切切的让我们了解了什么是会计，让我们对于会计最初的观点也有了本质性的改变。每一次实践都是一次很好的锻炼机会，通过每一次实践找到自己的不足之处，并及时弥补自己的不足之处。做会计这一行，对我们有很大的要求，不光要有细心仔细，还要有耐心。在这次的实训中，让我们学到了很多在课堂上根本就学不到的知识，打开了视野，增长了见识，也改掉了很多毛病。做任何事都一样，需要有恒心、细心和毅力，那样才会到达成功的彼岸。虽说很累，但是真的希望学校能够给我们更多这样的实训机会，尤其是会计专业，毕竟会计吃的是经验饭，只有多做账，才能熟能生巧，才能游刃有余。为了适应社会，我们要不断地学习，不断地提高自己，在实践中锻炼自己，使自己在激烈的竞争中立于不败之地。今后，还要查漏补缺，多多学习，多参与实践，成为一个更加优秀的自己。最后，还是要感谢老师七天的陪伴，为我们这些初学者传道授业解惑，帮助我们解决困难，顺利地指导我们完成了本次实训。

财务会计"最后一里路"实训报告（三）

王秋月　刘青青　张芯蕊　何秋秋　张　路

（北京联合大学管理学院财务管理1301B班学生）

一、公司简介

G 有限公司，2013 年 2 月 12 日成立，经营范围包括第二类增值电信业务中的呼叫中心业务（电信企业许可证有效期至 2018 年 11 月 28 日）等，注册资金 1000 万元。

二、凭证处理与编制（略）

三、账簿登记及描述（略）

四、报表的编制及描述

在"最后一里路"的实训中报表的编制是一项重要的环节，由于我们实训期间没有具体的填制，但是实训的老师也认真地给我们讲解了报表的编制问题。

编制财务报表是指根据账簿记录，按照规定的表格形式，集中反映各单位在一定会计期间经济活动过程和结果的专门方法。通过编制财务报表，既能为企业的管理当局及与企业有关经济利益关系的各方提供所需要的会计信息，又能为国家利用会计信息进行国民经济综合平衡提供依据。

一套完整的财务报表至少应当包括资产负债表、利润表、现金流量表、所有者权益变动表以及附注。

五、纳税申报及描述

将北京国税办税软件进行升级，升级之后选择 CFCA 登录方式，并填写纳税人识别号，填写完成后成功登录。

此为系统升级后的界面，单击"网上纳税申报窗口"并进入。

进入"网上纳税申报窗口"之后可以看到如上图所示的界面，我们主要的工作是对增值税的申报，所以单击增值税申报并进入相关界面。

固定资产进项税额无抵扣，表格补零并保存。

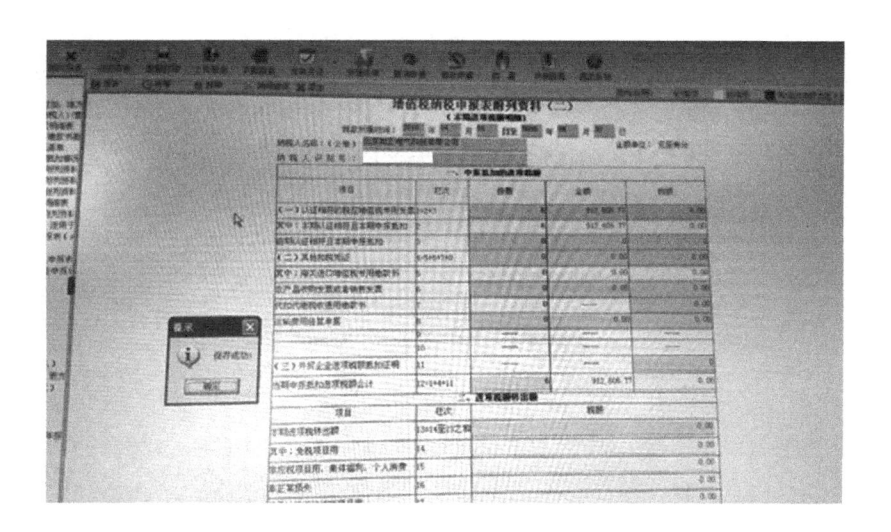

根据税务局开具的增值税发票认证结果填制《增值税纳税申报表附列资料（一）》，必填无资料的数据进行补零处理，最后单击保存。

根据税务局开具的增值税发票认证结果填制《增值税纳税申报表附列资料（二）》，必填无资料的数据进行补零处理，最后单击保存。

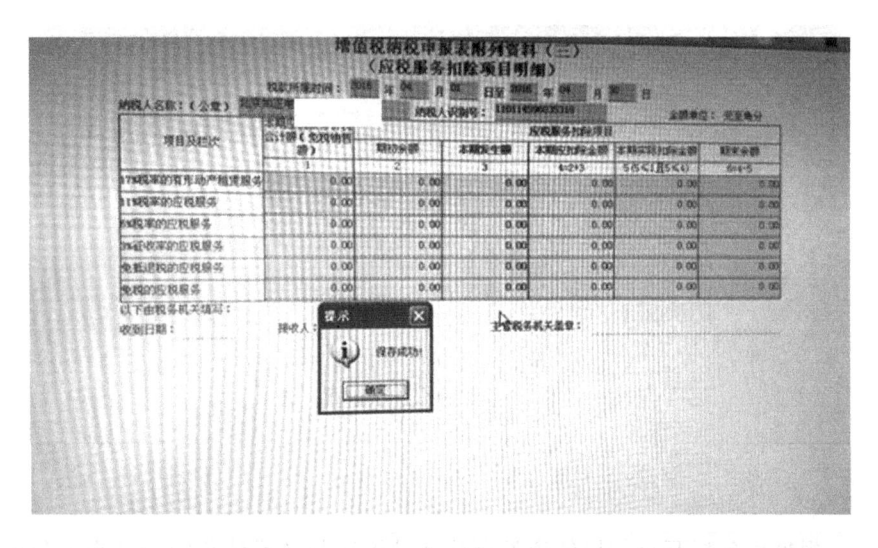

根据税务局开具的增值税发票认证结果填制《增值税纳税申报表附列资料（三）》，必填无资料的数据进行补零处理，最后单击保存。

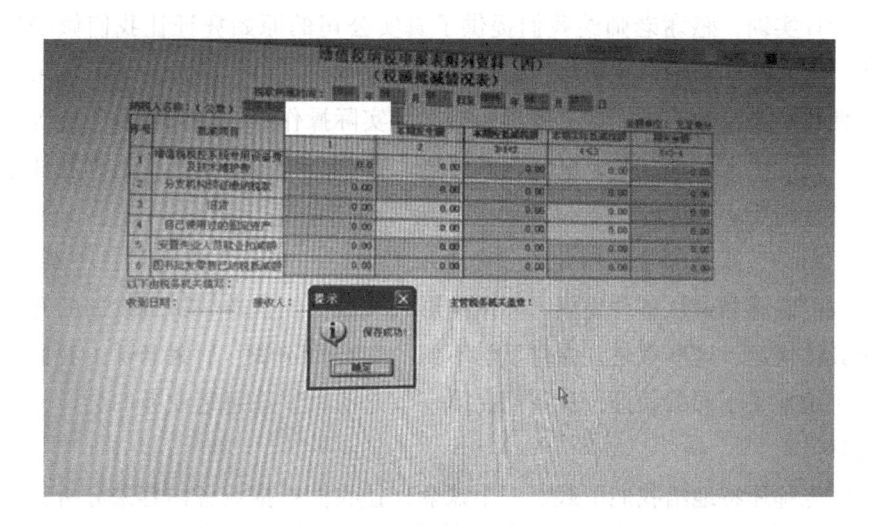

根据税务局开具的增值税发票认证结果填制《增值税纳税申报表附列资料（四）》，必填无资料的数据进行补零处理，最后单击保存。

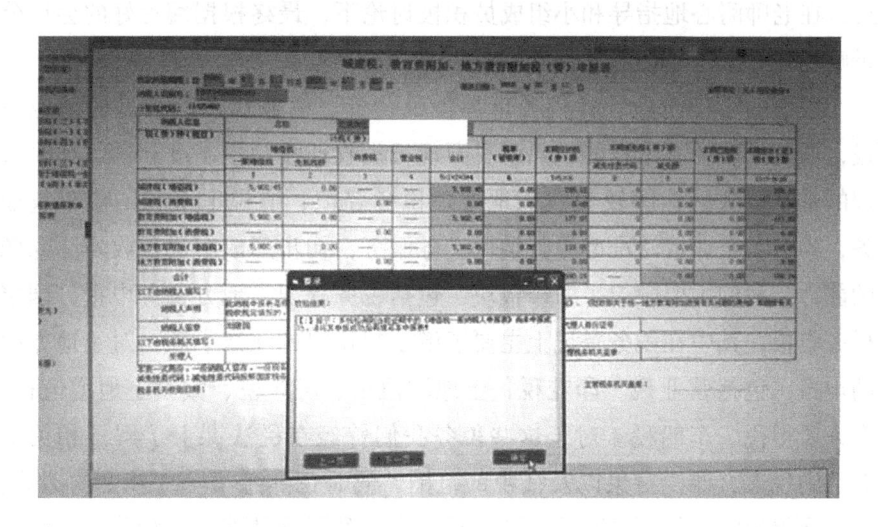

因为企业的《增值税一般纳税人申报表》尚未申报成功，所以在《城建税、教育费附加、地方教育附加税申报表》暂存数据。至此，"最后一里路"国税申报流程走完，最后进行数据的维护并备份。

六、实训感悟

以"最后一里路"命名的实训已经结束，名副其实的大学里面最后一次会计实训，感谢老师给我们提供了真实公司的原始凭证让我们做账报税，大家都非常珍惜这次难得的机会。通过本次实训，最大的学习成果就是使我们小组的成员能独立处理所有会计实际操作，纳税和工商年检等事务，既能手工处理账务，又能电脑做账，并能进行税务申报，达到胜任企业会计的要求。

第一节课老师给我们介绍了企业所需要的一些基本资料和各种票样，教我们熟悉和辨认各种发票、收据的形式和银行回执单，讲解发票的开具及具体规定，这些都是在课堂里学不到的实践性知识。后来老师给我们每个小组发了不同的凭证，让我们在第一节课的时候把每笔业务的会计分录编好。

老师还特地给我们下载了一个账套，让我们根据业务内容来分析、计算并填制电子凭证。虽然以前做过模拟账套，但那时候还未真正接触会计实务，并不能理解其真正的内涵，要我们自己动手做账还真有些不知所措，在老师耐心地指导和小组成员积极讨论下，最终根据编写好的会计分录顺利填好了电子记账凭证。

报税的第一阶段，我们要掌握涉税会计、税务代理所必需的纳税申报、涉税处理的基本技能；熟悉我国现行税收征收管理制度和税收征收管理的基本模式；能够较为熟练地处理税务登记、纳税申报和纳税审查业务，为各类企业依法准确履行纳税义务服务，初步形成解决税收实际问题的能力。我们主要学习了三个板块，包括税务登记、地方税务申报、国家税务申报，其中在税务登记上主要了解了报税时的注意事项。对于地方税的申报，包括营业税、印花税、土地增值税、房产税、城镇土地增值税、个人所得税、车船税。对于这些税务我们曾经在税法课上了解了相关概念、纳税人、课税对象以及征税的范围，同时也熟悉了一些基本的运算，只是在报税时我们更需要关注各税种报税时的特殊情况。比如营业税中需要有法定性减免的税种以及其他减免的项目，这些都是在报税时必须要注意的。还有就是对应纳营业税额的计算需要很清楚地了解哪些需要计算在内，而那些又是无须计算在内的。除此之外，我们也需要注意营业税几种经营行为的税务处理。再就是在申报个人所得税时有些知识需要老师指点，因为需要注意的地方的确是太多了，而且又是一些细节部分。而在国税申报上主要有增值税的申报，消费税的申报，企业所得税的申报。增值税分为一般纳税人和小规模纳税人。消费税要注意是从量定额还是从价计征，抑或是混合计量。

报税的第二阶段正好又遇到营改增，老师为此还专门让我们去听了一个讲座。这块对于纳税申报的变动是非常大的，比如说交通运输业，其税率是7%，但是在"营改增"之后，其税率已经上升为11%；而小规模纳税人为3%，从整体上看，"营改增"使得企业的成本费用减少了。而对于小规模纳税人来说，现在的税率为3%，比原来的5%下降了，所以小规模纳税人更受益。

经过这几天的会计实务操作，在取得实效的同时，我们也发现自身的一些不足，比如不够细心，经常看错或抄错数字，导致核算结果出错。很荣幸能有这次实习的机会，这次的实习经历让我们受益匪浅，这是一个大学生逐步向社会迈进的过程，在这个过程中路还很长，我们要学习的东西还很多，我们会利用这最后一年的在校时间打好基础，完善自己，提高能力，成为一名合格的会计人才，迎接更大的挑战。

财务会计"最后一里路"实训报告(四)

杨 晶 刘柯显 肖 莹 兰诗琳 刘 昊

(北京联合大学管理学院会计1302B班学生)

前 言

"最后一里路"课程是国内首家采用企业真实账务进行教学的创新尝试,旨在培养学生实践操作能力,实现教学与实践、专业学习与就业的"无缝连接"。

课上,我们小组被分到A有限公司和B有限公司的3月份和4月份的账,进行了手工账的编写和电子账的录入,学习了国税和地税的申报,并在北京如正电器科技有限公司进行了国税、地税申报的实地学习,以及"营改增"的知识讲座学习。可以说,"最后一里路"是送给我们的最美好的一份礼物,对于我们今后的职业生涯弥足珍贵!

一、公司简介

1. A有限公司

A有限公司是由归国留学人员及其合作伙伴创立的快速成长企业,主要从事生物活性蛋白和临床诊断试剂的研发、生产和销售。

爱必信生物依托于拥有数十年研发和生产经验的海外留学生物科学家团队,在美国拥有密切合作伙伴。公司目前正集中研究开发多个极具市场前景的生物活性蛋白及临床诊断试剂,是国内少有的拥有上游核心原料技术而且又具有技术平台的生物技术公司。公司致力于将生物化学、细胞生物学、分子生物学和免疫学等领域先进的科研成果应用于临床,运用自主知识产权的技术,研究开发人类重大疾病的早期无损伤性诊断技术和产品。该公司的口号、目标、使命分别是:自主研发,替代进口;国外品质,国内价格;世界一流的生物活性蛋白供应商;振兴民族生物技术产业。

2. R有限公司(纳税模块)

R有限公司是专注于机箱机柜及钣金加工专业厂家,集研发、设计、生产和销售一体的高新技术企业,地处北京昌平兴寿昌福工业园区,生产面积10000平方米,员工80人,其中高级技师5名,技术人员占35%。公司生产的主要产品为配电领域配套各类箱柜。

3. B有限公司

公司的主要经营业务是普通货运;货物专用运输(集装箱);报关;货物仓储;货物包装托运;劳务服务;进出口业务咨询、信息咨询(不含中介服务);陆路国际货物运输代理业务,包括:订舱、仓储;货物的监装、监卸,集装箱拼装拆箱;国际多式联运;报检、报验;缮制有关单证,并付运费,结算、交付杂费。依法须经批准的项目,经相关部门批准后依批准的内容开展经营活动。

二、凭证处理与编制

A有限公司4月份的经济业务:

业务1,销售活动产生的销售收入业务。业务1具有的原始凭证包括增值税普通发票和银行电子回执单,增值税普通发票上注明不含税金额427.35元,税额72.65元,价税合计500元,可知企业取得营业收入427.35元,增值税销项税为72.65元。银行电子回执单为收H有限公司500元,单据上付款方正为增值税普通发票上的购买方。由此可知企业取得现销收入。

会计分录为:

借:银行存款(建行9042)　　　　　　　　　　500
　　贷:主营业务收入　　　　　　　　　　　　427.35
　　　　应交税费——应交增值税(销项税额)　　72.65

业务2同业务1类似，均为销售活动业务。具有原始凭证为增值税普通发票和银行电子回执单，增值税普通发票上注明不含税金额2564.1元，税额435.9元，价税合计3000元。银行电子回执单3000元。

会计分录为：

借：银行存款（建行9042）　　　　　　　　3000

　　贷：主营业务收入　　　　　　　　　　2564.1

　　　　应交税费——应交增值税（销项税额）　435.9

其他业务情况介绍（略）

三、纳税申报及描述

申报纳税规范是指税务机关和税务人员依照税收法律法规及相关规定，受理纳税人、扣缴义务人、委托代征人申报、缴纳、解缴、退还税费等业务的服务规范。

享受税收优惠的纳税人无论当期是否产生应纳税额，均应按期如实向税务机关报告其税收优惠享受情况，税务人员应按减免税管理规定，将纳税人申报信息与税务机关掌握的备案、审批信息进行核对，在核对一致情况下，如实完整录入征管信息系统。

在本次实训课中我们重点学习了关于国税的纳税申报，了解了地税申报税种。在国税中主要进行增值税、企业所得税预缴，在地税之前主要进行个人所得税、营业税、营业税金及附加，以及一些小税种的申报，营业税金及附加则由国税代收代缴，在5月1日全面"营改增"以后主要就负责个人所得税的申报工作。

四、实训感悟

1. 组员1实习心得

从4月份持续到5月份的"最后一里路"企业真账实训，伴随着最后一次的营改增讲座落下了帷幕。在这一次实训中我收获了很多，不仅仅是从财务知识和税务知识上的增长，还有了解企业的运营中与会计账户的联系和区别。更加真切地理解了企业的会计流程与报税流程。

首先，看到了企业真实的原始凭证，这其中包含一些证照、章、发票、海关进口缴款书、费用单、工资表等。可以接触到这些真实的凭证我觉得也很难得。其次，学会了从接触到企业的原始凭证时就相应的思考对应的企业会计业务是什么？应该如何去写对应的会计分录？如何才能真实地正确地反映企业的经济活动。在报税的时候要先报国税再报地税，先报完增值税再报附加税和地税。在税务知识上将课本学习到的税法和实务很好地结合在了一起。把校训——学以致用落到了实处，是一次难忘的经历。

每一次实训都是从写企业的会计分录开始的，在做会计分录的时候，比我想象的要复杂得多。社保费、企业往来费用、各项费用的报销，都是之前我们没有接触过的。从做分录上我又学会了许多的知识，培养了抓住细节、主动解决问题的能力。谨慎恰当地运用会计职业判断在合规之下，满足会计准则和相关会计制度的要求。在学习中汲取经验感悟会计的内涵。每一个会计分录背后都有它自己的内容和价值。在老师批改过分录之后，我发现了自己很多不足和存在问题的方面。在改进中不断地提升自己的能力。

随后是录入电子凭证，用财务软件进行账务的会计分录转为记账凭证。这在当今的会计电算化下更是一项重要的工作内容，我很认真地录入每一笔业务，从中掌握填制电子会计记账凭证的方法。在报税上我觉得这个环节的学习最有意思，它是涉税的业务，容不得一点差错，这也教会我学会谨慎原则，并对报税的知识要学的更加的深入和扎实。其次对于国税和地税软件的操作也有了进一步的了解。实务远比书本上的东西要灵活多变，变化也更加复杂些。

在具体的企业交易和事项中，会计的魅力、会计人员的职业判断会显得更加的明显。每一个模块的具体要求和操作也都记在了心里，对于我们今后的职业生涯，我相信是一笔难得的财富，它启迪了我们在自己的专业上应该如何去加强自己的能力，从哪些方向和侧重点掌握企业的财务。

"最后一里路"它就像是我们在临近毕业之际的一份礼物，它带我们提前接触到了企业的账目和会计工作。予我更多的是警醒自己，不能放松自己。为了更好地职业的规划和提升自我能力的需要，从现在开始脚踏实地地努力学习，用知识先武装自己，待到有机会积累工作经验时才能更快更有效的实现自己的职业规划和人生理想！

2. 组员2实习心得

会计是以货币为主要计量单位，运用专门的方法，对企事业、机关单位或其他经济组织的经济活动进行连续、系统、全面地反映和监督的经济管理活动，具体是指社会再生产过程中能以货币表现的经济活动，主要指资金活动，这是教科书上传统定义下的会计，这对我们每一个会计的学生而言都是再熟悉不过的，但是由于学校教学与实务的脱节，导致我们并没有真正地接触到账簿、凭证等，并没有做与之相关的会计处理，导致我们不能站在企业的角度更加深刻地去理解、描述企业的经济活动，正是由于这种种的原因，我觉得"最后一里路"的实训课程让我们学到了很多此刻我们切身需要的职业技能。

实训第一天，我们随机分配了公司，我们小组分配到的是一家生物公司。虽然它是一家一般纳税人的企业，但是它的经济业务并不多，这让初次接触到企业的真实账本并着手记账的我们松了一口气。我们根据企业提供的原始凭证，依据它所提供的经济实务做分录。做分录，是我们的基本功，但是面对那一打一打的凭证，我们突然不知道该如何下手去做。平时，我们所接触的题目，都是将经济业务描述详细作为题目已知条件，我们所要做的就只是用分录将它描述，这样的工作，我们早已驾轻就熟。然而，拿着那些原始凭证，我们发现最难的是将那些记载在发票上的信息准确捕捉成为我们的已知条件，将金额准确反映，经济业务如实表现，这就是会计的两大基本职能：反映与监督，针对我们所从事的企业这一特定主体，将它的会计核算合法合规地反映。

会计是反映过去的经济业务，我们所记录的每一笔账都需要原始凭证来支撑，没有银行发来的进账通知单，应收账款就不能确认为收入。对原始凭证的可靠性要求也十分严格，每一张允许抵扣的增值税发票都需要经过税控系统的认证通过，要有专用发票的标识，对管理费用的相关报销发票管理也十分严格，通过这种方式，监督管理部门，防止腐败，加强企业管理，提高企业组织内控的有效运行。

经过前期一系列的会计工作后，我们进入了企业纳税申报环节。我们先后报了企业所得税和增值税两个主要的税种，本期应缴纳的增值税为我们当期应销售商品所产生的销项税与当期可以抵扣的进项税的差额，其中，根据企业的性质，对于一些政府扶持的高新技术产业，国家给予一些税收优惠政策，可能是低税率或者是税收减免等一系列的税收优惠，但是，企业如果想要享受到这些优惠，必须提供相关的文件给主管税务机关审核，审核通过的企业才有资格享受税收优惠，否则就视为偷税行为。我们所在的这家企业正好是一家生物制药公司，它属于高新技术产业，所以在税收政策上享受一定的优惠，恰逢我们实训期间赶上营业税改增值税的全面推行，所以，对于一些金融服务业、房地产行业存在整改问题，处于过渡期的这些行业的增值税的处理比较复杂。因为，我们所做的企业属于制造业行业，所以，并没有面临这些问题。

通过这次历时48个小时的会计实训，我们做了两个企业的两个月的完整的账，并做了五月份的所得税的汇算清缴和每个月的增值税的申报工作。从手工账到纳税申报，一个完整的流程，让我们更加深刻地理解到会计工作的实质。这是作为一个会计所必备的职业技能,是我们走出校门进入职场中所必需的职业判断。这是会计工作的起步,但并不是终点。我们需要在会计的职业生涯中,保持谨慎认真的态度,不断地学习进步,进入企业管理的层面,为管理者提供更有价值的决策意见,把会计作为描述历史经济业务的观念转换为可以有效预测企业未来的经济状况的决策有用的工具,这是大家所需要努力的方向也是会计发展的前景。

其他组员学习心得(略)。

财务会计"最后一里路"实训报告（五）

张卓宇　张元乾　梁永兰　和文娟　高丽萍

（北京联合大学管理学院会计1301B班学生）

一、公司简介

R有限公司是专注于机箱机柜及钣金加工专业厂家，集研发、设计、生产和销售为一体的高新技术企业，地处北京昌平兴寿昌福工业园区，生产面积10000平方米，员工80人，其中高级技师5名，技术人员占35%。公司钣金生产主要产品为配电领域配套各类箱柜。

该公司拥有在进口机床中，市场占有量名列第一的瑞士百超激光切割机悬臂式全飞行光路数控激光切割机；"AMADA" AC2510NT2数控冲床；2510C、255数控转塔式冲床；德国KUKA机械手臂折弯机，AMADSRC数控折弯机，19辊较平机，德国产数控压铆机；以及其他辅助配套设备；拥有自动涂胶生产线。本公司制造的控制柜及控制箱体防护等级已通过国家质量监督检验中心鉴定，柜体达到IP-56防护等级标准和抗震试验要求，箱体达到IP-65防护等级标准和抗震试验，并聘有高级机械设计设计和高级电气自动化设计工程师，可为您提供完美的技术服务和可靠质量保证。

数年来公司屡创佳绩，并严格执行ISO9001—2000质量管理体系的各项制度。引进ERP管理系统，使生产运作流程信息化，实现从设计、采购到生产的全过程管理，同时还包括物流仓储、成本以及质量的相关管理。经全体员工的共同努力，成功地成为西门子、施耐德、ABB、GEA、喜力、百威、珠江啤酒、天威集团、中航集团、清华同方、河北钢铁、中交集团、大唐及国电等国内外各行业领先地位企业的合作伙伴，为它们提供高端高品质的设备配套及服务。

战略使命：用最成熟可靠的技术与服务为国际500强企业和国内行业龙头企业完成您的工程设计和产品制作。

公司价值：用最先进的设备和专业的技术，为您的发展领先一步。

公司理念：一诺千金，紧密合作。为客户提供完美的技术服务和可靠的质量保证。

二、凭证处理与编制（略）

三、纳税申报及描述（略）

四、实训感想

今天是实训的第一天，怀着即将步入社会上岗工作，开始为社会主义建设做贡献的心态参加了动员大会。在会上，系主任千叮咛万嘱咐一定要让我们遵守职业道德，保护好凭证。通过参加动员大会，我们了解了此次实训的重要性和工作的严谨性，授课老师的讲解让我们明白了此次实训的内容，我们第一次接触企业真账，并且是自己第一次实践课本上的知识，只有在实践中才能检验自己学习的好坏，知道自己的不足，不断学习弥补，待走出校园时即可成为一名合格的能够胜任会计工作的人员。（2016年4月6日）

今天是实训的第二天，学习内容是写会计分录，我们被分配到一家文化传媒公司，这家公司这个月一共发生了19笔业务，大多是管理费用，由此可知这家公司的规模不是很大，业务量不是很多，但通过凭证，我们可以了解到每笔业务的来龙去脉，会计分录以及收入和支出明细等。通过今天的实训，我验证了会计分录在什么情况下该怎样记录，然后怎样把它录入到记账系统里，感想就是系统减少了我们人工的许多工作，会计人员做账一定要认真细心，才能再录入到系统里，这样企业的账才能保证质量。细心、认真负责是今天收获的主题。（2016年4月7日）

今天的工作主要是把上次做的会计分录录入到账务系统里，我们用的软件是winfi-2000，我觉得这款软件还不错，把所有的纸质分录都录成电子档，查询方便，记录严谨、规范。我们团队用集体智慧和力量搞懂了这款软件的记账以及解决了在记账过程中出现的问题。（2016年4月13日）

今天的实训是学习国税申报，我觉得税是非常复杂的，登入到系统里感觉整个人都不好了，不知道怎样去报税，生怕点错一个地方就把这家企业给葬送在国税局官网了，税一旦申报就不能更改了，少缴税税务局找

城建税、教育费附加、地方教育附加税（费）申报表

税(费)种(税目)	计税(费)依据					税率(征收率)	本期应纳税(费)额	本期减免税(费)额		本期已缴税(费)额	本期应补(退)税(费)额
	增值税		消费税	营业税	合计			减免性质代码	减免额		
	一般增值税	免抵税额									
	1	2	3	4	5=1+2+3+4	6	7=5×6		8	9	10	11=7-9-10
城建税(增值税)	5,902.35	0.00	——	——	5,902.35	0.07	413.16		0.00	0.00	413.16
城建税(消费税)	——	——	0.00	——	0.00	0.07	0.00		0.00	0.00	0.00
教育费附加(增值税)	5,902.35	——	——	——	5,902.35	0.03	177.07		0.00	0.00	177.07
教育费附加(消费税)	——	——	0.00	——	0.00	0.03	0.00		0.00	0.00	0.00
地方教育附加(增值税)	5,902.35	——	——	——	5,902.35	0.02	118.05		0.00	0.00	118.05
地方教育附加(消费税)	——	——	0.00	——	0.00	0.02	0.00		0.00	0.00	0.00
合计							708.28			0.00	708.28

你，多缴税老板找你，所以必须严谨、认真、小心。如整账，本期金额是本年累计数，一般纳税人。一般企业财务报表（季报）申报，增值税（适用于一般纳税人）（营改增）以及代征地税申报，弄懂了国税报税系统流程及方法，到实践中去学习，收获很多。（2016年4月14日）

这段时间的实训，是我深入社会的起点，让我了解到在社会中生存应该具备的各种能力，也让我学到了许多知识和经验，这是在课本中所学不到的。工作经验是企业选择会计人员的重要因素，通过此次实习，让我能够更好地了解自己的不足，了解会计工作的本质，了解这个社会的各个方面。从而让我意识到我以后还应该多学些什么，也为自己以后的工作和生活积累了更多的丰富知识和宝贵经验。让我能够更早地为自己做好职业规划，设定人生目标，这是走向成功的第一大步。

财务报告分析报告

我国乳制品行业上市公司财务报表分析

樊瑞炜[1] 唐 剑[2]

(1 北京联合大学管理学院 2015 级硕士生；
2 北京联合大学管理学院会计 1101B 班)

一、引言

近年来，我国乳制品行业出现了许多问题和风波，引起广大社会舆论对乳制品安全和制造企业信任度的持续关注，乳制品的不安全性不仅威胁消费者的身体健康问题，影响社会诚信和核心价值观体系的建立，并且产生不良的负面效果，同时损害了我国乳制品行业及国民经济的发展。目前，广大消费者尤其是家长对于国产乳制品都表示较低的信任度，将购买乳制品的途径转向了新西兰、德国、英国等国家。由此可知，目前我国的乳制品正遭遇着一场前所未有的信任危机，作为居民生活的基本保障品，乳制品的生产、制造和加工与居民生活水平的提升有着千丝万缕的联系。因此，如何使广大消费者对国内乳制品重拾信心，促进我国乳制品行业持续健康发展，是相关企业经营者和研究者关注的焦点。

本文主要从资产负债分析、利润分析和现金流量分析三个方面，对乳制品行业的财务状况进行综合评价，找出目前行业运行过程中出现的问题，比如产品成本较高导致产品销量减少、资金利用效率低等，及时解决、完善企业相应能力，努力建设稳定的乳制品行业体系。

二、我国乳制品的行业现状（略）

三、我国乳制品行业上市企业的资产负债分析

1. 经营资产与投资资产结构分析

经营资产是指企业的货币资金、存货、固定资产、应收账款等与日常

活动息息相关的资产。[1] 投资资产（金融资产），是相对于经营资产的概念，是指当企业发展到了某一阶段，通过管理和运营资产，来取得收益的一种所有权凭证，其中包括短期投资和证券类投资等。计算两类资产的金额及相应比例，进一步分析公司总资产的组成结构，能够更加掌握公司发展中的各项经营信息。例如，A 企业属于传统的制造业、是第二产业的制造类企业，经营的主业主要围绕工业产品的生产和销售，那么 A 企业中的经营资产所占比例应该较高；B 企业属于证券机构等投资机构，企业日常的主要经营活动集中在金融资产的运作上面，那么显而易见，B 企业中的投资资产比重较高。根据四家公司从 2011—2014 年的年报数据，编制了国内四家乳制品上市公司 2011—2014 年的资产结构分析，如表 1 所示。

表1 我国乳制品四大上市公司 2011—2014 年资产结构分析 （单位：亿元）

年份	项目	伊利	蒙牛	三元	光明
2011	经营资产	193.5	196.3	29.8	73.4
	投资资产	5.8	5.5	4.8	0.3
	经营资产所占比例	97.09%	97.27%	86.13%	99.59%
2012	经营资产	192.3	208.4	30.8	93.1
	投资资产	5.9	0.8	5.7	0.3
	经营资产所占比例	97.02%	99.62%	84.38%	99.68%
2013	经营资产	319.7	374.6	29.5	114.8
	投资资产	9.1	28.4	5.7	1.9
	经营资产所占比例	97.23%	92.95%	83.81%	98.37%
2014	经营资产	386.4	432.4	36.3	126.9
	投资资产	8.5	38.4	5.5	1.9
	经营资产所占比例	97.85%	91.84%	86.84%	98.52%

由表 1 可知，四家上市公司的经营资产均占企业资本的 80% 以上，在资产中占大多数。所以他们属于以生产和经营为主要方向的制造类企业，通过销售活动为企业创造价值和效益。

---

[1] 陈满江. 论零营运资金管理 [J]. 现代商业，2010 (15).

2. 上下游关系管理

（1）下游关系管理

在日常的生产、销售活动中，生产企业向下游企业提供产品，该活动与资产负债表中相对应的会计科目为应收账款、应收票据和预收账款。那么由此认识到，报表中应收账款的金额体现了企业与下游客户之间的交易情况，应收票据的增加额和预收账款也同时体现了与下游客户之间的交易情况。首先，本文通过下述公式估计四大乳制品上市公司占用下游客户的资金额。

下游顾客占用的总资金 = 本期应收票据增加额 + 本期预收账款减少额 + 本期应收账款增加额

根据上述公式，得到从下游顾客占用四家公司的总资金，如表 2 所示。

表 2　从下游顾客占用的总资金　　　　　　（单位：亿元）

伊利	2011 年	2012 年	2013 年	2014 年
应收票据增加额	0.83	0.25	0.51	-0.43
应收账款增加额	0.24	0.07	0.51	1.73
预收账款减少额	-11.29	4.53	-7.48	11.84
从下游顾客占用总资金	10.22	-4.85	6.46	-13.14
蒙牛	2011 年	2012 年	2013 年	2014 年
应收票据增加额	2.4	-0.88	-1.08	0.52
应收账款增加额	0.2	1.08	0.06	3.42
光明	2011 年	2012 年	2013 年	2014 年
预收账款减少额	-2.52	2.54	-7.44	5.03
从下游顾客占用总资金	-0.08	-2.74	8.46	-8.97
三元	2011 年	2012 年	2013 年	2014 年
应收票据增加额	0.06	-0.06	0.22	-0.28
应收账款增加额	0.46	0.14	0.07	0.29
预收账款减少额	-0.18	-0.2	-0.33	0.25

续表

三元	2011年	2012年	2013年	2014年
从下游顾客占用总资金	-0.34	0.28	-0.04	-0.26
应收票据增加额	0.01	-0.02	0.01	0.03
应收账款增加额	2.38	1.41	0.76	3.09
预收账款减少额	-0.83	-0.21	-4.14	2.43
从下游顾客占用总资金	-1.56	-1.18	3.37	-5.55

由表2可知，在四家上市公司中，伊利集团在2013年对价格的控制力较强，在与下游顾客的交易中占用资金6.46亿元。现在是买方市场，对买方有利的市场，即顾客支配价格的制定，所以说伊利对存货的处理能力和使价格提高的能力很强。在2012年，受到宏观政策与市场条件的影响，四家公司都没有获得较多的利益。蒙牛集团在2011年和2012年期间与客户的议价效果不佳，但是在2013年占用资金提高到8亿多元，从顾客处获得的资金代表着企业收入的增减。蒙牛在竞争中凸显出来，销售能力增强，说明收入的增长，至于"增长"还是"下降"还需要了解以后的经营状况。三元集团既没有从客户那获得更多的利益，也没有给予客户更多的好处，这也许与公司的销售政策有联系。2011—2012年间光明集团对下游客户的控制不佳，反倒被客户（即消费者）所控制，导致资产为负，但在2013年占用资金为正，且为3亿多元，说明该公司逐渐重视经营成果。然而在2014年，四家公司从占用客户资金大幅度下降，可见2014年的经济形势不好，导致企业的议价能力和价格都受到消费者的控制，没有自主权。

（2）上游关系管理

在日常生产、经营、销售活动中，企业向上游的供应商购买产品，该活动与资产负债表中相对应的会计科目为应付账款、应付票据、预付账款和存货。不难看出，企业资产负债表中的应付账款、应付票据和预付账款的期末余额体现了企业与供应商之间的来往关系，而存货余额则体现企业与供应商之间当期产品数量的业务关系。所以本文利用下式进行从供应商占用资金的计算。

供应商占用资金 = 应付票据期末余额 + 应付账款期末余额 -（存货期

末余额+预付账款期末余额)

根据公式,对四家公司从供应商处占用的总资金进行计算和分析,如表3所示。

表3　从上游供应商占用的总资金　　　　　　（单位：亿元）

伊利	2011年	2012年	2013年	2014年
应付票据期末余额	1.42	0	1.65	2.66
应付账款期末余额	43.79	43.61	51.92	52.81
预付账款期末余额	8.35	6.49	3.30	3.90
存货期末余额	33.10	29.95	36.83	50.0
从上游供应商占用总资金	3.76	7.17	13.44	1.49
蒙牛	2011年	2012年	2013年	2014年
应付票据期末余额	11.41	12.97	47.61	47.68
应付账款期末余额	25.43	23.32	0	2.24
预付账款期末余额	7.75	7.06	16.86	0
存货期末余额	16.43	13.63	25.77	43.42
从上游供应商占用总资金	12.66	15.60	4.98	6.50
三元	2011年	2012年	2013年	2014年
应付票据期末余额	0	0.03	0.01	0
应付账款期末余额	2.73	3.34	3.86	5.05
预付账款期末余额	0.59	0.56	1.01	0.66
存货期末余额	2.56	2.53	3.6	5.24
从上游供应商占用总资金	-0.42	0.28	-0.74	-0.85
光明	2011年	2012年	2013年	2014年
应付票据期末余额	0.13	0	0	0
应付账款期末余额	11.39	13.79	19.99	20.53
预付账款期末余额	1.83	2.25	6.03	3.97
存货期末余额	10.99	10.16	15.01	20.31
从上游供应商占用总资金	-1.30	1.38	-1.05	-3.75

从表3可以看出，伊利集团的竞争力是呈上升趋势的，且在2012年、2013年两年间的购买力较好，占用大量资金来用于自身发展。而蒙牛集团在2011年、2012年两年间的竞争力很强，但是在2012年为一个转折点，2013年急剧下降，与公司的经营活动与策略有关。三元基本上不受竞争环境的影响，而光明集团和上游供应商属于相互作用的关系，忽大忽小，对价格不具有完全控制的能力，2011年、2013年供应商提高价格或者缩短付款期限而占用企业资金，2012年企业降低购买价格而占用供应商的资金。总的来说，在买方市场的环境下，不利于供应商的发展，三元和光明在这种环境下不具有明显的发展优势，其与伊利和蒙牛在与供应商的讨价还价能力和销售政策方面存在不足。对于2014年来说，除蒙牛集团外，其他三家公司占用来自供应商处的资金数量都有所下降，尤其是伊利集团，急速下降，可能与蒙牛集团的实力增强有密切关系。

3. 母公司与合并报表分析

本文分析的四家乳制品公司均属于集团公司，由母公司、子公司、联营公司等组成，所以分析这四家公司的报表，除了要做好分析合并财务报表之外，母公司的财务数据在分析中也会起到十分重大的作用。下面估计乳制品行业四家上市公司母公司与合并之后的企业在控制资源方面的差额，大致计算控制性投资总额的增量，是指母公司对子公司投资增加的资金。

控制性投资总额的增量 = 母公司控制性投资 - 合并报表控制性投资

以2014年各公司的财务报表为基础分析数据。

首先选取伊利为例，母公司的个别财务报表与合并财务报表中的控制性投资分别为289.4亿元和394.9亿元，控制性投资总额的增加为两者之间的差额，为105.5亿元，也就是子公司的总资产。伊利集团财务报表中的对子公司的投资包括三项，分别是长期股权投资和其他应收款、预付款项，母公司伊利集团的财务报表中，三者总投资为158.34亿元，即母公司伊利集团用158.34亿元的投资换来子公司的总资产增加105.5亿元。

其次选取蒙牛集团为例，蒙牛集团母公司的财务报表与合并后财务报表中对子公司的投资分别为198.05亿元和470.72亿元，控制性投资总额的增加为两者之间的差额，为272.67亿元，也就是子公司的总资产。母公司蒙牛集团财务报表中的对子公司的投资包括三项，分别是应收子公司款项、对子公司的投资和来自子公司的贷款，三者总投资为146.29亿元，即母公司蒙牛仅用146.29亿元的投资就换来了子公司272.67亿元的增量资产。

再次选取三元为例，三元母公司的个别财务报表与合并财务报表中的控制性投资为39.22亿元和41.8亿元，控制性投资总额的增加为两者之间的差额，为2.58亿元，也就是子公司的总资产。母公司三元公司财务报表中的对子公司的投资包括三项，分别是应收子公司款项、对子公司的投资和来自子公司的贷款，三者总投资为21.37亿元，即母公司三元用21.37亿元投资才获得子公司2.58亿元的增量资产。

最后选取光明集团为例，光明集团母公司的财务报表与合并后财务报表中对子公司的投资分别为94亿元和128.8亿元，控制性投资总额的增加为两者之间的差额，为34.8亿元。母公司光明个别财务报表中投资子公司的项目包括长期股权投资、其他应收款、预付款项，三者总投资为24.6亿元，即母公司光明利用24.6亿元的投资得到子公司的总资产34.8亿元的增长幅度。

对上述的数据分析进行总结：母公司伊利公司对子公司进行投资后，资源增加不多，合并前后的差异不大；母公司蒙牛公司对子公司进行投资后，资源成倍增加，合并前后的差异很大，合并结果很理想；母公司三元公司合并后虽然总资产有所增加，但是增长幅度极小，所以对于是否继续进行子公司的投资应慎重考虑；母公司光明公司对子公司进行投资后，资源也有一定的增加，所以应该保留子公司。分析得出，伊利和三元的付出多，回报少，而蒙牛、光明付出的少，得到的回报多，前两家公司应适当地调整投资方向，使得投资更加有效。

四、我国乳制品行业上市公司的利润分析

1. 我国乳制品行业的利润结构质量分析

（1）伊利集团合并财务报表中与利润有关的部分数据，见表4。

表4 2011—2014年伊利集团部分利润表　　（单位：亿元）

年份	2011	2012	2013	2014
核心利润	15.2	16	25.6	39.8
净利润	18.3	17.4	32.0	41.7
营业外收入	4.2	5.0	4.4	4.6
投资收益	2.5	0.3	1.3	1.1

从2011—2014年的四年间，伊利集团的核心收入为主营业务收入，其核心利润是由日常经营活动产生的，它们占据核心收入的主要地位，而营业外收入和投资收益是非日常经营活动产生的。从表4中可以看出，伊利集团的核心利润在逐年增加，但是净利润在2012年有所下滑，同时使得投资收益也有所下降，原因有可能是由于当年的经济影响因素，发展受到限制，证券市场处于低落状态。2013年，经济气象好转，企业经营活动正常，伊利获得了高额的净利润，并且投资收益也出现了较大增长。2014年，核心收入占总收入的比重越来越大，也就是说企业的大部分收入均源于核心产品的销售，依靠营业外收入和投资收益的能力减弱。虽然说，制造业企业的核心利润对于净利润的影响较大，但是作为以盈利为目的的企业，对于利用资本、投资等其他收入也越来越重视，营业外收入在企业收入中的占比虽然相对较少，但是对于企业发展有着深远的影响，从另一个角度来说也影响到了企业的净利润。但是营业外收入基本上来自政府补助和投资，它们产生的利润具有不可预见性和不稳定性，会使利润忽高忽低。

（2）蒙牛集团合并财务报表中与利润相关的部分数据，见表5。

表5 2011—2014年蒙牛集团部分利润表　　（单位：亿元）

年份	2011	2012	2013	2014
核心利润	19.1	16.2	18.4	26.9
净利润	17.8	14.9	18.6	26.9

从2011—2014年的四年间，蒙牛集团的核心收入为主营业务收入；蒙

牛在四年间的核心利润基本上可以说就是等于净利润,通过对蒙牛集团经营资产和投资资产的对比分析,可以发现蒙牛集团的投资资产占比极小,由此可以推断出蒙牛集团获得政府的补助和投资获得的收益的数量极少。从2011—2012年,蒙牛集团的核心利润都高于净利润,这表明企业的主营产品在市场上有很强的竞争力,企业发展处于成熟期。而到了2013年蒙牛集团的核心利润开始小于净利润,在市场和产品均为发生较大变故的情况下,这表明了与蒙牛2013年度非日常活动产生的支出息息相关。2014年度,蒙牛集团的核心利润与净利润相同,说明了该公司正处于持续经营的状态。通过与伊利集团在2012年度的利润表的对比,两家公司的核心利润与净利润都出现了同时下降,二者趋势相似,这样就可以更加确定的认为,2012年度利润的下降是由于当时宏观的市场环境不利于企业发展造成的。

(3) 三元集团合并财务报表中与利润相关的部分数据,见表6。

表6　2011—2014年三元集团部分利润表　　　　（单位:亿元）

年份	2011	2012	2013	2014
核心利润	-1.5	-1.4	-2.8	-1.0
净利润	0.2	0.04	-2.9	0.4
营业外收入	0.1	0.8	0.2	3.2
投资收益	0.1	0.9	0.5	-0.3

从企业的利润表中不难看出:在2011—2014年四年中,三元集团的核心利润均为负值,并且公司净利润非常低,甚至在2013年度出现了负值。这说明在这四年期间,三元集团的主营业务开展的并不顺利,企业的产品并未受到市场的认可,销路不佳,无法为企业带来利润。从表6中可知,三元集团的非主营收入在企业生产经营活动中有着非常重要的意义,营业外收入和投资收益在一定程度上为企业的盈利出一份力,尤其是在2014年,营业外收入达到了3.2亿元,使得企业净利润由负变正,对企业的作用非常大。但是它们毕竟是非常规性项目,如果该企业不能通过主营业务收入的增加来获取核心利润,仅仅依靠这些项目而维持企业的运转,获取

微薄的净利,那么企业将处于倒闭的边缘。三元集团应从根本上分析上述情况发生的原因,通过市场分析和产品更新,努力解决该问题。

三元食品在近三年核心利润为负值,具体分析思路如下:

①三元集团的产品销售收入若按照地区来划分,其主要来自于北京当地的销售,占到全国产品销售的48%以上,而北京以外地区产品的销售总额才占52%。由此不难看出,目前三元集团面临的一个重要的问题就是产品销售市场的局限性,这是造成企业核心利润低下的一个重要原因,并且由于同行业其他公司的进入,公司在北京地区的市场份额正在不断地被压缩,逐步下降。

②从2011—2014年四年的数据来看,三元集团的核心利润始终为负值,公司的发展并没有起色,而净利润也在零上下浮动。企业利润较低的原因,一是主业发展不好,取得的市场份额比例较低,市场开辟范围小,产品无法满足需求者的多样性,在价格竞争的当期,收入低成本高使得企业没有较好的收益;二是由于产品收入的减少,企业难以负担较高的成本。若是因为价格过低而导致的利润下降,说明三元集团在与其他公司价格战处中处于不利的地位,公司的产品无论是在价格还是质量上都无法与其他的企业抗衡,在市场中的生存能力较差。也有可能是企业自身的经营管理出现了一系列问题,没有能够从公司内部做好资源配置和成本控制,导致了公司各项成本的不断提升,造成了不必要的损失。

(4)光明集团合并财务报表中与利润相关的部分数据,见表7。

表7 2011—2014年光明集团部分利润表 (单位:亿元)

年份	2011	2012	2013	2014
核心利润	2.3	4.4	6.3	8.4
净利润	2.7	3.3	4.7	5.8
营业外收入	0.5	1.1	1.3	0.7
投资收益	0.06	0.05	0.2	0

从2011—2014年,光明集团的核心利润报表一直处于稳定增长的状态,净利润也随之不断增加。不难看出,光明集团利润的增长代表着主营收入的增加,业务绩效较好,市场占有率较高,产品受消费者欢迎,企业

处于稳中有升的状态。2011年的净利润大于核心利润，而在2012年、2013年、2014年三年间的净利润小于核心利润，这种差异是由于企业非日常活动的支出变化引起的。而光明集团的营业外收入作为收入的一部分，每年也保持在一个稳定的状态，与核心利润共同构成了净利润。根据以上分析，可以了解到从2011—2014年，光明集团的主营业务发展较好，企业产品认可度高，拥有一定的市场占有率，业务发展能力较强，企业收入和利润稳定增长，具有一定的市场竞争力。从2014年的利润可以看出，光明集团从非日常收入中获得的较少，发展以主营为核心的经营模式，收入的增长才会趋于稳定。

表8　2011—2014年乳制品行业四家上市公司的毛利率

年份	2011	2012	2013	2014
伊利	29.20%	29.70%	28.90%	32.50%
蒙牛	25.60%	24.90%	27.00%	30.80%
三元	21.20%	22.50%	21.30%	25.00%
光明	33.40%	35.10%	34.70%	34.60%

从表8可以看出，在2011—2014年，四家上市乳制品公司当中，毛利率最高的是光明集团，而最低的是三元集团。即使四家公司的销售毛利率不尽相同，从上述的计算结果得出，每家公司的毛利率的增长率都保持在了一个较平稳的态势。从增长率的角度来看，光明集团不仅毛利率最高，而且增长率也是相对最平稳的，剩余三家公司在2014年，毛利率涨幅很大，均大于3%，排除其他的可能性因素，最有可能的是与成本的下降有关。毛利率虽然可以代表公司在某个时段的收入与成本的对比，但是并不能完全说明该公司真正的盈利情况。

2. 杜邦分析（略）

五、我国乳制品行业上市公司的现金流量分析（略）

六、结论

在财务分析的过程中,除了运用传统的资产负债率、净资产收益率等财务比率之外,还需要从更多方面展开分析以对企业的持续经营能力进行全面的了解。在对资产负债表的分析中,需要考虑经营性资产与投资性资产的结构关系,以更好地了解企业的经营特点,另外要对上下游关系管理进行分析,以对企业的运营状况进行更深入的认识。在对利润表进行分析时,在关注企业盈利能力的同时,更要关注企业的盈利结构及其质量,以对未来的持续盈利能力做出更好的判断。对现金流量表进行分析时,要注重现金充足性和现金匹配性的分析。本文以我国乳制品行业的四家上市公司为例,从这些视角对这四家上市企业的经营状况进行了比较分析,很好地揭示了企业的财务状况、经营状况以及经营成果状况。

通过财务分析发现,伊利集团在目前国内乳制品行业中的比较优势相对明显,尤其是在经营、销售和存货处理等几个方面,其他的三家企业与之都有较大的差距。伊利集团对客户有很强的控制能力,通过占用客户资金用于本企业的发展,与供应商之间保持着不错的关系,尽量拖延付款,提高企业资金利用率。伊利集团的核心业务在2011—2014年的四年间发展集中且迅速,成本低,利润高,各项内部控制迎合企业的发展理念,然而伊利集团母公司对子公司的投资效果并不理想,投资回报并不能使公司满意。同时集团的现金资产也没有得到有效的利用,公司管理层只是将大量现金进行投资,取得了一定的投资回报,但是这种做法会不利于企业长期的发展,并且获得收入相对较低,也不足以支撑企业较长的时间。总体来讲,伊利集团的财务状况在上述分析的四家公司中是最好的,竞争力也比较强。

参考文献

[1] 2014年我国牛奶行业投资分析咨询 [EB/OL]. 中国报告大厅(www.Chinabgao.com). (2014 - 12 - 19) [2016 - 10 - 22]. 2 - 12.

[2] 林艳辉. 我国乳制品行业现状分析及对策研究 [J]. 中国畜牧杂志,2014 (3): 3 - 13.

[3] 李媛媛. 光明乳业财务战略研究 [D]. 武汉: 华中科技大学. 2012:

18-47.

[4] 高晶晶. 中国乳制品行业企业经营模式研究 [D]. 北京：中央民族大学, 2010: 20-30.

[5] 薛雅楠. 伊利股份持续竞争优势的价值分析 [D]. 武汉：湖北工业大学. 2011: 11-50.

[6] 马丽君, 王燕, 蒋澍. 论上市公司资本结构与公司绩效关系——基于我国乳制品行业的案例分析 [J]. 生产力研究, 2011 (6): 72-74.

[7] 周玉涛. 关于伊利和蒙牛的财务分析比较 [D]. 成都：西南交通大学. 2012: 3-37.

[8] 李亮亮. 中国乳制品产业发展问题研究 [D]. 济南：山东农业大学. 2007: 13-74.

[9] 栗昊. 我国著名乳制品企业盈利模式研究 [D]. 上海：华东师范大学. 2009: 6-63.

[10] 郑川. 中国乳制品行业竞争格局分析——基于波特五力分析模型的研究 [J]. 中国西部, 2014 (9): 110-114.

[11] 董敬宇. 伊利股份与蒙牛乳业公司价值比较分析 [D]. 武汉：华中科技大学. 2008 (4): 9-59.

[12] 沈笛. 乳制品供应链质量管理研究 [D]. 沈阳：东北财经大学. 2012: 19-42.

[13] 宁珊珊. 利润质量对企业价值影响的研究 [D]. 石家庄：河北经贸大学. 2014: 12-34.

[14] 张勋. 利润质量分析体系研究 [D]. 北京：对外经济贸易大学. 2006: 13-39.

[15] 李晓菁. 企业财务质量分析研究 [D]. 厦门：厦门大学. 2007: 18-58.

[16] 邵传鹏. 基于利润质量的企业竞争战略透视研究 [D]. 兰州：兰州大学. 2010: 11-45.

[17] 王彦肖. 我国上市公司现金流量内在关系研究 [D]. 杭州：浙江大学. 2006.

[18] 张新民. 资产负债表——从要素到战略 [J]. 会计研究, 2014 (6): 19-28.

[19] 祝继高, 王钰, 张新民. 母公司经营模式、合并——母公司报表盈余

信息与决策有用性 [J]. 南开管理评论, 2014 (3): 84 - 93.

[20] 张慧敏, 李婧. 资产质量评价研究综述 [J]. 财会通讯, 2013 (5): 39 - 41.

[21] Pantelis Longinidis, Michael C, Georgiadis, Panagiotis Tsiakis. Integration of financial statement analysis in the optimal design and operation of supply chain networks [J]. Elsevier Journal, 2011 (29): 11 - 30.

上市证券公司的财务状况比较分析

施晓雪 李傲雪 宋 致 郑 玉 王 旭

(北京联合大学管理学院财务管理1401B班学生)

一、绪论

证券业是指从事证券发行和交易服务的专门行业,是证券市场的基本组成要素之一,主要由证券交易所、证券公司、证券协会及金融机构组成。并为双方证券交易提供服务,促使证券发行与流通高效地进行,并维持证券市场的运转秩序。

本文对十家上市的证券公司的财务状况做了分析,试图总结出证券业的财务状况。

二、十家证券公司的简介(略)

三、十家证券公司的财务状况分析

本文把十家证券公司的总体财务现状分析主要分为偿债能力分析、获利能力分析、营运能力分析和成长能力分析四个主要方面。

1. 偿债能力分析

偿债能力分析主要是运用债务偿还能力比率进行对比分析,而债务偿还能力比率是指债务和资产、净资产的关系,它反映企业偿付债务的能力。分析企业的偿债能力是为了确定该企业偿还债务本金与支付债务利息的能力。

具体的分析方法是通过财务报表中的数据来分析权益与资产之间的关系,分析不同权益之间的内在关系,计算出一系列的比率,通过这些数据,可以分析出企业的资本结构是否健全合理,评价企业的偿债能力。

(1)短期偿债能力分析

衡量短期偿债能力的指标有流动比率、速动比率等,本文选择了流动比率为主要指标。

流动比率可以反映企业短期偿债能力。企业能否偿还短期债务，要看有多少短期债务，以及有多少可变现偿债的流动资产。流动资产越多，短期债务越少，则偿债能力越强。流动比率是企业流动资产与流动负债的比值，其计算公式为：

$$流动比率 = 流动资产/流动负债$$

表1 十家证券公司的流动比率

	长江证券	国元证券	太平洋	东兴证券	锦龙股份	申万宏源	方正证券	光大证券	国投安信	中信证券
流动比率	0.34	3.37	0.02	3.42	1.23	23.46	20.04	0.49	1.37	6.63

分析表1可见，流动比率较高的有申万宏源和方正证券，其变现能力、偿债能力较强；较低的有长江证券、太平洋、光大证券，其资金流动性较差。

（2）长期偿债能力分析

衡量长期偿债能力的财务指标是资产负债率。资产负债率指的是企业年末的负债总额与资产总额的比率。其中最常依据资产负债率指标反映企业负债水平，即企业资产负债率越低，表明企业偿债能力越强，从而企业贷款越容易；反之亦然。

计算公式为：

$$资产负债率 = 负债总额/资产总额$$

表2 十家证券公司的资产负债率

	长江证券	国元证券	太平洋	东兴证券	锦龙股份	申万宏源	方正证券	光大证券	国投安信	中信证券
资产负债率	82.91%	72.35%	76.61%	81.44%	74.80%	86.27%	80.35%	78.47%	81.24%	76.99%

因为上述十家公司为金融行业的企业，所以资产负债率较高，体现了证券业的特色和特殊性。

2. 获利能力分析

获利是企业的本质，是企业最重要的经营目标，是企业生存和发展的物质基础，它不仅关系到企业所有者的利益，也是企业偿还债务的能力的重要来源。分析企业的财务状况，获利能力分析是必不可少的。获利能力分析主要是企业利润的能力及投资效益。我们选择了几个主要指标：销售净利率、ROE、ROA。

（1）销售净利率

销售净利率指的是净利润与销售收入净额的比率。其中最常依据销售利润率指标反映企业经营效率状况，即企业销售利润率越高，则表明企业从销售收入中获取利润能力越强；反之企业销售利润率越低，则表明企业从销售收入中获取利润能力越弱。

计算公式为：

$$销售净利率=净利润/销售收入净额$$

表3　十家证券公司的销售净利率

	长江证券	国元证券	太平洋	东兴证券	锦龙股份	申万宏源	方正证券	光大证券	国投安信	中信证券
销售净利率	41.10%	48.23%	41.30%	38.16%	31.15%	38.75%	49.14%	46.15%	25.34%	35.35%

由表3可以得出，这十家上市的证券公司的销售净利率较高，最低的国投安信也有25.34%，可见证券业从销售收入中获得利润的能力较强。

（2）ROE

ROE，净资产收益率。净资产收益率又称股东权益报酬率/净值报酬率/权益报酬率/权益利润率/净资产利润率，是净利润与平均股东权益的百分比，是公司税后利润除以净资产得到的百分比率，该指标反映股东权益的收益水平，用以衡量公司运用自有资本的效率。指标值越高，说明投资带来的收益越高。该指标体现了自有资本获得净收益的能力。其计算公式为：

$$ROE=净利润/净资产$$

表4　十家证券公司的净资产收益率（ROE）

	长江证券	国元证券	太平洋	东兴证券	锦龙股份	申万宏源	方正证券	光大证券	国投安信	中信证券
ROE	23.00%	14.90%	16.57%	17.03%	30.74%	19.96%	12.11%	23.67%	19.75%	16.63%

由表4可见，锦龙股份自有资本获得净收益的能力最高，方正证券自有资本获得净收益的能力最低。

(3) ROA

ROA，总资产报酬率，又称资产所得率，是指企业一定时期内获得的报酬总额与资产平均总额的比率。它表示企业包括净资产和负债在内的全部资产的总体获利能力，用以评价企业运用全部资产的总体获利能力，是评价企业资产运营效益的重要指标。表示企业全部资产获取收益的水平，全面反映了企业的获利能力和投入产出状况。通过对该指标的深入分析，可以增强各方面对企业资产经营的关注，促进企业提高单位资产的收益水平。一般情况下，企业可据此指标与市场资本利率进行比较，如果该指标大于市场利率，则表明企业可以充分利用财务杠杆，进行负债经营，获取尽可能多的收益。该指标越高，表明企业投入产出的水平越好，企业的资产运营越有效。其计算公式为：

$$ROA = EBIT/总资产$$

表5 十家证券公司的总资产报酬率（ROA）

	长江证券	国元证券	太平洋	东兴证券	锦龙股份	申万宏源	方正证券	光大证券	国投安信	中信证券
ROA	4.42%	5.05%	4.25%	7.83%	7.83%	3.36%	2.92%	5.00%	8.70%	4.42%

由表5可知，太平洋、东兴证券及锦龙股份ROA较高，其投入产出的水平高，企业的资产运营有效；方正证券及申万宏源ROA较低，资产运营相对较差。

3. 营运能力分析

企业的营运能力是通过企业的资金周转状况表现出来的。资金周转状况良好，说明企业经营管理水平高，资金利益效率高。分析企业营运能力的指标有总资产周转率、应收账款周转率和存货周转率等，因所列企业有不少计算应收账款周转率信息缺失且证券业存货较少，故选择了总资产周转率作为营运能力分析的主要指标。

总资产周转率指的是一定时期内主营业务收入净额与平均资产总额之间的比率，其中最常依据总资产周转率指标反映企业资产营运效率状况。

计算公式如下：

总资产周转率 = 销售收入/平均资产总额

表 6　十家证券公司的总资产周转率

	长江证券	国元证券	太平洋	东兴证券	锦龙股份	申万宏源	方正证券	光大证券	国投安信	中信证券
总资产周转率	7.98	7.96	8.05	7.32	14.75	6.20	4.52	8.41	12.64	9.09

由表 6 可知，锦龙股份和国投安信总资产周转率较快，其销售能力较强；申万宏源、方正证券总资产周转率较慢，其销售能力较弱。

4. 成长能力

成长能力分析方面我们选取了净利润增长率作为主要指标。

净利润是指利润总额减所得税后的余额，是当年实现的可供出资人（股东）分配的净收益，也称为税后利润。它是一个企业经营的最终成果，净利润多，企业的经营效益就好；净利润少，企业的经营效益就差，它是衡量一个企业经营效益的重要指标。

净利润的多寡取决于两个因素，一是利润总额，二是所得税。企业所得税等于当期应纳税所得额乘以企业所得税税率。我国现行的企业所得税税率为 25%，对符合国家政策规定条件的企业，可享受企业所得税优惠，如高科技企业所得税税率为 15%。

净利润增长率代表企业当期净利润比上期净利润的增长幅度，指标值越大，代表企业盈利能力越强。

表 7　十家证券公司的净利润增长率

	长江证券	国元证券	太平洋	东兴证券	锦龙股份
净利润增长率	104.84%	102.97%	108.54%	96.42%	136.12%
	申万宏源	方正证券	光大证券	国投安信	中信证券
净利润增长率	157.55%	182.29%	269.70%	404.73%	74.64%

由此可见，太平洋和光大证券的净利润增长率较高，企业盈利能力强；中信证券及东兴证券净利润增长率较低，企业盈利能力较弱。

学生研究论文

中小企业集合债发展综述

夏利娟

(北京联合大学管理学院会计1202B班学生)

摘要： 通过研读国内外各学者关于中小企业集合债的有关资料，对现有研究进行归纳与分析概括，最终提出自己基于诸多研究上的见解。

关键词： 集合债　融资困难原因分析　政府支持参与　融资担保　融资成本问题　完善措施　融资成本分配新研究

一、引言

中小企业融资问题一直以来是制约我国企业发展的重要因素，自2007年中小企业集合债出现以后在一定程度上解决了中小企业的融资成本问题，所以中小企业集合债成为近年来诸多学者热衷研究的对象。

这些文献一般从融资困难原因分析、政府支持参与、融资担保、融资成本问题、融资成本分配新研究和针对相应问题提出的完善措施等方面进行研究论述。本文将对国内外学者的研究进行归纳概括，再分析论述。

二、融资困难原因分析

中小企业融资困难的最重要的一个原因是中小企业信用等级低，所以银行不愿意贷款给中小企业，这一点国内外学者从不同理论上得到证实，其中Fazzari和Athcy80年代后期的实证研究发现一些公司所受到的融资限制对其投资决策产生了重要影响，这份研究对于中小企业融资困难问题有很强的理论说服依据。伯杰和尤德尔（Berger & Udell）从与中小企业的地理距离、获取中小企业信贷的软信息、提供中小企业信贷所依赖的关系型贷款等方面进行了实证研究，证实在中小企业融资上的确存在"大银行障碍"假说。贾非和莫蒂利安尼（Jaffee & Modiliani）提出了价格歧视理论，从价格歧视理论上进一步证实一些中小企业受到信贷约束。在我国，林艳宏从上海中小企业进一步详细分析了银行不愿贷款给中小企业的原因，而这些原因也是大部分中小企业难从银行获得贷款的说明，具体来说是银行对企业信用等级要求太高，对于企业的财务状况、公司经营担保条件等要求太过苛刻，以及银行缺乏专门针对中小企业特点的信贷产品，当然企业自身也有一些问题。所以我们才要通过发行集合债来进行融资。

三、政府支持参与

中小企业要发展要解决融资问题，必然离不开政府的支持。而西方发达国家经过长期摸索和实践，已经形成了相对较为成熟的解决中小企业融资问题的制度，基于这一点，李彬在其论文中认真研究分析了西方诸多发达国家以及日本韩国在解决中小企业融资发展问题上制定的措施，最后借鉴国外关于中小企业融资方面的经验和我国在中小企业集合债发行中遇到的问题逐一进行分析，从法律制度方面着手尝试性地提出相应的适应我国中小企业发展的基本制度。具体来说，要发展我国中小企业集合债应当得到一些财税政策方面的相应支持，所以林洲钰与林汉川在研究分析中小企业集合债现状的基础上，提出了促进我国中小企业集合债发展的财税政策取向。并详细地从财政资金的支持体、突出人力资本投资的税收优惠、清费立税、改环保费为资源保护税、改社保费为社会保障税，清理各项行政性收费、维护中小企业的合法经济权益等方面来描述。但政府过多的干预可能会影响中小企业集合债的发展，因此金丹、张国亮在研究近年来中小企业集合债发展与政府之间的关系后指出政府要做正确的定位，并提出政府应仅作为中小企业集合债券的协调者发挥作用。

所以，目前学者的观点基本上是政府应当制定相应具体的财税等制度措施来促进中小企业集合债的发展，但政府不能进行过多干预，而仅仅以一个参与者的身份对中小企业集合债的发展发挥协调作用。

四、融资担保

担保问题是制约中小企业集合债券发展的重要因素，它在一定程度上决定了集合债券能否成功发行，因此，融资担保问题是我们不可忽视的。李彬通过研究美国、韩国、日本等国家的担保措施并结合我国的中小企业实况，提出了组成中小企业信用互助协会并发展和完善中小企业担保机制相关的制度与法律法规两项措施来解决融资担保问题。盛勇和何雷都对具体的集合债券（常州中小企业集合债券和大连中小企业集合债券）担保问题进行分析，两者最后使用国有集团提供担保（常州在常州市政府的协调下由常州投资有限公司进行担保；大连在大连市政府的协调下，大连港集团有限公司为本次集合债券进行担保）。陈思超分析了银行担保模式、大型企业担保模式和集合担保模式这三种担保模式的不足和实行效果后，拟设计由"上下游大型企业提供一级担保，若干专业担保公司集合提供二级担保，地方政府设立风险补偿基金对担保公司提供三级担保支持"的中小企业集合债券融资多级担保模式。肖扬结合国内外相关资料进一步分析了信用担保的障碍性，以此提出强化集合债券发行中政府的服务支持功能，政府参与担保，以及中小企业自身增强内部信用评级等方式来解决担保问题。甘信芳分析了传统担保模式的弊端及缺陷，引入第四方并提出了桥隧模式。

五、融资成本问题

中小企业发行集合债券是"捆绑"发行，那么他们的融资成本就成了我们必须关注的问题。目前研究中小企业融资成本问题的文献很多，Modigliani and Miller 研究分析了企业的债权融资和股权融资的成本对公司的影响，薛威基于此进一步研究了中小企业集合债券的成本困境，并提出制约中小企业集合债发展的主要问题是直接成本。郝春妹结合韩国 P – CBO 信用与我国进行分析比较，研究了我国集合债券的成本问题。

六、完善措施

既然中小企业集合债现在依旧有很多问题，我们就应当根据问题提出相应的完善措施，让中小企业集合债券更好地为中小企业融资进行服务。

林洲钰和郭巍在总结中小企业集合债券主要特征的基础上，从组织依托、体系创新和关系维度三个层面提出了相应的完善对策；Paul Cook 在对发展中国家的中小企业的研究中，发现发展中国家的中小企业因为缺乏可供抵押的固定资产、缺乏可靠的信用记录以及高昂的债权融资成本,因此提出尽可能提高中小企业自身信用等级这一措施;而薛威分析了中小企业在直接成本和间接成本中主要是受间接成本的制约,因此他认为应当发行私募集合债以及采用资产证券化(ABS)模式,从而为中小企业提供"分摊风险、降低成本"的融资方式。周颖采用线性回归模型分析了影响中小企业集合债券融资效率的因素,并从中小企业集合债券的本身产品设计及市场环境配套建设方面来提出其将来的优化发展对策。运用相关金融理论和数理模型,论证了小企业集合债券融资的可行性和违约概率问题以及集合债券的运作机制,最后着重从通过国家政策的大力支持,地方政府的组织协调,加强中小企业集合债券违约风险度量与控制机制等政策方面提出了相应的完善措施。胡汉英主要分析了中小企业集合债的风险度量与风险控制,并提出中小企业信用风险防范与控制的完善措施。喻鑫通过对我国中小企业集合债的现状和实际运作进行分析,最后通过增级制度、扩大发债主体等方面提出完善措施。

七、融资成本分配新研究

尽管研究中小企业融资债券的文章很多,但是对中小企业集合债券的融资成本分配问题却鲜有研究与分析,然而要解决中小企业的集合债券融资成本问题这却是不可忽视的问题。现有的分配方式也就是按照发行额度占总规模比例分配的方案并没有考虑到其他因素(如信用评级,风险因素等),因此并不是十分合理的。我们基于国内外学者的研究综合考虑分析发行额度、信用评级以及信用风险等因素将进行中小企业集合债券融资成本分配的研究。

参考文献

[1] 杨安华. 中小企业集合债券的市场有效性研究 [J]. 统计与决策, 2010 (20): 16 – 18.

[2] 周颖. 中小企业集合债券的关键特征对其融资和推动中小企业集合债券产品的启示 [J]. 管理工程学报, 2013 (6): 25 – 26.

[3] 林洲钰. 我国中小企业集合债融资模式与完善对策研究 [J]. 管理前沿, 2009 (6): 10 – 12.

互联网金融产融结合模式比较研究

刘乐乐[1]　徐　鲲[2]

(1 北京联合大学管理学院财务管理 1201B 班学生；
2 北京联合大学管理学院金融与会计系)

摘要：近年来，互联网金融在我国迅速发展，成为我国经济发展的重要推动力量。依托于不同的产业背景，产融结合呈现出不同的特点，本文将以现状入手，对比分析几种不同的互联网金融产融结合模式，并对于即将涉足产融结合模式的企业提出可行性建议。

关键词：互联网金融　产融结合的比较分析　建议

一、引言

由于互联网金融产融结合在国内迅速兴起，所以它们成为国内主要研究的课题之一。学者对于互联网金融问题的研究主要集中在风险监管（杨东，2015；杨波，2014）、小微企业融资（刘琪，2015；宋慧中、于松涛，2015）以及对传统银行的影响（袁博，2013），等等。而本文是以产融结合的现状为切入点，比较分析几种不同模式的产融结合，通过实际案例对于各模式企业提出建议。

二、互联网金融背景下产融结合模式的发展现状

（一）互联网金融背景下产融结合模式的发展现状

我国互联网金融产融结合的发展大致分为三个阶段。第一阶段是在 2005 年以前，产融结合主要体现在互联网为金融机构提供一定的技术支持，帮助银行将"业务带到网上"，还没有出现真正意义上的互联网金融状态。第二阶段是 2005 年后，网络借贷在我国萌芽，第三方支付逐渐发展起来，产融结合开始从技术领域深入到金融业务领域。这一阶段的标志性事件是 2011 年人民银行开始发放第三方支付牌照，第三方支付机构进入了

规范发展的轨道。第三阶段的标志性事件是 2013 年被称为"互联网金融年",这一年是互联网金融迅猛发展,之后 P2P 网络借贷平台也快速发展,众筹融资平台起步,第一家专业网络保险公司获批,一些银行、券商也以互联网为依托,对业务模式进行重组改造,加速建设线上创新性平台,互联网金融的发展进入新的阶段。产融结合经过上一阶段的酝酿,同样也在这个阶段蓬勃发展起来,很多实体经济产业开始向金融领域靠拢,如海尔等集团开展金融贷款服务,而很多金融领域也在发展实体经济,如建行的善融商务。

(二)互联网金融背景下产融结合在发展过程中存在的问题

1. 监管不足风险

中国资本市场上学派众多,而且各个学派又大多控制相关的金融机构,这其实在实际上已经可以被称为类金融控股公司,既由产业资本控制金融资本而形成的金融控股公司,但是由于这类产业资本往往通过关联公司等比较隐蔽的手段来形成控制关系。更重要的是我国目前在金融监管体制上,仍然没有对这类金融控股公司形成有效的监管或制约。因为,从监管的角度来说,最大的难度就是无法确定究竟谁是金融控股公司的最终控股人,这就存在监管空白。

2. 产融结合使企业资产虚拟化并且风险会互相渗透

企业集团借助于财务公司,能够充分利用股权上的关联性和金融杠杆效应,运用少量的资金却控制数倍于自身的资本交易。但是,产融结合后,金融工具的高盈利性会诱导公司将资产虚拟化,涉足一些不应涉足的领域。企业可能会将其从资本市场上募集的资本,通过财务公司用于购置大量金融资产,从而使整个资本的经营资产虚拟化。杠杆工具的充分利用,一方面会为企业带来高额的利润;另一方面会削弱企业的核心竞争力,并加大企业的财务风险。

金融机构与企业相互参股使得产融关系由外部化转为内部化,与上市公司存在股权关系的券商可以更快捷地获取内幕消息。其次,产融结合为金融企业和工商企业把金融风险和产业风险向实业领域和金融领域转嫁提供了方便,进一步扩大了金融风险。

3. 产融结合经营业务风险

产业的发展模式与金融的发展模式有所差异,在产业向金融投资过程中,企业也从传统的产业经营涉入金融经营领域,相关专业、知识人才、法律法规等方面欠缺,企业文化、员工意识等方面的差异,将直接影响产融结合的成败,也直接影响企业的整体运营。

三、互联网金融背景下产融结合模式比较分析

(一)阿里巴巴产融结合模式分析

1. 阿里巴巴集团产融结合发展现状

阿里巴巴集团主要提供多元化、专业化的电商服务,十几年来,阿里巴巴集团建立了完善的电子商务产业链,包括国内、国际贸易的 B2B 网上交易平台(阿里巴巴网络有限公司)、支付平台(支付宝)、网上零售平台(淘宝和天猫)、网上购物搜索引擎(一淘)、以数据为中心的云计算服务(阿里云计算)。为了配合全面挺进金融领域的发展战略,2014 年 10 月 16 日,小微金融服务集团以蚂蚁金融服务集团的名义正式成立,旗下业务包括支付宝、支付宝钱包、余额宝、招财宝、蚂蚁小贷和网商银行(筹)等。2015 年 5 月,将筹备上线股权众筹平台,并将其命名为"蚂蚁达客"。2015 年 9 月 14 日蚂蚁金服拟投资入股国泰金控(台湾)在中国大陆的全资财险子公司国泰财产保险有限责任公司(国泰产险)。交易完成后,蚂蚁金服将成为国泰产险控股股东,国泰金控(台湾)将作为战略股东。

2. 阿里巴巴集团产融结合发展模式

研究阿里巴巴产融结合发展模式,我们以蚂蚁金服为例,在整个蚂蚁金服的业务体系中,支付、理财、融资、保险等业务板块将为用户提供一站式金融服务,同时,也为阿里巴巴其他网站,如天猫、淘宝等提供支付信用保障,是产融结合中比较成功的尝试。

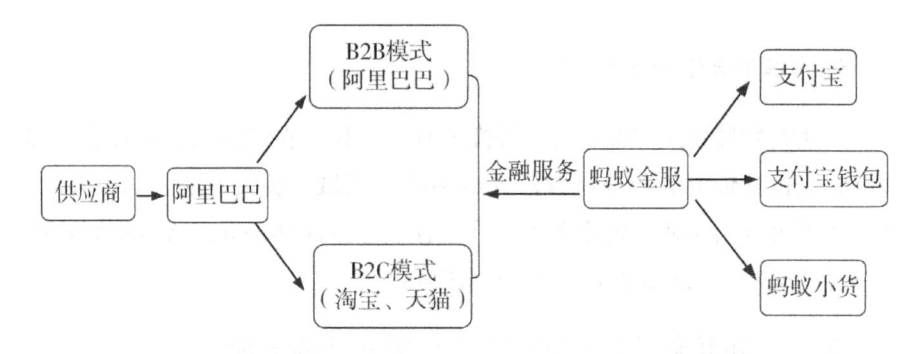

图1　蚂蚁金服运作流程

（二）善融商务产融结合模式分析

1. 中国建设银行善融商务产融结合发展现状

善融商务是中国建设银行于2010年下半年推出的以专业化金融服务为依托直接面向有电子商务需求客户的电子商务金融服务平台。它以银行为背景，积累了丰富的金融产品服务和风险控制管理经验，它有强大的资金链和独特的分期付款方式。同时，还利用建行遍布全国城市的物理网点、庞大的对公和个人客户资源及客户管理团队开展营销推广。建行通过"善融商务"引导商户把既有的金融业务从线下转到线上，为买卖方提供支付结算、托管、担保、融资服务，赚贷款利息和手续费。但"善融商务"现有知名度和客户认可度较低，缺乏系统化的平台、目标市场和核心价值定位，为市场拓展带来一定难度。它还缺乏运营经验（如仓储、物流、营销管理、供应链管理、数据分析等）、创新文化氛围和专业的互联网电商人才。

2. 中国建设银行善融商务产融结合发展模式

中国建设银行善融商务产融结合主要包括两种模式，一是网上商城B2B模式；二是线上金融。

（1）网上商城B2B模式

"善融商务企业商城"定位为独立B2B平台，面向企业用户。主要是专业市场为主导的，同时还有知名品牌商品制造商、授权代理商及专营零售商。特点是以批发经营为主，兼营零售；以现货交易为主，远期合同交易为辅。涉及行业包括原材料、工业品、服装服饰、家居百货、皮具皮革等。专业市场管理模式包括专业市场管理方管理模式和银行管理模式。专业市场管理方管理模式适合紧密型无平台的市场；银行管理模式适合松散型市场。发展专业市场的目标不仅仅是专业市场上线，确保市场内绝大多数商户上线进行交易。

"善融商务个人商城"目前共出售服饰、箱包、图书、电器等 14 个品类的商品。其采用模式是通过加盟商家向消费者提供产品，目前共有 218 家店铺入驻个人商城。如海尔集团、银泰百货、美孚、壳牌、深特汽配、玫瑰人生等知名品牌厂家直接入驻。消费者在购买商品的时候可以直接实现分期支付或者申请贷款支付，也可采用信用卡积分兑换券进行支付。

（2）线上金融

善融商务企业商城（B2B）的融资贷款服务产品比较丰富，包括网络联贷联保、网络大买家供应商融资、网络速贷通、e 点通等，客户可以线上提交贷款申请、查询贷款审批进度等，既方便又实用。善融商务个人金融服务方面，客户不仅可享受无抵押小额贷款，还可申请个人质押贷款，在线完成贷款申请、支用、查询等，就连房屋买卖、自主交易、住房贷款等也都可在"善融商务"完成。此外，"善融商务"还提供了信用卡分期、贷款支付等多种支付方式，同时通过信用卡分期低利息、个人融资商户贴息等模式降低了客户的融资成本。

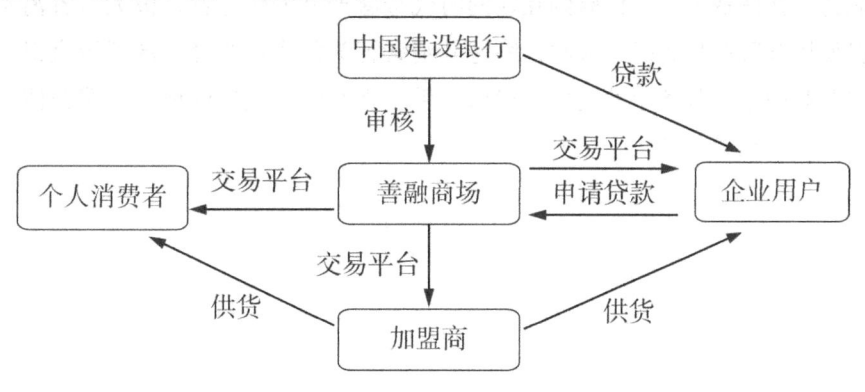

图 2　线上金融运作

(三) 腾讯集团产融结合模式分析

1. 腾讯集团产融结合发展现状

2014年12月28日,"深圳前海微众银行股份有限公司"的微众银行官网面世,成为中国第一家上线的互联网银行。微众网络银行的最大优势在于其依托腾讯社交平台上积累的客户量和大数据,这是传统银行不具备的。2014年12月16日,微众银行获银监批复,成为国内首家开业的纯网络银行。在这家银行上,微众银行对外的说法一致是以"普惠金融为目标,个存小贷为特色,数据科技为抓手,同业合作为依托",因此微众银行此前计划"不设分支机构",业务通过互联网模式进行,但最终"线上"与"线下"结合成了现实选择。在放贷方面,以微粒贷为例,微粒贷接上几家银行,包括招商银行和上海银行,采取联合贷款的形式,真正放贷的主体不是微粒贷,是其合作银行。

2. 腾讯集团产融结合发展模式

该运作模式是依托互联网平台开展最具特色、最具引领金融潮流的互联网金融业务。以优信二手车为例,优信二手车是国内最大的二手车交易平台,此次与微众银行达成战略合作,以微众银行的信审机制和金融服务能力,让消费者能够体验到互联网时代金融产品的优越性,极大节省消费者使用金融产品的时间成本,缩短其消费行为的生活半径。基于微众银行在互联网金融服务上的支持,优信二手车将有能力更广泛地为消费群体提供二手车交易服务。

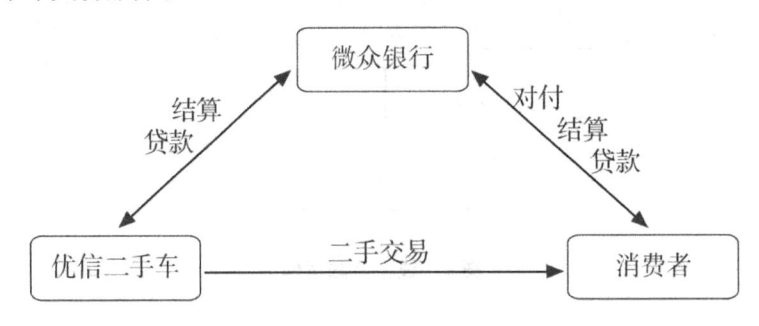

图3 优信二手车运作

(四)海尔集团产融结合模式分析

1. 海尔集团产融结合发展现状

海尔集团、海尔财务、红星美凯龙、绿城电商及中国创新支付大型企业集团共同发起成立了海尔消费金融有限公司,其产融结合创新模式是"以金融促进实体经济发展,实现'普惠金融'"。海尔消费金融秉承全新商业理念,以及"来自产业、服务产业"的精神,将消费者、商户、厂家和消费金融公司四方有机串联,形成紧密联系的产融结合的金融服务网。

目前,海尔消费金融已经推出海尔"0元购",即"零首付、零利息、零手续费"的零元购产品,自一月份该业务上线后便实现引爆增长,周业务量增幅高达549%,"0元购"商户快速拓展至3000家。同时,"0元购"使得客单价增幅50%~72%,截至2月底平均客单价为5450元,平均每单成交2.8台。

此外,海尔消费金融还针对海尔地产项目量身打造车位贷款服务,为有车位需求的业主提供无抵押消费分期贷款,即申请快速、放款高效、还款灵活的金融解决方案,从而促进地产项目的车位销售,加快财务回款速度,促进产业营销变革。

2015年,海尔消费金融还将进一步创新业务产品,在家装、教育、健康、旅游等更多消费领域,围绕用户居家生活,为消费者提供一站式、全方位的金融服务。

2. 海尔产融结合发展模式

供应商如国美等集团和海尔消费金融的合作方式是:消费者只需填写申请表,通过海尔消费金融网站审批就可以在店里直接申请消费贷款,这种产业和产业的消费金融自家合作的方式,让营销费用的效益发挥到极致,不仅解决了存货和资金流问题,还增加了销售又创新了营销模式,最终给消费者以最实在的优惠。

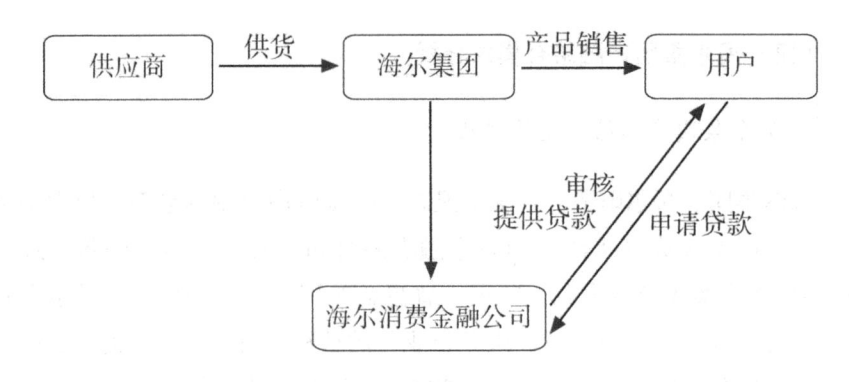

图4 海尔金融合作模式

(五) 产融结合模式比较分析

1. 金融创新力度

阿里巴巴作为电商行业的企业在涉足金融领域后，在创新方面应该说一直保持着互联网金融的领军地位。首先，阿里巴巴的"支付宝"成为如今网络购物新型的支付方式，而蚂蚁金服更是成为互联网金融中具有领头地位的金融服务机构；受商业银行传统业务和银行资本监管的影响，"善融商务"不能彻底地按照电子商务的特点进行产品和服务的创新，只是根据线上要求将线下产品稍作改变，并没有完全针对个人客户和企业客户的需求开发各自特有的金融产品和服务；只将业务流程的前半部分移植到网络，流程的中后段业务仍然是由线下网点各部门进行操作；除网络银行微众银行以外，腾讯公司旗下的微信也涉足金融领域，微信平台在涉足金融领域之后，同样不断努力进行金融创新，2013年招商银行联手微信推出了招行信用卡智能客服平台，目前，该平台已经正式上线。据介绍，绑定了招行信用卡的微信用户，除了可以通过招行信用卡微信客服方便快捷地办理信用卡申请、账单查询、个人资料修改等众多业务，还可以通过微信接收在招行信用卡上产生的所有交易信息。对于消费者而言，招行依托微信推出的智能客服平台的核心价值，全面颠覆传统的客服模式，持卡人只需关注招行信用卡公共微信账号就能完成大多数信用卡业务办理，即可省去传统客服预约、等待等烦琐的程序和时间；海尔集团做出了产业互联网金融的创新实践："互联网+金融"即海尔消费金融。伴随着市场和政策的双重利好，如何践行互联网金融，打造互联网金融O2O闭环成为重要的课题。

2. 金融服务保障

天雄投资现已全面升级阿里巴巴云服务为阿里巴巴金融云。阿里金融云服务是为金融行业量身定制的云计算服务，主要服务对象为银行、基金、保险、证券等金融行业机构，如天弘基金以及支付宝均采用阿里巴巴金融云服务。不仅如此，阿里巴巴还推出了升级版的信用保障体系，一项旨在提升贸易双方信任、便利买家与海外供应商进行贸易的措施。应该说，阿里巴巴的金融服务保障在这个行业也是领军的；依托于中国建设银行，善融商务在金融服务保障方面应该说是有信用的，除此之外，信用方面也是其他非金融机构所不能比的；腾讯集团的微众银行虽说是新型的网络银行，但是有很多银行与其合作，金融服务也是有保障的；海尔消费金融集团计划在未来三到五年，将金融业务覆盖到产业投资公司（基金）、财务公司、银行、证券、保险等金融行业，形成较完整的金融产业链，进一步开发融资租赁、消费信贷等业务，丰富金融产品，同时运用产业投资基金、上市公司等平台，开发直接投资、并购重组、上市安排等业务，促进海尔集团其他产业的发展。这样完整的链条将来定能为消费者提供有保障的金融服务。

3. 金融风险防控力度

对于蚂蚁金服来说，在整个业务体系中，支付、理财、融资、保险等业务板块仅是浮出水面的一小部分，真正支撑这些业务的则是水面之下的云计算、大数据和信用体系等底层平台。而以数据为基础的金融服务更是可以有效地防控金融风险；就善融商务来说，建行是中国老字号的银行，其对于金融风险的防控一定会优于由产业转向金融的集团；微众银行真正的风险点在于依据大数据建立的征信系统是否真实可靠，腾讯社交媒体积累的客户大数据用于征信的有效率有多高，赖以发放贷款的信用保障基础是否靠得住。如果没有完整健全的电子商务平台，其大数据失效的可能性很大，从而信用评级的真实性就会大打折扣，最终暴露的是金融风险，这可能是微众银行的最大风险点所在。遗憾的是，目前来讲，微众银行并未找到一种有效的防控金融风险的方式；对于海尔集团的消费金融公司来讲，海尔最早提出来要保证企业零风险，并清楚认识到零风险是理想状态，实际上是做不到的，因为有很多风险可以规避，很多风险可以转嫁，还有很多风险要去承受。后来实现风险的全面管控，就是因为海尔需要将"零风险"设定为最高目标，虽然一定会有风险存在，但是不能将风险变为无底洞。

四、针对互联网金融背景下产融结合发展的对策及建议

（一）对金融控股集团实施全面监管

我国的金融监管组织经历了先合后分的过程，现在又面临是否再合的选择。这里且不论监管组织的分合与监管制度的改革问题，先看看我国的监管目标是否在发生变化。因为监管制度的变化主要体现监管目标的变化。

（二）遵循正确的产融结合发展机理

目前我国产融结合的目的可以说比较明确，就是简单作为一种融资手段以支持产业资本快速发展中对资金的巨大需求。这也往往会导致上市公司被控制并承担着巨大的金融风险，从而使产业风险和金融风险互相结合，最终会使得产业资本和金融资本，由于高风险的结合极其脆弱，乃至使企业面临破产的风险。

（三）加强产融结合业务风险管理

首先，加强内部监控。从本质上讲产融结合业务会以金融服务为主，所以其风险仍然以金融风险为主。从事产融结合业务的机构应从强化内部组织机构和规章制度等方面来防范风险问题。第一，制定完善的业务操作规程；第二，不断充实内部科技力量，建立一支由专业技术人员组成的产融结合业务风险防范队伍。

其次，加快社会信用体系建设。社会信用体系越完善，信息不对称及市场选择风险越少，因此必须加快社会信用体系建设。具体做法是：以人民银行的企业和个人征信系统为基础，对非银行信用信息进行收集，建立全面、客观的产融结合业务机构信用评价体系，降低产融结合业务的不确定性，有效防止客户因信息不对称或者对机构不够了解而做出错误的选择。

参考文献

[1] 来吉泽. 中国互联网金融发展研究——以阿里巴巴集团为例 [D]. 长春：吉林大学，2014.

[2] 韩壮飞. 互联网金融发展研究——以阿里巴巴集团为例 [D]. 郑州：河南大学，2013.

[3] 安郦. 电子商务企业产融结合研究——以阿里巴巴为例 [J]. 国际商务财会，2014（6）：42-47.

[4] 陈薇薇，方华. 发展互联网金融的优势与隐患 [J]. 金融视线，2014（10）：85-86.

[5] 皮天雷，赵铁. 互联网金融：范畴和革新与展望 [J]. 财经科学，2014（6）：22-30.

[6] 陈一稀. 互联网金融的概念、现状与发展建议 [J]. 金融发展评论，2013（12）：126-131.

[7] 袁博，李永刚，张逸龙. 互联网金融发展对中国商业银行的影响及对策分析 [J]. 金融理论与实践，2013（12）：66-70.

[8] 陶娅娜. 互联网金融发展研究 [J]. 金融发展评论，2013（11）：58-73.

[9] 杨东. 互联网金融风险规制路径 [J]. 中国法学，2015（3）：80-93.

[10] 谢平，邹传伟，刘海二. 互联网金融监管的必要性与核心原则 [J]. 中国金融研究，2014（8）：3-9.

[11] 李二亮. 互联网金融经济学解析——基于阿里巴巴的案例研究 [J]. 中央财经大学学报，2015（2）：33-39.

[12] 刘琪. 互联网金融模式下我国小微企业融资新思考 [J]. 金融视线，2015（1）：67-69.

[13] 谢平，邹传伟. 互联网金融模式研究 [J]. 金融研究，2012（12）：11-22.

[14] 宋慧中，于松涛. 基于互联网金融的商业银行小微企业金融服务策略研究 [J]. 金融纵横，2015（4）：78-80.

[15] 方芳，李聪. 基于金融功能视角下的互联网金融的思考 [J]. 广东社会科学，2014（5）：29-33.

[16] 黄海龙. 基于于电商平台为核心的互联网金融研究 [J]. 上海金融，2013（8）：18-24.

[17] 杨波. 探讨我国互联网金融的风险及对策 [EB/OL]. (2014 - 11 - 27) [2016 - 10 - 21]. http: // www. Cnki. net/kcms/detail/14. 1188. D. 20141127. 0941. 026. html.

[18] 邵蓝洁. 腾讯要用 QQ 再造一个商业圈 [N]. 中国商报, 2014 - 11 - 06 (F02).

[19] 张美德, 杭一凡. 我国电子商务企业产融结合比较分析 [J]. 财经界, 2015 (3): 133 - 134.

[20] 许海霞, 赵鸿鑫, 雷茜. 我国互联网金融的发展现状问题及政策建议 [J]. 金融经济, 2016 (6): 3 - 6.

[21] 廖愉平. 我国互联网金融发展及其风险监管研究——以 P2P 平台、余额宝、第三方支付为例 [J]. 经济与管理, 2015 (2): 51 - 57.

[22] 赵昊燕. 我国互联网金融发展现状及对策研究 [J]. 经济与管理, 2013 (12): 175 - 176.

[23] 许莹黎. 互联网金融的发展现状及监管政策研究 [D]. 昆明: 云南大学, 2015.

[24] 王建宏, 王宪明, 赵晓明. 中国互联网金融发展的三大难题 [J]. 征信, 2015 (3): 6 - 11.

基于分类回归树的会计信息失真识别研究

霍欢欢[1]　鲍新中[2]

(1 北京联合大学管理学院 2015 级硕士研究生
2 北京联合大学管理学院金融与会计系)

摘要：会计信息失真现象将给投资者、政府、公司所有者等众多会计信息使用者带来很大的损失和麻烦。因此，科学地识别会计信息是否失真就很重要。本文选取 2014 年的 159 家上市公司的财务数据作为训练样本建立分类回归树模型，并以该模型对 2015 年沪深上市公司的 1862 家企业进行了检测，实证研究表明：分类回归树算法具有很高的会计信息失真识别能力。

关键词：分类回归树　会计信息失真　审计意见　财务指标

引　言

在我国证券投资市场飞速发展的今天，失真的会计信息可能给投资者带来巨大的经济损失，并且有些企业故意虚增资产或者调节利润，减少国家税收，造成国有资产流失。因此，寻找有效的识别会计信息失真的方法是非常必要的。国内外学者对会计信息失真识别方法的研究主要包括统计分析技术与利用特征指标变量的识别技术。其中通过选取特征指标变量来建立企业会计信息失真识别模型进行识别越来越多的得到采用，而识别技术也经历了线性到非线性、参数到非参数的发展历程。目前用来进行会计信息失真识别研究的技术主要有 L/W 模型、多元判别分析技术、Logistic 技术、人工神经网络技术等。本文要利用分类回归树算法来进行会计信息的识别，并通过实证研究证明其有效性和准确性。

一、文献综述

目前会计信息失真识别研究较多集中在两个方面：多元统计分析方法发现会计信息失真企业的特征和利用特征指标变量建立识别模型对企业会计信息失真的可能性进行识别和预测。国内外学者都基于这两类方法通过建立多种模型对会计信息失真问题进行了研究。

多元统计分析方法是被用来作为会计信息失真的侦测方法已经有较长的历史，并且取得了较好的识别效果。Summers 首先用描述统计方法选取了存在显著差异的 12 个数量指标，然后用层叠 Logistic 模型建立预测模型，预测准确度达到了 67%[1]。Bell 先用卡方检验选取会计信息失真企业和正常企业样本中存在显著差异的变量，然后用 Logistic 回归建立了判别模型[2]。Spathis 采用 Logistic 技术构建了财务欺诈识别模型，发现效果很好[3]。在国内学者中，陈国欣等从沪深两市上市公司中选取样本，并选取 16 个指标作为解释变量试图建立财务舞弊定量识别模型。回归结果表明盈利能力弱、管理层持股比例高、独立董事人数少以及没有出具标准无保留意见的上市公司舞弊的可能性更大，通过回归技术得到的模型总体识别正确率达 89.2%，预测效果显著[4]。

利用特征指标变量来建立会计信息识别模型的国内外研究在近年来得到了快速发展。Imran Kurt 等学者比较了分类回归树模型、Logistic 模型、神经网络在预测方面的作用，发现分类回归树算法具有很高的准确率[5]。Muhammad A. Razi 专门比较分析了神经网络、非线性回归、分类回归树模型三者的预测性能[6]。Belinna Bai 证明分类回归树模型对财务欺诈具有较高的识别能力[7]。国内学者中，刘君和王理平为了进行上市公司财务舞弊的识别，采用神经网络为工具，以 36 家上市公司的 144 组财务指标和股本结构指标为建模样本，并使用同期 16 家公司的 30 组指标作为检验样本建立了财务舞弊识别模型。经过对样本的训练和学习，分别取得了建模样本 88.7% 和检验样本 86.7% 的判正率，与一般使用线性模型来识别财务舞弊问题相比，提高了预测精度[8]。蔡志岳和吴世农以 2001—2005 年间的 192 家被认定为信息披露舞弊的 A 股上市公司及相应的 192 家配对公司为样本，基于财务指标和治理指标，分别运用 Logistic 回归分析和混合 BP 神经网络构建上市公司信息披露舞弊的预警模型。实证结果表明，治理指标有助于提高信息披露舞弊预警模型的有效性，混合 BP 神经网络模型的预测能力更强[9]。张玲等应用我国上市公司的财务报表数据，采用多元判别分析（MDA）技术和神经网络（ANN）技术对我国上市公司进行财务困境预警研究。实证结果显示这两种方法都具有较好的预测效果，其中 ANN 模型的短期预测效果优于 MDA 模型的预测效果，但无明显的优势[10]。张立彬等认为分类回归树是基于统计理论的非参数的识别技术，它具有非常强大的统计解析功能，对输入数据和预测数据的要求可以是不完整的，或者是复杂的浮点数运算。而且，数据处理后的结果所包含的规则明白易懂。因此，分类回归树已成为对特征数据进行建立统计解析模型的一个很好的方法[11]。

本文就是运用分类回归树算法来进行会计信息的识别，首先选取 2014 年的 159 家沪深上市公司的财务数据作为训练样本建立分类回归树模型，然后对 2015 年沪深上市公司的 1862 家企业利用建立的分类回归树模型进行检测，进一步证实利用分类回归树算法进行会计信息失真识别的有效性和准确性。

二、分类回归树的构建步骤

本文采用分类回归树算法从上市公司所提供的财务数据和会计信息中提取出有用的真实的会计信息，预测和防止会计信息现象给投资者、所有者以及其他相关各方带来巨大的损失。

分类回归树（Classification and Regression Trees，CRT）是分类数据挖掘算法的一种。在给定属性向量值 X 后，它可以灵活描述标签变量 Y 的条件分布。该模型基于二叉树将预测空间递归地划分为若干子集，Y 在这些子集上连续而均匀地分布。树种的叶节点对应着划分的不同区域，划分由与每个内部节点相关的分支规则确定。通过从树根移动到叶节点，一个预测样本就被赋予到一个唯一的叶节点，Y 在该节点上的条件分布也随之确定。和其他分类算法相同，分类回归树算法（CART）是一种有监督学习算法，即用户在使用 CART 进行预测之前，必须首先提供一个学习样本集对 CART 进行构建和评估，然后才能使用。CART 使用如下结构的学习样本集：

$$L = \{X_1, X_2, \cdots, X_m, Y\}$$
$$X_1 = (x_{11}, x_{12} \cdots, x_{1t_1}), \cdots, X_m = (x_{m1}, x_{m2} \cdots, x_{1t_n})$$
$$Y = (y_1, y_2, \cdots, y_k)$$

其中，$X_1 \sim X_m$ 成为属性向量，既可以为连续属性，也可以是离散属性；Y 成为标签向量，它们所包含属性值既可以是有序或连续的，也可以是离散的。

根据给定的样本集 L 构建分类回归树的步骤由以下三部分组成：

①使用 L 构建树 T_{max}，使得 T_{max} 中每个叶节点要么很小（节点内部所包含的样本个数小于给定的值 N_{min}），要么它是纯节点（节点内部样本的 Y 同属于一类）；要么是只有唯一的属性向量可以作为分支向量。本篇文章在计算过程中采取最大杂度削减算法——基尼系数寻找最佳的分支向量。如果集合 T 包含 N 个类别记录。那么系数就是：

$$Gini(T) = 1 - \sum_{i=1}^{N} P_j^2$$

如果集合 T 在 X 的前提条件下分成两个部分 N_1 和 N_2，那么这个分割基尼系数就是：

$$Gini_{split(X)}(T) = \frac{N_1}{N}Gini(T1) + \frac{N_2}{N}Gini(T2)$$

从根结点开始进行分割，递归地对每个结点重复进行分割：首先对每一个结点选择每个属性最优的分割点，若 $Gini_{split(X_i)} = min$，则 X_i 就是当前属性的最优分割点；接着在这些最优的分割点中选取使上式最小的作为这个结点的最优的分割规则；最后继续对由该结点分割出来的两个结点继续进行分割。分割过程一直持续下去，直到具备以下任一条件时停止：a) 每一个叶节点很小；b) 纯节点（节点内部样本的 T 属于同一个类别）；c) 仅有唯一属性向量作为分支选择。

②使用修剪算法构建一个有限的节点数目递减的有序子树序列。修剪是为了获得误分率低、大小合适、评估准确率高的子树。该过程应用最小代价—复杂度算法，生成一系列 T_max 的修剪子树 $\{T_k\}$：$T_1 > T_2 > T_3 > \cdots > T_k$（$T_k$ 为一棵以根和左右子树为叶节点的树）。修剪过程主要完成生成有序树序列和确定叶节点的所属类两步骤工作。其测度表示为：

$$R_\alpha(T) = R(T) + \alpha |T|$$

其中 $R_\alpha(T)$ 为该分类回归树加权错分率和对复杂度惩罚值之和的复合成本，α 为复杂度参数，$|T|$ 为该分类回归树叶节点的个数。本文中会计信息失真识别的分类回归树模型就是从产生的一系列子树中选择的最优分类回归树。

③使用评估算法从第 2 步产生的子树序列中选出一棵最优树，作为最终的决策树。本文将使用 2015 年所有沪深上市公司年度报告中的财务数据

进行对所建分类回归树的识别和评估。

三、基于分类回归树的会计信息识别实证研究

1. 样本选择

将上市公司年度审计报告中被出具标准无保留审计意见的公司划分为会计信息真实的企业样本，将年度审计报告中被出具非标准无保留审计意见的公司划分为会计信息失真的企业样本。本文的样本数据主要来自CCER中国经济金融数据库和RESSET金融研究数据库。

训练样本的选择中，会计信息失真的企业样本为沪深证券交易所2014年年报被出具非标准无保留意见的53家上市公司，其中上交所31家，深交所22家，具体审计意见包括保留意见、拒绝表示意见和保留意见带解释性说明。此外，训练样本中会计信息真实的企业样本为2014年沪深证券交易所中年报审计意见为标准无保留意见的106家上市公司，其中上交所62家，深交所44家。

测试样本的选择中，将用2015年沪深证券交易所的1862家上市公司作为测试样本，对所建立的分类回归树模型进行评估和检验，其中136家上市公司在年报中被出具了非标准无保留意见，即会计信息失真。综上所述，所选取的企业样本用表1描述如下。

表1 训练样本和测试样本统计表

类别	训练样本数量	训练样本百分比（%）	测试样本数量	训练样本百分比（%）
会计信息失真	53	33.33	136	7.30
会计信息真实	106	66.67	1726	92.70
合计	159	100	1862	100

2. 财务指标初选与处理

本文选择反映企业经营状况的财务指标来判定会计信息的失真。上市公司的会计信息失真主要反映在企业偿债能力、盈利能力、成长能力、营运能力等方面。因此，本文初步选取了一些常用的典型的可以反映这几个

方面的财务指标，初步选取的规则是在反映企业偿债能力、盈利能力、成长能力、营运能力及其他各个方面的财务指标均选取一些，并且排除可直观判断具有相关重复性的指标。初选财务指标及其描述如表2所示。

表2 初步选取的财务指标

序号	名称	计算公式
X_1	产权比率	（负债/所有者权益）×100%
X_2	流动比率	（流动资产/流动负债）×100%
X_3	速动比率	（速动资产/流动负债）×100%
X_4	现金流动负债比	（现金/流动负债）×100%
X_5	利息保障倍数	[（利润总额+利息费用）/利息费用]×100%
X_6	销售净利率	（净利润/主营业务收入）×100%
X_7	销售期间费用率	[（财务费用+销售费用+管理费用）/主营业务收入]×100%
X_8	资产报酬率	[2×净利润/（期初资产总额+期末资产总额）]×100%
X_9	资本收益率	（净利润/实收资本）×100%
X_{10}	净资产收益率	[2×净利润/（期初所有者权益余额+期末所有者权益余额）]×100%
X_{11}	每股收益增长率	[每股收益$_{(t)}$－每股收益$_{(t-1)}$]/每股收益$_{(t-1)}$
X_{12}	营业收入增长率	[营业收入$_{(t)}$－营业收入$_{(t-1)}$]/营业收入$_{(t-1)}$
X_{13}	营业利润增长率	[营业利润$_{(t)}$－营业利润$_{(t-1)}$]/营业利润$_{(t-1)}$
X_{14}	股东权益增长率	[股东权益$_{(t)}$－股东权益$_{(t-1)}$]/股东权益$_{(t-1)}$
X_{15}	资产总计增长率	[资产总额$_{(t)}$－资产总额$_{(t-1)}$]/资产总额$_{(t-1)}$
X_{16}	应收账款周转率	[2×主营业务收入/（期初应收账款+期末应收账款）]×100%
X_{17}	存货周转率	[2×主营业务成本/（期初存货+期末存货）]×100%
X_{18}	存货/流动资产	存货/流动资产
X_{19}	流动资产周转率	[2×主营业务收入/（期初流动资产+期末流动资产）]×100%

如表2所示，初步选取了19个财务指标，其中$X_1 \sim X_5$是反映企业偿债能力的财务指标，$X_6 \sim X_{10}$是反映企业盈利能力的财务指标，$X_{11} \sim X_{16}$是反映企业成长能力的财务指标，$X_{17} \sim X_{19}$是反映企业营运能力的财务指标。

3. 财务指标进一步筛选

分类回归树本身对于变量分布没有严格的要求，但本文采用 SPSS 软件进行建模，变量个数太多不利于最优回归树的生成，因此为了采用少量的变量个数得到最合理和科学的回归树模型，在建模之前需要对之前得到的财务指标进一步处理和筛选，剔除重复性和相关性较大的指标。本文采用相关性检验，对上述财务指标进行进一步处理，具体处理和筛选过程如下：

本文采用 Pearson 系数来反映和发现各个财务指标之间的相关性，Pearson 相关系数主要通过判断两个数据集合是否在一条线上面，来衡量定距变量之间的线性关系。Pearson 相关系数同时也称作积差相关系数，它只适用于两变量呈线性相关的情况。它的数值介于 -1~1，当两变量相关性达到最大时，散点呈一条直线，其取值为 -1 或 1，正负号表明了相关的方向即正相关或者负相关，如果两变量完全无关，则取值为 0。其计算公式如下：

$$\rho_{x,y} = \frac{\text{cov}(x,y)}{\sigma_x \sigma_y} = \frac{E[(x-\mu_x)(y-\mu_y)]}{\sigma_x \sigma_y}$$
$$= \frac{E(xy) - E(x)E(y)}{\sqrt{E(x^2) - E^2(x)} \sqrt{E(y^2) - E^2(y)}}$$

众所周知，相关系数 $\rho_{x,y}$ 的取值范围在 -1 和 +1 之间，即 $-1 \leqslant \rho_{x,y} \leqslant +1$。其中：若 $0 < \rho_{x,y} \leqslant 1$，表明变量之间的关系为正相关，即两个变量的变化方向相同；若 $-1 \leqslant \rho_{x,y} < 0$，表明变量之间的关系为负相关，即两个变量的变化方向相反。另外，在描述变量之间的线性相关程度时，通常根据经验相关程度可以分为以下四种情况：当 $|\rho_{x,y}| \geqslant 0.8$ 时，变量之间视为高度相关；当 $0.5 \leqslant |\rho_{x,y}| \leqslant 0.8$ 时，变量之间视为中度相关；当 $0.3 \leqslant |\rho_{x,y}| \leqslant 0.5$ 时，变量之间视为低度相关；当 $|\rho_{x,y}| \leqslant 0.3$ 时，变量之间的相关度极弱，可视为不相关。在此约减财务指标步骤中，将高度相关即满足 $|\rho_{x,y}| \geqslant 0.8$ 的每两个财务指标中约减其中一个。

利用 SPSS 软件求 Pearson 相关系数得到结果（由于篇幅原因，这里略去计算结果）。根据相关系数计算结果，X_2 与 X_3 的相关系数为 0.905，X_6 与 X_7 的相关系数为 -0.967，X_8 与 X_{10} 的相关系数为 0.921，其绝对值均显著大于 0.8，说明这三组的每两个财务指标存在非常显著的信息重叠和相关现象，因此在该步相关性检验中可以剔除 X_3、X_6、X_8 三个财务指标。

4. 最优分类回归树的生成

经过财务指标的初步筛选和进一步筛选，本文最终确定以 X_1、X_2、X_4、X_5、X_6、X_9、X_{10}、X_{11}、X_{12}、X_{13}、X_{14}、X_{15}、X_{16}、X_{17}、X_{18}、X_{19} 16 个财务指标建立模型。该建模过程采用 SPSS 直接生成最优分类回归树，即分类回归树的生长、修剪过程直接由软件完成。通过 SPSS 软件的数据导入—分析—分类—决策树等相关操作，得出最优分类回归树如图 1 所示。

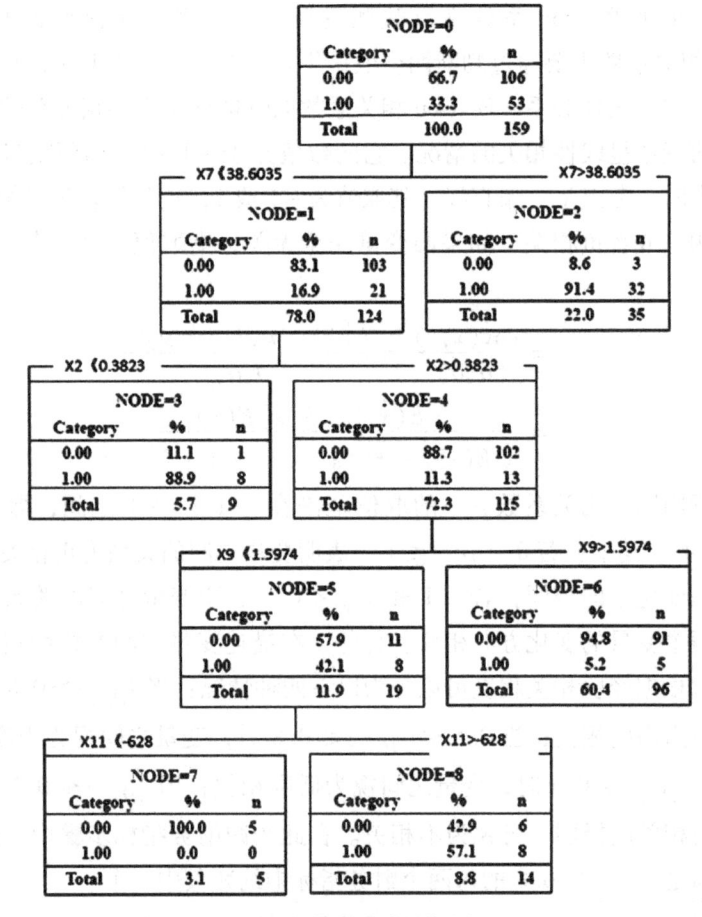

NODE=0		
Category	%	n
0.00	66.7	106
1.00	33.3	53
Total	100.0	159

X7≤38.6035

NODE=1		
Category	%	n
0.00	83.1	103
1.00	16.9	21
Total	78.0	124

X7>38.6035

NODE=2		
Category	%	n
0.00	8.6	3
1.00	91.4	32
Total	22.0	35

X2≤0.3823

NODE=3		
Category	%	n
0.00	11.1	1
1.00	88.9	8
Total	5.7	9

X2>0.3823

NODE=4		
Category	%	n
0.00	88.7	102
1.00	11.3	13
Total	72.3	115

X9≤1.5974

NODE=5		
Category	%	n
0.00	57.9	11
1.00	42.1	8
Total	11.9	19

X9>1.5974

NODE=6		
Category	%	n
0.00	94.8	91
1.00	5.2	5
Total	60.4	96

X11≤-628

NODE=7		
Category	%	n
0.00	100.0	5
1.00	0.0	0
Total	3.1	5

X11>-628

NODE=8		
Category	%	n
0.00	42.9	6
1.00	57.1	8
Total	8.8	14

图 1 最优分类回归树

如图 1 所示，经过一系列的操作，得到以 X_7（销售期间费用率）、X_2（流动比率）、X_9（资本收益率）、X_{11}（每股收益增长率）4 个财务指标为拆分变量的具有 5 个节点的最优分类回归树。从图 1 中看出当 $X7$ >

38.6035 时，将其归类为会计信息失真企业；当 $X_7 \leqslant 38.6035 \cap X_2 \leqslant 0.3823$ 时，将其归类为会计信息失真企业；当 $X_7 \leqslant 38.6035 \cap X_2 > 0.3823 \cap X_9 > 1.5974$ 时，将其归类为会计信息真实企业；当 $X_7 \leqslant 38.6035 \cap X_2 > 0.3823 \cap X_9 < 1.5974 \cap X_{11} < -628$ 时，将其归类为会计信息真实企业；当 $X_7 \leqslant 38.6035 \cap X_2 > 0.3823 \cap X_9 < 1.5974 \cap X_{11} > -628$ 时，将其归类为会计信息失真企业。

5. 分类回归树的检验

（1）利用训练样本评估最优分类回归树

利用 SPSS 软件生成最优分类回归树的时候可以直接得出该分类回归树对训练样本（159 个样本）的识别准确率（如表 3 所示）。由表 3 可以看出本文所得到的分类回归树模型对样本中会计信息真实企业和会计信息失真企业的识别准确率均为 90.6%，可以看出该分类回归树对样本企业会计信息真实和失真具有很高的识别能力。

表 3　训练样本识别准确率

观测值	预测值		
	0	1	准确率
0	96	10	90.6%
1	5	48	90.6%
样本比例	63.5%	36.5%	90.6%

（2）利用测试样本评估最优分类回归树

测试样本为 2015 年沪深证券交易所的 1862 家上市企业，其中 137 家在年报中被出具非标准无保留意见，1725 家在年报中被出具标准无保留意见。为了评估本文所得出的最优分类回归树对会计信息失真的识别准确度，本文根据这 1862 家上市企业的 X_7（销售期间费用率）、X_2（流动比率）、X_9（资本收益率）、X_{11}（每股收益增长率）得出的最优分类回归树来判断这 1862 家企业会计信息是否真实：当 $X_7 > 38.6035$ 时，将其归类为会计信息失真企业；当 $X_7 \leqslant 38.6035 \cap X_2 \leqslant 0.3823$ 时，将其归类为会计信息失真企业；当 $X_7 \leqslant 38.6035 \cap X_2 > 0.3823 \cap X_9 > 1.5974$ 时，将其归类为会计信息真实企业；当 $X_7 \leqslant 38.6035 \cap X_2 > 0.3823 \cap X_9 < 1.5974 \cap X_{11} < -628$ 时，将其归类为会计信息真实企业；当 $X_7 \leqslant 38.6035 \cap X_2 > 0.3823 \cap X_9 < 1.5974 \cap X_{11} > -628$ 时，将其归类为会计信息失真企业。此步骤主要使用 SPSS 采用上述规则进行数据筛选，得到结果如表 4 所示。

表4 测试样本识别准确率

观测值	预测值		准确率
	0	1	
0	121	16	88.32%
1	1535	190	88.98%

经测试样本评估，得到测试样本会计信息失真和会计信息真实的识别准确率分别为 88.32% 和 88.98%，可以看出分类回归树算法对会计信息是否失真具有很高的识别能力。

四、结论

本文运用 2014—2015 年度我国上市公司财务数据，建立并检验了分类回归树模型在上市公司会计信息失真识别中的有效性。实证研究表明：①分类回归树算法对会计信息失真具有很高的识别能力，其识别准确率很高。②销售期间费用率、流动比率、资本收益率和每股收益增长率 4 个财务指标对会计信息失真具有很高的识别能力，因此可以将这四个财务指标作为判别标准，可以非常准确的判断会计信息是否失真。③分类回归树模型是非参数非线性方法，使用简单方便，研究结果容易理解。本文研究的分类回归树模型为审计机构、监管机构和广大投资者提供了一种识别会计信息失真状况的方便实用的方法。

参考文献

[1] Summers, Sweeney. Fraudulently Misstated Financial Statements and Insider Trading: An Empirical Analysis [J]. The Accounting Review, 1998 (1): 131 – 146.

[2] Bell, Carcello. A decision aid for accessing the likelihood of fraudulent

financial reporting [J]. A Journal of Practive & Theory, 2000 (1): 169 -184.

[3] Charalambos T Spathis. Detecting false financial statements using published data [J]. Managerial Auditing Journal, 2002 (4): 179 -191.

[4] 陈国欣,等. 财务报告舞弊识别的实证研究 [J]. 审计研究, 2007 (3): 88 -93.

[5] Imran Kurt, Mevlut Ture, Turhan Kurum. Comparing performances of logistic regression, classification and regression tree, and neural networks for predicting coronary artery disease [J]. Expert Systems with Applications, 2014 (34): 366 -374.

[6] Muhammad A Razi, Kuriakose Athappilly. A comparative predictive analysis of neural networks (NNs), nonlinear regression and classification and regression tree models [J]. Expert Systems with Applications, 2005 (29):65 -74.

[7] Belinna Bai, Jerome Yen, Xiaoguang Yang. False Financial Statements: Characteristics of China's Listed Companies and CART Detecting approach [J]. International Journal of Information Technology and Decision Making, 2014 (7): 339 -359.

[8] 刘君,王理平. 基于概率神经网络的财务舞弊识别模型 [J]. 哈尔滨商业大学学报, 2006 (3): 102 -105.

[9] 蔡志岳,吴世农. 基于公司治理的信息披露舞弊预警研究 [J]. 管理科学, 2006 (4): 79 -90.

[10] 张玲,等. 基于多元判别分析和神经网络技术的公司财务困境预警 [J]. 系统工程, 2005 (11): 49 -56.

[11] 张立彬,等. 基于分类回归树 (CART) 方法的统计解析模型的应用与研究 [J]. 浙江工业大学学报, 2005 (4): 315 -318.

产融结合一体化的价值溢出机理分析

田 然

(北京联合大学管理学院会计 1301B 班学生)

摘要：在对两种条件下产融结合的正、负效应进行分析和对比的基础上，建立了非一体化条件下的产融结合古诺模型和一体化条件下的产融结合古诺模型；对两种条件下的均衡投资以及均衡收益进行了全面的比较分析；探讨了一体化程度与产融结合效益的关系。

关键词：产融结合 一体化 古诺模型

一、引言

近年来，溢出问题逐渐进入公众视野，且为国内外学者广泛研究的课题之一。早在 1962 年，Arrow 首先界定了新技术的溢出问题，之后 Criliches 定义了知识溢出，d'Aspremont C（1988），Suzumura K（1992）等根据企业在 R&D 阶段和生产及决策阶段的不同，讨论了三种情况下使企业利润最大化的溢出水平。Brood A（1999）、Gamal A tallah（2000）、Petit M L（2000）等也对 R&D 溢出的相关问题进行了探讨。而在近几年，国内学者霍沛军为弥补研究与发展（R&D）问题的研究假设基本没有涉及供应链的缺憾，以博弈论为工具，考虑政府对上游垄断企业的 R&D 补贴策略。然而遗憾的是，对于产融结合一体化方面的价值溢出分析却并不多见。

产融结合，顾名思义，即为产业资本与金融资本的结合，具体是指在两者建立股权关系的基础上，通过"由产业向金融"或"由金融向产业"两种方式，使经营多元化、资本虚拟化，并最终实现增强企业核心竞争能力、提升资本运营档次的一个过程。但传统的产融结合依然存在融资效率不高、信用评价体系不健全等弊端。因此，在最近几年，国内某些企业或金融机构，逐渐开始探索一种新的产融结合模式，即产融结合一体化。本文将对产融结合一体化的价值溢出对企业或金融机构的效益影响做出具体分析。

二、产融结合模式对比

1. 非一体化条件下的产融结合概念界定

非一体化条件下的产融结合即为传统意义上的产融结合，即产业资本和金融资本互动关系。产业资本是工商企业等非金融机构占有和控制的货币以及实体资本；而金融资本是银行、保险、证券、信托、基金等金融机构占有和控制的货币及虚拟资本。

非一体化条件下的产融结合概念有广义和狭义之分。广义上的产融结合从最宽泛的含义上进行理解，强调金融机制在储蓄—投资转化过程中的作用。包括社会整体的资本结构安排、金融组织结构，体现为债权债务的信贷关系，体现产权关系的投资活动。而狭义的产融结合仅仅是指在生产高度集中的基础上，工商产业和金融机构通过股权参与以及由此产生的人事结合等方式所形成的资本直接融合关系，突出表现为产业组织和金融组织的相互投资和人事互派。

2. 一体化条件下的产融结合概念界定

产融结合一体化最初是中央企业凭借突出政治地位和较强政策影响力的优势，成立财务公司，探索产业资本与金融资本的无缝衔接。到目前为止，中央企业参股、控股银行、保险、证券、租赁等金融企业已经不是个例。

产业资本是工业企业，包括第一、第三产业中的非金融机构所拥有和控制的货币及实体资本。金融资本一般是指银行、保险、证券、信托、基金等金融机构占有和控制的货币及虚拟资本。由于我国目前严格禁止银行等金融机构兴办、投资实业，故尚不存在由融而产的实际，产融一体化是靠由产而融形式进行，由产业实体或直接创办财务公司，逐步升级为银行，或通过参股、控股等方式进入金融企业重组金融资本，形成一个产业实体控制的组织形态。

三、产融结合的正负效应分析

(一) 非一体化条件下产融结合

1. 非一体化条件下产融结合的正效应分析

产融结合具有正效应即促进经济的增长。具体可分为以下几个方面：

首先，产融结合消除了企业与金融机构之间信息的不对称性。在传统的借贷关系中，金融机构通常很难完全掌握企业的经营情况、筹资目的及相关风险。因此，企业与金融机构之间的这种信息不对称降低了融资效率，使借贷资本时刻存在浪费的风险，极大地阻碍了资本的有效扩张。而在产融结合模式下，打破了传统借贷固有的格局，使投资和筹资双方能够直接进行接触和交流，增强了信息的传递效率，进而提高了资源配置的效率和资金的利用率。

其次，根据经典的哈罗德—多马经济增长模型，在资本—产出比固定不变的前提下，经济增长完全取决于资本形成比率。产融结合则能大大促进资本积累形成能力。其作为一种中介，把分散的储蓄资源聚集起来，再逐步汇集到能充分利用资源的投资者手中，让越来越多的闲散资源进入商品流通与生产过程，提高了整个社会的资本积累过程，解决了民间闲置资金投资难以及中小企业融资难的问题。

最后，产融结合能在一定程度上克服由于市场分散导致的信用风险加大，通过对上中下游产业链的风险分析，可以更高效的对风险进行预测和管理。

2. 非一体化条件下产融结合的负效应分析

在产融结合过程中，由于资本差异性和运作模式不同，可能会增大企业风险，如果不能有效管控风险，会给企业绩效带来负面影响。更为严重的，还有可能引发金融系统的全面危机，给宏观经济带来负面影响。

此外，由于互联网信用评价体系还不健全，相关法律法规尚未完善，因此在互联网交易中存在着安全隐患。如果出现安全问题将会影响到投资者的资金安全甚至隐私安全。

（二）一体化条件下产融结合

1. 一体化条件下产融结合的正效应分析

一是内化外部资金融通，降低资金筹措费用。企业通过财务公司将成员企业闲散资金汇聚起来形成企业资金聚集池，能够起到调剂内部资金余缺作用。二是优化内部资金管理，提高资金运营效率。通过借助互联网技术，打造内部资金集中管理平台，创新资金管理体制机制，统筹内部资金运作，强化资金集中统一管理，打通内外部资金流动渠道，不仅从整体上盘活了资金存量，优化了资金调度，提高了资金流动性，还形成了网上操作、上下联动，整体统筹、协调高效的企业资金管理体制，创新了资金的资本化运作方式，增强了企业内部资本集聚效应。三是强化产融协同效应，增强市场竞争实力。推进产融一体化直接延伸了企业产业活动链，凭借对商业银行等金融企业的影响力、控制力稳定生产建设的外部资金来源，为开拓国内外市场、提升市场竞争力提供有力资金保障。

2. 一体化条件下产融结合的负效应分析

一是风险管控的挑战。企业角度看，不仅面临金融风险管控挑战，还要接受产业资本与金融资本联动的风险，风险在企业得到明显放大，企业风险管控难度加大。二是业务整合的挑战。产融一体化的推进，带来了银行、保险、证券、租赁、抵押等新的业务领域，还有原有产业与金融业务的衔接、互动、整合等都需要企业进行统筹考虑、通盘谋划。

四、产融结合的价值溢出模型

1. 产融结合的价值溢出内涵

产融结合之所以能够成为企业进行产业升级的一个重要选择，在于企业与金融机构进行交互扶持与合作时，提供的不仅是资金支持和增强市场竞争力，还包括其他一系列正效用、负效用，统称为溢出价值。这些溢出价值具体体现在，合作双方在产融结合过程中打破了传统的垄断机制，提高了信息的传递效率，减少了中间环节的交易费用，降低了双方的市场风险和管理成本，增加了双方驾驭风险的能力以及获得更大投资收益的机会。

合作双方在共享资源的同时，也尽可能多的学习、模仿对方的核心能力，获取有利的资源和信息。因此，产融结合为合作双方创造了更大的盈利空间，节约了对方的风险成本，但也有可能因为双方对市场前景的判断不一致、风险承受能力的差异性，而导致产融结合的效益具有不确定性。本文将分别从一体化条件下的产融结合以及非一体化条件下的产融结合入手，解析产融结合溢出参数与产融结合效益的关系。

2. 非一体化条件下的产融结合

假设甲为金融机构，乙为工商企业，甲乙企业联合进行产融结合，其所投入的风险资金分别为 i_1 和 i_2，投资活动具有高风险高收益性，投资越多回报越大，但其风险也会随之增加及风险利润率将有所降低，因此假定风险投资的利润率 $R = r - ai_1 - \beta i_2$，其中 r 为该次投资活动所能达到的最高风险收益率，α、β 为甲、乙投资的风险贡献率比例系数。

假定甲、乙两企业的资金单位成本分别为 c_1 和 c_2，所获得投资收益为 π，可得双方的投资收益如下：

$$\pi_1 = (r - \alpha i_1 - \beta i_2)i_1 - c_1 i_1 \tag{1}$$

$$\pi_2 = (r - \alpha i_1 - \beta i_2)i_2 - c_2 i_2 \tag{2}$$

在非一体化条件下，合作双方无须提供规定责任外的其他增值服务，因此不存在价值溢出问题。甲乙两企业只能理性的选择投资力度以最大化各自的利润。令 $\frac{\partial \Pi_1}{\partial i_1} = 0$，$\frac{\partial \Pi_2}{\partial i_2} = 0$，则由公式（1）和公式（2）可求得投资双方的投资金额分别为：

$$i_1^* = \frac{(r - 2c_1 + c_2)}{3\alpha}, \quad i_2^* = \frac{(r - 2c_2 + c_1)}{3\beta} \tag{3}$$

$$\pi_1^* = \frac{(r - 2c_1 + c_2)^2}{9\alpha} = \alpha i_1^{*2} \tag{4}$$

$$\pi_2^* = \frac{(r - 2c_2 + c_1)^2}{9\beta} = \beta i_2^{*2} \tag{5}$$

3. 一体化条件下的产融结合

在一体化的产融结合模式中，能够更好地把产业资源和金融资源紧密联系在一起，发挥两种资源的协同作用，尽可能地为投资项目提供多方面的服务，所以将会导致价值溢出问题的产生。

假定甲、乙企业价值溢出参数分别为 λ_1，λ_2，由于价值溢出可以增加或降低对方的风险贡献率，因此，一体化条件下的风险投资收益率为 $R = r - \lambda_2 \alpha i_1 - \lambda_1 \beta i_2$。

当 $\lambda_1, \lambda_2 > 1$ 时，将会增加企业的风险贡献率，两者提供的增值服务使双方的合作有效达成，也为彼此提供一定的便利，价值溢出具有正外部性。

当 $1 \geq \lambda_1, \lambda_2 \geq 0$ 时，合作双方将减少对方的风险贡献率，价值溢出具有负外部性。基于此，甲、乙两企业的收益函数如下：

$$\pi_1 = (r - \lambda_2 \alpha i_1 - \lambda_1 \beta i_2) i_1 - c_1 i_1 \qquad (6)$$

$$\pi_2 = (r - \lambda_2 \alpha i_1 - \lambda_1 \beta i_2) i_2 - c_2 i_2 \qquad (7)$$

当企业和金融机构愿意提供增值服务时，意味着企业将投入更多的精力到资金管理中。企业共同谋求以尽可能少的成本获得尽可能多的利润，因此很大程度上可能出现由于利益冲突而出现溢出的外部性问题，进而导致产融结合未能达到预期效益。

因此，在古诺竞争条件下，根据公式（6）和公式（7）可以得出：

$$i_1^{**} = \frac{(r - 2c_1 + c_2)}{3\lambda_2 \alpha} \qquad (8)$$

$$i_2^{**} = \frac{(r - 2c_2 + c_1)}{3\lambda_1 \beta} \qquad (9)$$

$$\pi_1^{**} = \frac{(r - 2c_1 + c_2)^2}{9\lambda_2 \alpha} = \alpha \lambda_2 i_1^{*2} \qquad (10)$$

$$\pi_2^{**} = \frac{(r - 2c_2 + c_1)^2}{9\lambda_1 \beta} = \lambda_1 \beta i_2^{*2} \qquad (11)$$

五、一体化与非一体化条件下均衡解的分析

假定在同一市场的条件下，企业和金融机构获取风险资金的成本是一定的，即有 $c_1 = c_2 = c$。

比较公式（8）与公式（9）、公式（10）与公式（11）可以得出，企业与金融机构投资力度的大小与收益大小取决于产融结合双方溢出能力的

比值 $\frac{\lambda_1}{\lambda_2}$。当 $\frac{\lambda_1}{\lambda_2} > \frac{\alpha}{\beta}$，即当甲、乙两企业的价值溢出能力比大于其风险贡献率比例系数比时，$i_1^{**} > i_2^{**}$，此时 $\pi_1^{**} > \pi_2^{**}$，表明甲企业愿意比乙企业投入更多的资金，并将获得更大的风险收益，并且当 $\frac{\lambda_1}{\lambda_2}$ 与 $\frac{\alpha}{\beta}$ 越大时，甲、乙企业双方获得收益的差异也将越大。

比较公式（8）~公式（10）与公式（3）~公式（5）可以得出：

当 $\lambda_2 \geq 1$ 时，$i_1^{**} \leq i_1^*$，表明工商企业提供增值服务时，将减少投资甚至撤出投资，与此同时获得比不提供增值服务时更小的收益，产融结合失败；反之，若 $1 \geq \lambda_2 \geq 0$ 时，$i_1^{**} \geq i_1^*$，表明企业将增加投资以获取更大收益，产融结合成功。

同理，当 $\lambda_1 \geq 1$ 时，$i_2^{**} \leq i_2^*$，表明金融机构提供增值服务 $\frac{\alpha}{\beta}$ 时，将减少投资甚至撤出投资，与此同时获得比不提供增值服务时更小的收益，产融结合失败；反之，若 $1 \geq \lambda_1 \geq 0$ 时，$i_2^{**} \geq i_2^*$，表明金融机构将增加投资以获取更大收益。由此，可以得到产融结合在各种溢出能力下的投资结果，如表1所示。

表1 溢出能力参数与产融结合投资决策

溢出能力	投资决策 甲企业	投资决策 乙企业	产融结合结果
$\lambda_1 > 1, \lambda_2 > 1$	价值负向溢出 减少投资或撤资	价值负向溢出 减少投资或撤资	产融结合失败
$1 > \lambda_1 \geq 0, \lambda_2 > 1$	价值负向溢出 减少投资或撤资	价值正向溢出 增加投资	产融结合可能失败
$\lambda_1 > 1, 1 > \lambda_2 \geq 0$	价值正向溢出 增加投资	价值负向溢出 减少投资或撤资	产融结合可能失败
$0 \leq \lambda_1 < 1, 0 \leq \lambda_2 < 1$	价值正向溢出 增加投资	价值正向溢出 增加投资	产融结合成功

通过表1可以得出，当 $1 > \lambda_1 \geq 0$、$1 > \lambda_2 \geq 0$ 时，合作双方在提供增值服务、进行产融结合过程中，所体现的风险不守恒性，使得投资双方的

价值正向溢出,即通过优势资源互补,双方都获得了比不进行产融结合资金运作管理更大的效益。

当 $\lambda_1 > 1, \lambda_2 > 1$ 时,甲、乙企业的风险收益降低,此时:

$$\Delta \pi_1 = \frac{(r - 2c_1 + c_2)}{9\alpha}(1 - \frac{1}{\lambda_2})$$

$$\Delta \pi_2 = \frac{(r - 2c_2 + c_1)}{9\beta}(1 - \frac{1}{\lambda_1})$$

分别为甲、乙企业的溢出风险损失,其中 $(1 - \frac{1}{\lambda_2})$,$(1 - \frac{1}{\lambda_1})$ 分别为工商企业,金融机构该阶段的溢出风险系数。当 λ_1, λ_2 越大时,溢出风险系数大,双方可能遭遇的溢出风险损失就会越大。

六、结语

产融结合是经济发展的必然要求,它不仅是一条新的企业发展道路,更是一种新的产业模式,它将是企业未来发展的趋势。中国经济想要继续保持强劲的发展势头就必须进行产融结合。但企业进行产融结合的尝试是存在一定风险的,而造成产融结合失败的原因是多种多样的。通过以上分析我们可以得出:相对于非一体化条件下的产融结合,一体化条件下的产融结合能给企业或金融机构带来更高的效益和更低的风险,从而提升企业竞争力,实现企业规模的扩大发展。

因此,我们有理由来积极推广、倡导一体化条件下的产融结合模式,并逐步探索出一条适合国情的产融结合一体化道路,促进产融结合的规范化发展,尽可能地发挥出其积极效应。

参考文献

[1] 王丽霞. 产融结合的意义及未来发展研究 [J]. 金融经济, 2012 (22): 25 – 26.

[2] 安鹏. 电子商务企业产融结合研究——以阿里巴巴为例 [J]. 国际商务财会, 2014 (6): 35 – 36.

[3] 彭华涛, 谢科范. 联合风险投资的价值溢出机理分析 [J]. 武汉理工大学学报, 2003 (6): 18 – 20.

[4] 王智杰. 我国企业集团产融结合研究 [R]. 财政部财政科学研究所, 2012 (6): 37-40.

[5] 杨大红. 浅谈中央企业产融一体化 [J]. 财会通讯, 2010 (10).

[6] Amir R, Wooders J. One-way spillovers, endo genous innovator/imitation roles, and research joint ventures [J]. Games and Economic Behavior, 2000 (31): 1-25.

[7] Kwang In Hur, Chihiro Watanabe. Unintentional technology spillover between two sectors: kinetic approach [J]. Technovation, 2001 (29): 227-235.

[8] Coe D T, Helpman E. International R&D spillovers [J]. European Economy Review, 1995 (39): 859-887.

互联网背景下物流企业在供应链融资中的风险评价研究

吴 航

(北京联合大学管理学院会计1301B班学生)

摘要：近年来，企业对于供应链融资的市场需求越来越大，传统供应链模式流程烦琐，耗费时间长，而供应链融资在互联网背景下实现了为企业提供了便利的服务和管理的全部电子化。它在给企业的融资带来许多便利性的同时，也存在风险。本文选取互联网供应链融资的要素之一的物流企业为研究对象，分析物流企业在三种不同的供应链融资模式的功能和风险，以便物流企业合理规避风险。

关键词：物流企业 互联网 供应链融资 风险评价

一、互联网背景下供应链融资模式概况

1. 构成要素

互联网背景下的供应链融资模式主要由中小企业、核心企业、金融机构、电商平台和物流企业构成。物流企业属于不可或缺的主体，它提供仓储、运输服务，为银行提供质押监管和信用评估，也为中小企业作担保、提供授信。中小企业包括供应商、生产商和销售商等企业，是供应链最主要的服务对象。核心企业在供应链中实力最强，信用最高。金融机构为融资企业提供金融服务和资金。电商平台在大数据及互联网技术的支撑下，汇集基础的交易数据，提供其他相关数据，汇集融资资金。它们之间的协调参与使得整个融资供应链得以运作。[1-3]

2. 运作机理

互联网背景下的供应链融资通过电子平台的信息发布和等级评定，核

心企业将良好的信用能力延伸到供应链上下游中小企业，通过银行向上下游中小企业注入资金，物流企业负责运输、仓储、监管，搞活供应链资金流。对于各个参与主体来说，它们充当着不同的角色，发挥着不同的作用、相互协调、共担风险、共享收益，实现了供应链融资的高效和多盈模式。[1-4]

二、物流企业在互联网背景下供应链融资模式的功能

传统的供应链融资分为应收账款融资模式、预付账款融资模式、存货融资模式。互联网背景下的供应链融资通过信息化管理和网络信息披露等方式，进一步发展为电子仓单融资模式、电子订单融资模式和网络信用融资模式。[1-7]

电子仓单融资指中小企业持银行认可的专业仓储公司出具的电子仓单进行质押，向银行申请融资。物流企业负责收取、仓储、监管货物；审核电子仓单并进行传送；确认银行发布的信息，解除货物质押；可能还会承担货物的运输。

电子订单融资指借款企业凭借电商企业确认的电子订单向银行申请融资。实际操作中，银行为了降低风险，会要求卖方发货至指定的物流企业，生成电子仓单背书转让给银行。物流企业担任着仓储、监管及确认货物信息的功能。

网络信用融资模式下，中小企业以自己的信用水平向物流企业融资，物流企业向银行申请贷款，向银行提供信用担保，对中小企业进行评估，为符合要求的客户办理融资。如果融资企业没有进行还款时，则需要物流企业还款。[1-9]

三、互联网背景下物流企业供应链融资的风险评价

物流企业正逐步渗透到供应链融资的每一个环节。它借助物流企业对供应链中货物的控制能力或自身信用的传递帮助企业解决融资需求，极大地便利了供应链融资。但与此同时互联网背景下的供应链融资在实际操作中也存在风险。

下面基于层次分析法进行供应链融资风险分析。

层次分析法是将定量与定性分析结合起来的一种多目标和多层次的权

重决策分析方法,这种方法广泛地应用于风险评估领域,具有比较成熟的分析步骤,逻辑性强。

(一)建立风险评价层次结构模型

本文通过分析物流企业在三种模式下发挥的不同功能,将物流企业的风险分为信用风险、操作风险、市场风险和法律风险。

信用风险包括授信风险、违约风险和道德风险。授信风险,参与主体通过不正常的途径提升自己的授信额度影响信息使用人的判断。违约风险,借款企业违约,银行会要求提取质押物进行还款。道德风险,中小企业融资频率高,稳定程度低,这种复杂性决定物流企业要面对道德风险。

操作风险包括监管风险、人员操作风险和网络安全风险。监管风险,如果在货物存放的期间内,因监管不力造成损失,则需要物流企业进行赔偿。还有在在线审核,进行电子签章等流程操作过程中会产生人员操作风险和网络安全风险。

市场风险包括贬值风险、价格波动风险和变现风险。贬值风险是物流企业在监管的过程中质押物受市场影响可能会产生贬值。价格风险是指质押物在初始质押时的定价是否合理,需要对其进行确认。变现风险则是指质押物容易变现的程度。

法律风险包括物权归属风险和合同合法风险。物权归属风险是指质押物的产权归属问题,如质押人是否对质押物拥有合法、完整、有效的所有权,是否存在重复质押等。合同的合法性风险是指质押物的单证是否合法,合同是否有效。[10-16]

(二)建立判断矩阵,进行一致性检验

建立判断矩阵是层次分析法的一个关键步骤,具体步骤如下:

1. 构造判断矩阵 U

令 $a_{ij} = \dfrac{a_i}{a_j}$。其中,$a_{ij}$ 为 a_i 对 a_j 相对重要性的值的表现形式。采用 1-9 标度,矩阵标度及其含义如表 1 所示。

表 1　判断矩阵标度及其含义

标度	含义
$a_{ij}=1$	表示指标 i、j 相比，具有相同重要性
$a_{ij}=3$	表示指标 i 与指标 j 相比，指标 i 比指标 j 稍微重要
$a_{ij}=5$	表示指标 i 与指标 j 相比，指标 i 比指标 j 明显重要
$a_{ij}=7$	表示指标 i 与指标 j 相比，指标 i 比指标 j 很重要
$a_{ij}=9$	表示指标 i 与指标 j 相比，指标 i 比指标 j 极端重要
$a_{ij}=2、4、6、8$	表示指标 i 与指标 j 相比，指标 i 比指标 j 重要性介于两者之间
倒数	两个要素相比，后者比前者的重要性标度

2. 对判断矩阵求特征向量

一般有乘积方根法及列和求逆法。
（1）乘积方根法
①先按行将各元素连乘并开 m 次方，即求各行元素的几何平均值

$$b_i = \left(\prod^{m} a_{ij} \right)^{\frac{1}{m}}$$

②再把 $b_i(i=1,2,\cdots,m)$ 归一化，即求得指标 x_i 的权重系数

$$w_j = \frac{b_j}{\sum_{k=1}^{m} b_k}$$

所求得 $W=(W_1,W_2,\cdots,W_m)^T$ 即为各因素权重。
（2）列和求逆法
①将判断矩阵的第 j 列元素相加，并取

$$c_j = \frac{1}{\sum_{i=1}^{m} a_{ij}}$$

②将 c_j 归一化，即求得指标 x_j 的权重系数

$$w_j = \frac{c_j}{\sum_{k=1}^{m} c_k}, k = 1,2,\ldots,m$$

3. 计算判断矩阵最大特征值。

$$\lambda_{max} = \frac{1}{m} \sum_{i=1}^{m} \frac{\sum_{j=1}^{m} a_{ij} w_j}{w_i}$$

4. 进行一致性检验

①判断矩阵的一致性指标 CI

$$CI = (\lambda_{max} - m)/(m - 1)$$

②判断矩阵的平均随机一致性指标 RI

$$RI = (\lambda'_{max} - m)/(m - 1)$$

对于 1 – 10 阶判断矩阵，RI 值如表 2 所示。

表 2　阶矩阵的 RI 取值表

阶数	1	2	3	4	5	6	7	8	9	10
RI	0	0	0.58	0.90	1.12	1.24	1.32	1.41	1.45	1.49

③随机一致性比例 CR

$$CR = CI/RI$$

当 CR < 0.10 时，即认为判断矩阵具有满意的一致性，否则需要调整判断矩阵，使之具有满意的一致性。

根据上述方法，两矩阵的比较及一致性检验的计算结果如表 3 至表 18。

①判断矩阵一致性比例：0.0094；对总目标的权重：1.0000。

表3　互联网背景下物流企业的供应链融资风险的判断矩阵

融资风险	信用风险	操作风险	市场风险	法律风险	Wi
信用风险	1.0000	1.4918	1.4918	1.2214	0.316
操作风险	0.6703	1.0000	0.8187	0.6703	0.1917
市场风险	0.6703	1.2214	1.0000	1.2214	0.2461
法律风险	0.8187	1.4918	0.8187	1.0000	0.2461

②判断矩阵一致性比例：0.0043；对总目标的权重：0.3160。

表4　信用风险的判断矩阵

信用风险	授信风险	违约风险	道德风险	Wi
授信风险	1.0000	1.8200	1.8220	0.4762
违约风险	1.0000	1.0000	0.8190	0.2445
道德风险	1.0000	1.2200	1.0000	0.2793

③判断矩阵一致性比例：0.0000；对总目标的权重：0.1917。

表5　操作风险的判断矩阵

操作风险	监管风险	人员操作风险	网络安全风险	Wi
监管风险	1.0000	1.8221	0.5488	0.2967
人员操作风险	0.5488	1.0000	0.3012	0.1628
网络安全风险	1.8221	3.3201	1.0000	0.5405

④判断矩阵一致性比例：0.0043；对总目标的权重：0.2461。

表6　市场风险的判断矩阵

市场风险	贬值风险	价格变动风险	变现风险	Wi
贬值风险	1.0000	0.4493	0.6703	0.2094
价格风险	2.2255	1.0000	1.8221	0.4983
变现风险	1.4918	0.5488	1.0000	0.2923

⑤判断矩阵一致性比例：0.0000；对总目标的权重：0.2461。

表7 法律风险的判断矩阵

法律风险	物权归属风险	合同合法性风险	Wi
物权归属风险	1.0000	1.0000	0.5000
合同合法性风险	1.0000	1.0000	0.5000

⑥判断矩阵一致性比例：0.0000；对总目标的权重：0.1505。

表8 授信风险的判断矩阵

授信风险	电子仓单融资模式	电子订单融资模式	网络信用融资模式	Wi
电子仓单融资模式	1.0000	1.8221	0.4493	0.2649
电子订单融资模式	0.5488	1.0000	0.2466	0.1454
网络信用融资模式	2.2255	4.0552	1.0000	0.5896

⑦判断矩阵一致性比例：0.0043；对总目标的权重：0.0773。

表9 违约风险的判断矩阵

违约风险	电子仓单融资模式	电子订单融资模式	网络信用融资模式	Wi
电子仓单融资模式	1.0000	0.6703	0.6703	0.2506
电子订单融资模式	1.4918	1.0000	1.2214	0.3996
网络信用融资模式	1.4918	0.8187	1.0000	0.3498

⑧判断矩阵一致性比例：0.0000；对总目标的权重：0.0883。

表10 道德风险的判断矩阵

道德风险	电子仓单融资模式	电子订单融资模式	网络信用融资模式	Wi
电子仓单融资模式	1.0000	1.0000	1.0000	0.3333
电子订单融资模式	1.0000	1.0000	1.0000	0.3333
网络信用融资模式	1.0000	1.0000	1.0000	0.3333

⑨判断矩阵一致性比例：0.0000；对总目标的权重：0.0569。

表 11　监管风险的判断矩阵

监管风险	电子仓单融资模式	电子订单融资模式	网络信用融资模式	Wi
电子仓单融资模式	1.0000	0.6703	1.4918	0.3162
电子订单融资模式	1.4918	1.0000	2.2255	0.4718
网络信用融资模式	0.6703	0.4493	1.0000	0.2120

⑩判断矩阵一致性比例：0.0000；对总目标的权重：0.0312。

表 12　人员操作风险的判断矩阵

人员操作风险	电子仓单融资模式	电子订单融资模式	网络信用融资模式	Wi
电子仓单融资模式	1.0000	1.0000	1.0000	0.3333
电子订单融资模式	1.0000	1.0000	1.0000	0.3333
网络信用融资模式	1.0000	1.0000	1.0000	0.3333

⑪判断矩阵一致性比例：0.0000；对总目标的权重：0.1036。

表 13　网络安全风险的判断矩阵

网络安全风险	电子仓单融资模式	电子订单融资模式	网络信用融资模式	Wi
电子仓单融资模式	1.0000	1.0000	1.0000	0.3333
电子订单融资模式	1.0000	1.0000	1.0000	0.3333
网络信用融资模式	1.0000	1.0000	1.0000	0.3333

⑫判断矩阵一致性比例：0.0043；对总目标的权重：0.0516。

表 14　贬值风险的判断矩阵

贬值风险	电子仓单融资模式	电子订单融资模式	网络信用融资模式	Wi
电子仓单融资模式	1.0000	2.2255	1.4918	0.4680
电子订单融资模式	0.4493	1.0000	0.5488	0.1967
网络信用融资模式	0.6703	1.8221	1.0000	0.3353

⑬判断矩阵一致性比例：0.0043；对总目标的权重：0.1226。

表15 价格风险的判断矩阵

价格风险	电子仓单融资模式	电子订单融资模式	网络信用融资模式	Wi
电子仓单融资模式	1.0000	2.7183	1.4918	0.4853
电子订单融资模式	0.3679	1.0000	0.4493	0.1670
网络信用融资模式	0.6703	2.2255	1.0000	0.3477

⑭判断矩阵一致性比例：0.0043；对总目标的权重：0.0719。

表16 变现风险的判断矩阵

变现风险	电子仓单融资模式	电子订单融资模式	网络信用融资模式	Wi
电子仓单融资模式	1.0000	2.2255	1.4918	0.4680
电子订单融资模式	0.4493	1.0000	0.5488	0.1967
网络信用融资模式	0.6703	1.8221	1.0000	0.3353

⑮判断矩阵一致性比例：0.0043；对总目标的权重：0.1231。

表17 物权归属风险的判断矩阵

物权归属风险	电子仓单融资模式	电子订单融资模式	网络信用融资模式	Wi
电子仓单融资模式	1.0000	1.4918	0.8187	0.2350
电子订单融资模式	0.6703	1.0000	0.6703	0.2506
网络信用融资模式	1.2214	1.4918	1.0000	0.3996

⑯判断矩阵一致性比例：0.0043；对总目标的权重：0.1231。

表18 合同合法性风险的判断矩阵

合同合法性风险	电子仓单融资模式	电子订单融资模式	网络信用融资模式	Wi
电子仓单融资模式	1.0000	1.0000	0.4493	0.2409
电子订单融资模式	1.0000	1.0000	0.5488	0.2575
网络信用融资模式	2.2255	1.8221	1.0000	0.5016

（三）层次总排序

在完成建立判断矩阵和一致性检验的计算后，需要对三种融资模式的权重进行总排序，如表19所示。网络订单模式所占的权重最小，网络信用模式所占的权重最大。

表19　三种供应链融资模式权重总排序

备选方案	权重
电子订单融资模式	0.2613
电子仓单融资模式	0.3416
网络信用融资模式	0.3971

四、互联网背景下物流企业供应链融资不同模式下的风险评价

通过上文的计算，我们可以看出各个风险在不同模式中的大小。

在信用风险中，电子订单融资模式下的物流企业的风险最小，而网络信用融资模式则最大。因为网络信用融资模式主要是运用企业的信用来进行融资，因此风险更大。

在操作风险中，电子订单融资模式具有的风险较大，人员操作风险和网络安全风险在三种模式中所占比例相同，区别在于监管风险。原因是在电子订单融资模式中，买卖双方的各企业的工作地点具有分散性，对于质押物的监管往往只能依赖于物流企业。

在市场风险中，电子仓单融资模式的风险最大，而电子订单模式则较小。电子仓单模式下，贷款企业将自己的货物作为质押物进行融资，需要重点考虑质押物的贬值风险、价格风险和变现能力。

在法律风险中，网络信用融资模式具有较大的风险，其他两种所占比重类似。在网络信用融资中主要考虑融资企业的自身经营情况和还贷能力，因此需要重点关注该风险。

依据风险层次总排序来看，网络信用融资模式对物流企业的风险最大，而电子订单模式对物流企业风险最小。三种模式侧重的风险并不相同，信用风险和法律风险对网络信用融资模式影响比较大，操作风险对电子仓单融资模式影响较大，市场风险对电子订单融资模式影响较大。

通过层次分析法对物流企业风险的分析，可以帮助其规避不同融资模式带来的风险，所以我们提出以下建议：一是严格审批在电子商务平台上的企业信息降低信用风险；二是将质押物的具体信息及属性放入审核标准中，确保其质押物的合法性、标准性以及真实性；三是提高业务人员的网络操作水平、加强网络平台技术的安全性和相关法律的完善性；四是加强物流企业的监管能力、仓储的安全性与运输的便捷性和安全性。随着互联网背景下供应链融资的不断发展，物流企业在融资中起到的作用也越来越重要，因此物流企业在供应链中产生的风险更值得我们去关注，只有合理的规避风险，才能更好地进行互联网背景下的供应链融资。

参考文献

[1] 杨段羽. 供应链金融对第三方物流企业的绩效影响研究 [D]. 昆明：云南大学，2015.

[2] 刘迅，张庆，张华. 基于电商平台的互联网供应链融资模式分析 [J]. 财务与会计（理财版），2014（10）：46-48.

[3] 王鹏. 互联网环境下供应链物流金融融资新模式探析 [J]. 物流技术，2015（7）：79-83.

[4] 卞宁. 中小企业供应链融资模式及其信用风险评价研究 [D]. 武汉：武汉大学，2008.

[5] 姜鑫. 供应链融资模式下的中小企业融资问题研究 [D]. 沈阳：辽宁大学，2014.

[6] 沈亚青. 基于B2C电子商务的供应链融资模式探析 [J]. 经济师，2014（2）：13-15.

[7] 郭菊娥，史金召，王智鑫. 基于第三方B2B平台的线上供应链金融模式演进与风险管理研究 [J]. 商业经济与管理，2014（1）：14-22.

[8] 轩姣黎. 基于B2C电商模式的供应链融资模式及风险分析 [J]. 北京金融评论，2015（2）：197-205.

[9] 史金召. 供应链金融概述及其发展趋势 [J]. 哈尔滨金融学院学报，2014（2）：14-18.

[10] 赵兵. 基于仓单质押业务的物流与供应链金融服务风险研究 [D]. 大连：大连交通大学，2013.

[11] 刘洋. 第四方物流企业风险评价和分析 [D]. 长春：吉林大学，2014.

[12] 刘志刚. 第三方物流主导的供应链金融风险研究 [D]. 济南：山东大学，2014.

[13] 沈清园. 供应链融资物流业务模式及风险管理研究 [D]. 大连：大连海事大学，2011.

[14] 李宝. 基于层次分析法的供应链融资模式下信用风险评价 [D]. 天津：天津大学，2009.

[15] 张振，肖东生. 基于层次分析法的中小企业供应链融资信用风险评估 [J]. 物流科技，2016（2）：138－140.

[16] 尹贤平. 基于层次分析法的中小企业财务风险评价探讨 [D]. 南昌：江西财经大学，2012.

基于粗糙集的电商小微企业信贷条件研究

张 楠

(北京联合大学管理学院会计 1302B 班学生)

摘要：针对如今电商小微企业融资信贷条件繁多、依赖财务指标及不确定的特点，基于粗糙集提出了电商小微企业授信指标体系。对获取的原始数据进行预处理后，构成电商小微企业授信指标决策表，然后利用 Rosetta 软件对得到的决策表进行离散化，并用客观权重确定各指标的重要性程度，最后利用 Rosetta 软件提供的遗传算法等工具对余下的属性进行约简，生成关联规则，并利用最终得到的规则对电商小微企业信贷条件进行分析。

关键词：粗糙集 遗传算法 授信指标 Rosetta

一、引言

当今时代信息技术飞速发展，与信息密不可分的互联网更是逐步渗透到人类生活中，给人类生活带来了革命性的变化。小微企业合理利用互联网发展自身，开展电子商务这一创举为其自身赢得了一定机遇。小微企业在推动社会经济发展、促进社会生产力、提供就业机会方面有卓越贡献，小微企业在我国经济发展中的作用和地位逐渐被国人所认可。然而，基于互联网的电子商务的蓬勃发展，以互联网为媒介进行商务活动和交易的小微企业越来越多，融资困难一直是围绕电商小微企业扩大经营规模、实现稳定持续发展的一个突出问题。小微企业自身公司规模小，运营成熟度低，市场占有率低，财务透明度低，财务数据不全面，多个环节通过网络，其他环节存在度低等方面问题更是制约着电商小微企业融资。目前，学者对电商小微企业信贷方面已经有了一系列研究，大致可以分为以下三类。第一类，小微企业信贷融资问题；第二类，电商背景下小微企业融资问题；第三类，基于粗糙集的电商小微企业信贷融资问题。信贷条件研究适用小微企业贷款业务，有利于小微企业完善自身水平，提高贷款可能性。本文针对电商背景下小微企业融资难问题，在粗糙集理论支持下对电商小微企业的授信指标进行实证分析，借助粗糙集分析软件 Rosetta 对收集而来的数据进行一系列处理并对其进行分析。

二、粗糙集理论多属决策理论及 Rosetta 应用软件

（一）粗糙集基本概念及原理

粗糙集理论（Rough Set Theory）是波兰科学家 Z. Pawlak 于 1982 年提出的一种新的知识表示和处理理论，是刻画不完整和不确定的数学工具，能有效地分析和处理不精确、不一致等各种不完备信息，并从中发现隐含的知识，揭示潜在的规律，把用于分类的知识嵌入集合内，能识别并评估数据之间的依赖关系。在粗糙集理论中知识被看作一种知识划分的表现。每一个等价关系表示的是领域 U 中的某一个属性。

粗糙集理论有以下特点：①根据不确定、不完整的只是进行推理处理；②识别并评估数据之间依赖关系；③能够简化属性值，去掉冗余属性和冗余属性值，保留关键信息。

一个对象 a 是否属于集合 X 需根据现有的知识来判断，可分为三种情况：①对象 a 肯定属于集合 X；②对象 a 肯定不属于集 X；③对象 a 可能属于也可能不属于集合 X。集合的划分依赖于我们对集合理论知识的掌握，是相对的而不是绝对的。三种情况定义为：设 K = {U，R}，称为一个近似空间（approximation space），对于每个子集 $X \in IND$ （K），定义子集：

I（X）中的每个对象都与 X 有相同的特征属性（attribute），则称 I（X）为 R 的下逼近（Lower approximation），即下逼近是指根据现有知识判断肯定属于 X 的对象所组成的最大集合，也称为 X 的正区，记作 POS（X）。

相似的，根据现有知识判断肯定不属于 X 的对象组成的最大的集合称为负区（上逼近）。

集合 X 的边界区（Boundary region）定义为 BND（X）= R，BND（X）为集合 X 的上逼近与下逼近之差。如果 BND（X）是空集，则称 X 关于 R 是清晰的（crisp）；反之如果 BND（X）不是空集，则称集合 X 为关于 R 的粗糙集（rough set）。下逼近、上逼近及边界区等概念称为可分辨

区，刻画了一个边界含糊（vague）集合的逼近特性，判断可能属于也可能不属于 X。

（二）Rosetta 应用软件简介

目前，国际上已有多种基于粗糙集应用软件：加拿大 Regina 大学研究开发的数据库知识发现 KSS2R 软件，此软件基于可变精度 rough set 扩展模型（VPRS，Variable precision Rough Set）；美国 Kansas 大学开发的基于粗糙集的实例学习系统 LERS 软件。

本文进行粗糙集数据挖掘使用的软件 Rosetta 是由挪威科技大学和波兰华沙大学用 C++ 合作开发的一个基于 Rough 集理论框架的表格逻辑数据分析工具，它提供了多种数据处理功能，如数据预处理、数据补齐、离散化等算法，也提供了粗糙集中常见的数据约简和规则的获取算法，支持从数据预处理到预测和分析规则的全过程等。Rosetta 提供了一个很直观的图形用户接口，采用了数据导航技术，可以处理多种不同格式的数据。

（三）多属性决策理论

多属性决策（Multiple Attribute Decision Making），又称为多目标有限方案决策。多属性决策是现代决策科学的一个重要组成部分，它的理论和方法在诸多领域中有着广泛应用，通过其科学的赋权及排序规则筛选最终的解决措施，帮助企业完成自身的发展。多属性决策的实质是利用已有的决策信息通过一定的方式对一组有限个备选方案进行排序或择优。

多属性决策主要包括两部分：①获取决策信息。决策信息一般包括两个方面的内容：属性权重和属性值（属性值主要有三种形式：实数、区间数和语言）。其中，属性权重的确定是多属性决策中的一个重要研究内容；②通过一定的方式对决策信息进行集结并对方案进行排序和择优。

粗糙集把客观世界或对象世界抽象为一个知识系统，一个知识系统或信息系统 S 可以表示为有序四元组。定义 $S=(U,A,V,F)$ 为一个信息系统，其中，$U\{X_1,X_2,X_3,\cdots,X_n\}$ 为论域，是对象的非空有限集合，是全体样本的集合；$A=C\cup D$，且 $C\cap D=\phi$，C 为条件属性集，反应对象的特性，D 为决策属性集，反应对象的类别。C_i 和 D 都为 U 的等价关系；$V=\bigcup_{C_i\in A}V_{C_i}$ 是属性集的集合，V_{C_i} 表示属性 C_i 的取值范围；$f:U\times A\rightarrow V$ 是一个信息函数，用于确定 U 中每一个对象 X 的属性值。

在一个知识系统中，不同的属性集具有的属性具有不同的重要性程度。判断属性重要性的方法：将决策表中去掉一部分属性，接下来考虑没有该属性后分类会怎样变化：如果除去该指标属性后会相应的改变分类，则说明该指标属性的强度比较大，即重要性程度高；如果改变后属性分类没有大的改变，则说明该指标属性的强度比较小，即重要性程度低。

三、数据处理方法

（一）原始数据

原始数据因为单位类型的不同，不能直接进行计算分析。我们需要对原始数据先进行一系列必要的处理从而进行进一步分析等。原始数据需要经过以下处理：坏点数据处理、标准化处理、趋一化处理、离散化处理和手工处理。

（二）数据预处理

数据的预处理是将知识表达系统中的初始数据信息转换为粗糙集形式，并明确条件属性。主要包括两个方面的工作，一是数据补齐；二是数据离散化。粗糙集所处理的数据必须是完整的，而在实际情况中有很多原因导致了数据的不完整，如部分数据丢失、数据采集限制等，这样就增加了我们分析数据时的难度，我们就需要在此之前对数据进行一系列预处理，将其形成完全的信息系统，从而完成下一步的分析。

数据离散化就是将连续属性值转化为离散值。在实际的应用领域中，大多数数据都是连续的，我们需要对其进行离散化预处理。而离散化本质上可以总结为利用所选取的断点来对条件属性构成的空间进行划分的问题，把这个 n (n 为条件属性个数) 维空间划分成有限个区域，使得每个区域中对象的决策值相同。

属性约简（Attribute Reduction），又叫作知识约简。属性约简是粗糙集理论的核心课题。是为了在保持知识库的分类或决策能力不变的情况下，删除不必要的属性，达到简化信息表的目的。

四、样本数据基本情况描述

本文所用样本数据均是通过对天猫、淘宝卖家问卷调查得出的,共计 329 份调查问卷,其中 174 份天猫卖家,155 份淘宝卖家。除去 121 份无效问卷,剩余 208 份有效问卷(其中 121 份天猫卖家,97 份淘宝卖家)。将取得有效数据分成两组进行数据分析,分别是将天猫 102 份申请过蚂蚁金服并且成功通过,9 份申请过蚂蚁金服并没有成功通过;淘宝 6 份申请过蚂蚁金服并没有成功通过作为实验组数据进行分析。淘宝 91 份申请过蚂蚁金服并且成功通过,6 份申请过蚂蚁金服并没有成功通过;天猫 9 份申请过蚂蚁金服并没有成功通过作为验证组,对数据进行验证。

五、基于粗糙集的电商小微企业信贷条件研究

(一)电商小微企业信贷指标体系

表 1 电商小微企业信贷指标体系

一级指标	二级指标	指标意义
交易指标	注册年限(C1)	
	商品种类(C2)	
	月订单数量(C3)	
	月销售额(C4)	
	推广店铺(C5)	推广店铺的方式
	是否做过广告(6)	
	广告花费(C7)	
	公司人数(C8)	
财务指标	商品积压量(C9)	积压商品为积压半年后卖不出去的商品
	月末存货量(C10)	
	平均收款期(C11)	
	确认收货比例(C12)	
	退货比例(C13)	在已确认收货情况下退货

续表

一级指标	二级指标	指标意义
客户指标	五星评价率（C14）	销售产品的五星评价占顾客评价百分比
	老客户所占比例（C15）	老客户为购买两次以上的客户
信用指标	信用等级（C16）	
	芝麻信用分（C17）	
	是否从蚂蚁金服申请过贷款（C18）	
其他指标	卖家类型（C19）	
	最高学历（C20）	
	未来预计（C21）	未来五年内是否继续经营淘宝店铺
	未来规划（C22）	近三年内是否有明确发展规划
	贷款用途（C23）	
	店铺优势（C24）	

（二）用 Rosetta 软件分析数据

1. 数据读入

首先，打开 Rosetta 软件系统，选择"File"菜单下"New"选项，在出现的"Project"窗口，单击"Structures"项，在快捷菜单中选择第四项"ODBC"，在弹出的对话框上单击"Open database"，在弹出"选择数据源"的对话框中，选择"机器数据源"，出现不同数据源选项，双击选择 Excel Files 数据源，在选择存放数据文件的文件夹下，选择"初始数据决策表.xls"中实验组数据表。单击"OK"按钮，软件即导入数据。回到"Project"编辑框，可以看到"Structures"项分支中包含"实验组"。结构如图 1 所示。

图1 数据读入操作

双击"实验组"数据表,可以看到 Excel 表格中的数据已被读取进入软件(见图2)。图2中,C1 – C24 表示 24 个条件属性值,D 代表决策属性值,记录总数 117 条(数据过多,只取部分截屏)。

图2 实验组数据表

2. 数据补齐

采集的数据有缺陷时,单击"实验组",在快捷键菜单上选择"Complete"项,选择"Mean/mode fill"项对数据进行填充,对数据进行补齐处理,便于接下来的数据分析工作。

3. 数据离散化

数据补齐之后要进行离散化处理,对补齐的新建项目组"数据组"单击,选择"Discretizes"选项下的"Boolean reasoning algorithm"项进行离散化处理。如图3所示。

	C1	C2	C3	C4	C5	C6	C7	C8	C9	C10	C11
1	[*, 2)	[*, 5.5)	[*, 3)	575	2	7	300	0.075	[*, 127500)	0.40	[*, 0.
2	[*, 2)	[*, 5.5)	[*, 3)	575	2	4	300	0.075	[*, 127500)	0.80	[*, 0.
3	[*, 2)	[*, 5.5)	[3, *)	650	2	5	300	0.125	[*, 127500)	0.65	[*, 0.
4	[*, 2)	[5.5, 8.8)	[3, *)	825	2	4	1150	0.125	[127500, *)	0.65	[0.53,
5	[*, 2)	[*, 5.5)	[*, 3)	575	3	4	300	0.075	[*, 127500)	0.40	[0.53,
6	[*, 2)	[*, 5.5)	[3, *)	650	2	5	650	0.125	[127500, *)	0.80	[0.53,
7	[*, 2)	[5.5, 8.8)	[*, 3)	825	3	2	650	0.075	[127500, *)	0.65	[*, 0.
8	[*, 2)	[*, 5.5)	[*, 3)	825	2	1	300	0.125	[*, 127500)	0.80	[0.53,
9	[*, 2)	[5.5, 8.8)	[3, *)	825	2	4	4000	0.125	[127500, *)	0.80	[*, 0.
10	[*, 2)	[5.5, 8.8)	[3, *)	825	3	4	7500	0.050	[127500, *)	0.80	[*, 0.
11	[*, 2)	[5.5, 8.8)	[3, *)	825	3	6	7500	0.150	[127500, *)	0.40	[*, 0.
12	[*, 2)	[*, 5.5)	[3, *)	825	2	3	7500	0.050	[127500, *)	0.80	[*, 0.
13	[*, 2)	[5.5, 8.8)	[3, *)	825	3	6	7500	0.050	[127500, *)	0.80	[*, 0.
14	[*, 2)	[5.5, 8.8)	[3, *)	825	2	2	7500	0.050	[127500, *)	0.80	[*, 0.
15	[*, 2)	[5.5, 8.8)	[3, *)	825	3	4	10000	0.075	[127500, *)	0.80	[*, 0.
16	[*, 2)	[*, 5.5)	[3, *)	825	2	3	10000	0.075	[127500, *)	0.80	[*, 0.
17	[*, 2)	[5.5, 8.8)	[3, *)	825	2	4	10000	0.075	[127500, *)	0.80	[0.53,
18	[*, 2)	[*, 5.5)	[3, *)	650	2	2	7500	0.125	[127500, *)	0.80	[*, 0.
19	[*, 2)	[5.5, 8.8)	[3, *)	825	2	4	10000	0.075	[127500, *)	0.80	[*, 0.
20	[*, 2)	[5.5, 8.8)	[3, *)	825	3	5	10000	0.050	[127500, *)	0.80	[*, 0.
21	[*, 2)	[5.5, 8.8)	[3, *)	825	3	3	7500	0.050	[127500, *)	0.80	[*, 0.
22	[*, 2)	[*, 5.5)	[*, 3)	575	3	2	650	0.125	[127500, *)	0.40	[*, 0.
23	[*, 2)	[*, 5.5)	[3, *)	650	2	4	300	0.075	[*, 127500)	0.80	[0.53,
24	[*, 2)	[5.5, 8.8)	[3, *)	825	2	4	10000	0.075	[127500, *)	0.80	[*, 0.
25	[*, 2)	[*, 5.5)	[3, *)	650	2	5	10000	0.075	[127500, *)	0.80	[*, 0.
26	[*, 2)	[5.5, 8.8)	[3, *)	825	2	6	10000	0.075	[127500, *)	0.80	[*, 0.
27	[*, 2)	[5.5, 8.8)	[3, *)	825	3	3	7500	0.075	[127500, *)	0.80	[*, 0.
28	[*, 2)	[*, 5.5)	[3, *)	650	3	5	10000	0.125	[127500, *)	0.80	[*, 0.
29	[*, 2)	[*, 5.5)	[3, *)	650	4	3	10000	0.125	[127500, *)	0.80	[*, 0.
30	[*, 2)	[*, 5.5)	[3, *)	650	3	4	10000	0.125	[127500, *)	0.80	[*, 0.

图 3　数据离散化示意图

4. 数据的约简

离散化后需要对数据进行约简，即在离散化生成的新项目“实验组 discretized”上单击选择“Reduce”项下的“Genetic algorithm”（遗传算法），图 4 是利用遗传算法得到的约简。

	Reduct	Support	Length
1	{C6, C7, C8, C11, C18}	100	5
2	{C8, C14, C18, C22, C23}	100	5
3	{C6, C7, C10, C14, C18}	100	5
4	{C3, C7, C8, C17, C18}	100	5
5	{C7, C10, C14, C15, C18}	100	5
6	{C6, C7, C8, C10, C14}	100	5
7	{C6, C7, C8, C10, C18}	100	5
8	{C7, C10, C11, C17, C22}	100	5
9	{C7, C8, C12, C17, C18}	100	5
10	{C7, C10, C14, C17, C22}	100	5
11	{C6, C7, C8, C10, C22}	100	5
12	{C4, C7, C8, C22, C23}	100	5
13	{C7, C8, C10, C15, C18}	100	5
14	{C6, C7, C8, C17, C18}	100	5
15	{C7, C10, C14, C15, C17}	100	5
16	{C6, C7, C10, C11, C17}	100	5
17	{C7, C8, C10, C17, C22}	100	5
18	{C4, C7, C8, C12, C18, C19}	100	6
19	{C4, C5, C7, C10, C14, C16}	100	6
20	{C3, C6, C7, C8, C11, C14}	100	6
21	{C5, C6, C7, C8, C11, C14}	100	6
22	{C2, C4, C7, C18, C19, C22}	100	6
23	{C4, C6, C10, C14, C16, C23}	100	6
24	{C7, C10, C14, C15, C16, C23}	100	6
25	{C7, C10, C14, C16, C18, C23}	100	6
26	{C6, C7, C10, C14, C16, C23}	100	6
27	{C2, C4, C7, C11, C22, C23}	100	6
28	{C7, C8, C10, C15, C16, C17}	100	6
29	{C4, C7, C8, C16, C19, C23}	100	6
30	{C6, C7, C16, C18, C19, C22}	100	6

图 4　数据约简示意图

5. 规则生成和挑选

数据约简后在新生成项“Generate rules”上单击，可以得到规则表。若把以上约简都生成规则，将产生 14826 条规则。图 5 为操作后的部分规则。

	Rule	LHS Support	RHS Support	RHS Accuracy	LHS
1	C6(7) AND C7(300) AND C10(0.40) AND C11([*, 0.53)) AND C17(4) => D(1)	1	1	1.0	0.00
2	C6(4) AND C7(300) AND C10(0.80) AND C11([*, 0.53)) AND C17(8) => D(1)	1	1	1.0	0.00
3	C6(5) AND C7(300) AND C10(0.65) AND C11([*, 0.53)) AND C17(4) => D(1)	2	2	1.0	0.01
4	C6(4) AND C7(1150) AND C10(0.65) AND C11([0.53, *)) AND C17(13) => D(1)	1	1	1.0	0.00
5	C6(4) AND C7(300) AND C10(0.40) AND C11([0.53, *)) AND C17(4) => D(1)	1	1	1.0	0.00
6	C6(5) AND C7(650) AND C10(0.80) AND C11([0.53, *)) AND C17(8) => D(1)	1	1	1.0	0.00
7	C6(2) AND C7(650) AND C10(0.65) AND C11([*, 0.53)) AND C17(13) => D(1)	1	1	1.0	0.00
8	C6(1) AND C7(300) AND C10(0.80) AND C11([0.53, *)) AND C17(8) => D(1)	1	1	1.0	0.00
9	C6(4) AND C7(4000) AND C10(0.80) AND C11([*, 0.53)) AND C17(8) => D(1)	1	1	1.0	0.00
10	C6(4) AND C7(7500) AND C10(0.80) AND C11([*, 0.53)) AND C17(13) => D(1)	1	1	1.0	0.00
11	C6(6) AND C7(7500) AND C10(0.40) AND C11([*, 0.53)) AND C17(8) => D(1)	1	1	1.0	0.00
12	C6(3) AND C7(7500) AND C10(0.80) AND C11([*, 0.53)) AND C17(8) => D(1)	3	3	1.0	0.02
13	C6(6) AND C7(7500) AND C10(0.80) AND C11([*, 0.53)) AND C17(8) => D(1)	1	1	1.0	0.00
14	C6(2) AND C7(7500) AND C10(0.80) AND C11([*, 0.53)) AND C17(8) => D(1)	2	2	1.0	0.01
15	C6(4) AND C7(10000) AND C10(0.80) AND C11([*, 0.53)) AND C17(8) => D(1)	6	6	1.0	0.05
16	C6(3) AND C7(10000) AND C10(0.80) AND C11([*, 0.53)) AND C17(8) => D(1)	2	2	1.0	0.01
17	C6(4) AND C7(10000) AND C10(0.80) AND C11([0.53, *)) AND C17(8) => D(1)	1	1	1.0	0.00
18	C6(5) AND C7(10000) AND C10(0.80) AND C11([*, 0.53)) AND C17(8) => D(1)	8	8	1.0	0.06
19	C6(2) AND C7(650) AND C10(0.40) AND C11([*, 0.53)) AND C17(8) => D(1)	1	1	1.0	0.00
20	C6(4) AND C7(300) AND C10(0.80) AND C11([0.53, *)) AND C17(4) => D(1)	2	2	1.0	0.01
21	C6(6) AND C7(10000) AND C10(0.80) AND C11([*, 0.53)) AND C17(8) => D(1)	3	3	1.0	0.02
22	C6(3) AND C7(7500) AND C10(0.80) AND C11([*, 0.53)) AND C17(13) => D(1)	1	1	1.0	0.00
23	C6(3) AND C7(10000) AND C10(0.80) AND C11([*, 0.53)) AND C17(13) => D(1)	1	1	1.0	0.00
24	C6(2) AND C7(7500) AND C10(0.80) AND C11([*, 0.53)) AND C17(13) => D(1)	1	1	1.0	0.00
25	C6(2) AND C7(10000) AND C10(0.80) AND C11([*, 0.53)) AND C17(8) => D(1)	1	1	1.0	0.00
26	C6(8) AND C7(4000) AND C10(0.80) AND C11([0.53, *)) AND C17(8) => D(1)	1	1	1.0	0.00
27	C6(5) AND C7(7500) AND C10(0.80) AND C11([*, 0.53)) AND C17(8) => D(1)	1	1	1.0	0.00
28	C6(6) AND C7(10000) AND C10(0.80) AND C11([*, 0.53)) AND C17(13) => D(1)	2	2	1.0	0.01
29	C6(5) AND C7(1150) AND C10(0.40) AND C11([*, 0.53)) AND C17(8) => D(1)	1	1	1.0	0.00

图 5　规则生成示意图

规则过多，无法精确选择规则，通过对支持度、精确度和覆盖度等进行设置，从而完成对规则的评价，从而得到最后知识。右键单击得到的生成规则的新项目，在“Fliter”项选择“Basic filter”，设置支持度（LNS Support）>10，精确度（RNS Accuracy）>0.75，覆盖度（RHS Coverage）>0.05 后，单击“OK”后，得到对规则进行挑选的最终 19 组知识。如图 6 所示。

	Rule	LHS Support	RHS Support	RHS Accuracy	LHS Coverag
1	C6(4) AND C7(10000) AND C10(0.80) AND C11([*, 0.53)) AND C17(8) => D(1)	6	6	1.0	0.051282
2	C6(5) AND C7(10000) AND C10(0.80) AND C11([*, 0.53)) AND C17(8) => D(1)	8	8	1.0	0.068376
3	C6(2) AND C7(650) AND C10(0.80) AND C11([0.53, *)) AND C17(8) => D(2)	1	1	1.0	0.008547
4	C6(4) AND C7(1150) AND C10(0.80) AND C11([0.53, *)) AND C17(8) => D(2)	1	1	1.0	0.008547
5	C6(4) AND C7(650) AND C10(0.65) AND C11([*, 0.53)) AND C17(8) => D(2)	1	1	1.0	0.008547
6	C6(4) AND C7(300) AND C10(0.65) AND C11([*, 0.53)) AND C17(8) => D(2)	2	2	1.0	0.017094
7	C6(3) AND C7(4000) AND C10(0.40) AND C11([0.53, *)) AND C17(8) => D(2)	1	1	1.0	0.008547
8	C6(3) AND C7(2250) AND C10(0.80) AND C11([*, 0.53)) AND C17(8) => D(2)	1	1	1.0	0.008547
9	C6(4) AND C7(4000) AND C10(0.80) AND C11([0.53, *)) AND C17(13) => D(2)	1	1	1.0	0.008547
10	C6(4) AND C7(300) AND C10(0.40) AND C11([0.53, *)) AND C17(8) => D(2)	1	1	1.0	0.008547
11	C6(4) AND C7(2250) AND C10(0.65) AND C11([0.53, *)) AND C17(8) => D(2)	1	1	1.0	0.008547
12	C6(6) AND C7(100) AND C10(0.40) AND C11([*, 0.53)) AND C17(8) => D(2)	1	1	1.0	0.008547
13	C6(6) AND C7(650) AND C10(0.80) AND C11([0.53, *)) AND C17(4) => D(2)	1	1	1.0	0.008547
14	C6(1) AND C7(1150) AND C10(0.40) AND C11([0.53, *)) AND C17(8) => D(2)	1	1	1.0	0.008547
15	C6(2) AND C7(650) AND C10(0.65) AND C11([0.53, *)) AND C17(13) => D(2)	1	1	1.0	0.008547
16	C6(4) AND C7(1150) AND C10(0.40) AND C11([*, 0.53)) AND C17(13) => D(2)	1	1	1.0	0.008547
17	C6(2) AND C7(650) AND C10(0.80) AND C14(20000) AND C18(0.625) => D(2)	1	1	1.0	0.008547
18	C6(4) AND C7(1150) AND C10(0.80) AND C14(125000) AND C18(0.375) => D(2)	1	1	1.0	0.008547

图 6　规则挑选示意图

通过对属性进行约简，可以得出对我们研究有用的多条规则，通过得到的19条规则,可以得出对我们所研究电商小微企业信贷条件中最核心的属性C1、C2、C3、C4、C5、C6、C7、C9、C11、C12、C13、C14、C15、C16、C17、C23、C24。这些核心属性对电商小微企业信贷有所影响。

产生以上决策规则后,若有一新的电商小微企业申请贷款,则金融企业可以利用以上的规则对这个贷款企业的多种条件进行预测。如这一贷款企业的指标值经过离散化处理后得到的条件属性为:C9(0.075)AND C11(8)AND C12(0.750)AND C13(0.10)AND C15([*,0.53))AND C16([3,*))AND C17(825),…,此新样本同时与规则13、14相匹配,这个规则同属于违约风险低的企业组。此检验样本与所得规则匹配;根据以上规则则可判定此电商小微企业为违约风险低的企业组,金融机构可考虑向此企业发放贷款。

6. 数据检验

在导出上述一系列规则后,为验证其有效性,对分出有效数据的验证组中223个样本进行检验(其中最终得到贷款卖家193个、未得到贷款30个)检验结果证明:在得到最终贷款的117个样本中,17个指标属性准确预测,准确率达到了100%;在为取得贷款的106个样本中有102个样本预测准确,有4个样本被错误预测为违约风险低,准确率达到了96.2%;所有样本均可判别,总的准确率达到了98%。检验结果表明,主成分—粗糙集模型预测精度良好。

通过对验证组多条数据进行验证得出实验组所得到的最终属性对电商小微企业信贷有重要影响。

7. 授信指标特征分析

针对电商小微企业信贷融资条件,实验组得出核心属性为交易指标中的注册年限(C1)、商品种类(C2)、月订单数量(C3)、月销售额(C4)、是否推广店铺(C5);财务指标中是否做过广告(C6)、平均收款期(C11)、确认收货比例(C12)、退货比例(C13);客户指标中顾客五星评价率(C14)、老客户所占比例(C15);信用指标中的信用等级(C16)、芝麻信用分(C17);其他指标中的贷款用途(C23)、店铺优势(C24),并通过对检验组的多组数据检验。

仔细观察可以发现，这些核心属性中与店铺交易、财务、客户以及信用有关的因素占了相当大的比例。通过对交易指标观测可以得出贷款企业自身销售规模的大小，财务指标可以描述出贷款企业现金流动、销售水平，客户指标则是对贷款企业的发展前景进行评定，信用指标就可以对贷款企业的信用水平进行评定。贷款企业的销售规模、现金流动、销售水平、发展前景和信用水平对金融机构评判是否放贷有一定的影响，金融机构可以以此作为评价是否给予放贷的决定。

六、研究结论

本文基于粗糙集理论，提出授信指标体系，识别出不同授信条件的重要程度，其关键技术在于掌握好与关联规则的准确性，包括离散化过程中选取离散边界，条件属性的确定和关联规则的过滤。在经过多次尝试和调整，得到以上结果。

通过 rough set 对金融企业授信指标体系的分析，挖掘出在贷款时占据核心地位的属性 C1、C2、C3、C4、C5、C6、C7、C9、C11、C12、C13、C14、C15、C16、C17、C23、C24，通过支持度、精确度和覆盖度三个方面的评价，权衡规则的精确度和覆盖度，可以看出核心指标更为科学合理。利用这些规则，可以公正、科学、客观地对电商小微企业信贷条件做出科学、准确和客观的判断。电商小微企业可以依据这些特征，在贷款中化被动为主动，提升自身发展能力和信用等级，在谋求企业发展时能够获得最大化的投资，获得可持续发展的能力。

七、结语

本文在 Rough Set 理论基础上，运用 Rough Set 应用软件 Rosetta 对电商小微企业信贷条件指标进行数据挖掘，确定了影响电商小微企业信贷条件的主要因素，为电商小微企业信贷提供一种新的分析方法。

基于社会网络理论的双边市场
供应链融资体系研究

陈青青

(北京联合大学管理学院会计 1302B 班学生)

一、引言

社会网络理论(Social Network Theory)出现于 20 世纪 30 年代,经过 40 多年的发展得到了推广,是一种新的社会学研究模式。[1] 在近 30 年的发展历程中,"社会网络结构"的概念在不同的领域不断深化,成为一种重要的社会结构分析模式。社会网络理论的三大核心理论分别是强弱联结、网络位置和密度、社会资本。本文以社会网络理论为逻辑起点,研究主体是具有明显双边市场特征的公共平台,研究了社会网络理论上的相关问题,探究了基于社会网络理论下的双边市场的供应链融资体系。

二、理论基础

(一)文献综述

国外有关社会网络的研究起步比较早,有代表性的社会网络理论如下所述。

1. 社会资源理论

社会资源理论的主要代表人物为美籍华裔社会学家林南。他在发展和修正格兰诺维特的"弱关系力量假设"时提出了社会资源理论。他在理论中强调,那些在个人社会网络中的社会资源,如权力、财富和声望等,都是个人通过直接或间接的社会关系来获取的,并不是个人直接占有。个体自己拥有多少社会资源,质量如何,都跟社会网络中个体的性格、个体与

---

[1] 刘红丽,王夏洁. 基于社会网络理论的知识链分析[J]. 情报杂志, 2007 (2).

网络中其他人的关系、个体在网络成员中的社会地位有关。

2. 社会资本

社会资本概念[1]是由法国社会学家 Bourder 在其关系主义方法论中首先提出的。其后 Coleman 以微观和宏观的联结为切入点对社会资本做了较系统的研究，认为个人拥有的属于社会结构资源的资本是社会资本。个人参加的社会团体数量与社会资本成正比，而社会资本与摄取资源的能力也成正比。具有社会资本的不只是个人，企业也有社会资本，企业的社会资本是指企业通过个体网络摄取的稀缺资源的能力。因此社会资本包括个体和组织两部分拥有的资本。

3. 结构洞

美国学者 Burt 在 1992 年提出了结构洞的概念。社会网络均表现为两种形式：一是网络中的任何主体与其他主体都发生联系，不存在关系间断现象，从整个网络来看就是"无洞"结构。这种形式只有在小群体中才会存在。二是社会网络中的某个或某些个体与有些个体发生直接联系，但与其他个体不发生直接联系，无直接联系中断的现象，从网络整体来看好像网络结构中出现了洞穴，因而称作"结构洞"。在网络关系中存在"结构洞"现象，个人或组织与其他的个人或组织有直接的联系，而与另外的个人或组织不存在直接的联系，即中断的现象。另外，结构洞与社会资本有关。

(二) 社会网络理论的基本概述

社会网络理论（Social Network Theory）最早是由英国著名人类学家 R·布朗提出来的，相比于实际的复杂的人际交往而言，他的研究相对简单。而 Wellman 于 1988 年提出的社会网络定义则较为成熟，他认为"把个体和个体之间的社会关系组织起来就形成一个相对稳定的系统，叫作社会网络。"即"社会网络"是联结行动者（actor）的一系列社会联系（social ties）或社会关系（social relations），它们这种相对稳定的模式构成社会结

---

[1] 赖家彦. 社会网络视角下个体间知识转移的影响研究 [J]. 商业时代, 2010 (8).

构（social structure）。社会网络理论中的三大核心理论分别是强弱联结、网络位置和密度、社会资本。

第一，强弱联结。联结强度概念最早出现在 1973 年《美国社会学杂志》，是由 Granovetter 发表的《弱联系优势理论》。他将联结分为强联结和弱联结（Strong Tie，Weak Tie）两种。强关系是在社会经济特征相似的个体之间发展起来的，而弱关系则是在社会经济特征不同的个体之间发展起来的。

第二，网络位置和密度。在社交网络中网络位置是一个非常重要的概念，个人处在社会网络中的哪个位置决定了他的行为特征和在整个社会网络的作用。网络密度是节点之间接触的紧密度的量度，一组网络中的参与者之间关系的最大可能数目的实际数目之间的关系，这个比率即为"密度"。

第三，社会资本。社会资本是指在社会网络中个体或者团体之间的关联，也就是个体在社会结构中所处的位置给他们带来的资源。

（三）双边市场供应链融资的基本概述

1. 双边市场

随着经济的发展和社会的进步，以及互联网的广泛应用，双边市场这一市场形态越来越常见，越来越受到学者们的关注。近年来，我国双边市场理论的研究在不断展开和深入，并初步形成了对各平台产业等细分行业的理论。新兴的电子支付、软件产业、网络购物、传统的传媒或中介产业都具有明显的双边市场特征。

2. 双边市场供应链融资

双边市场，也称为双边网络，是两个互相提供网络收益的独立用户群体的经济网络。[1] 从另一个角度来说，两种类型不相同的用户想要进行交易，需要通过平台进行交易。供应链融资，是整合供应链中成员间的信息流、资金流和物流，实现供应链中核心企业、上下游企业等各参与主体的

---

[1] 李卫姣，马汉武. 基于B2B的供应链融资模式研究［J］. 科技与管理，2011（5）.

合作共赢的一种融资模式。了解双边市场供应链融资的首要问题是弄清楚双边市场的各用户的供应链网络结构的基本情况，了解各用户的融资体系。

三、双边市场供应链融资体系的社会网络结构

（一）运用联结强度理论对双边市场供应链融资体系的分析

双边市场供应链融资是针对核心企业，将核心企业和上下游企业联系在一起，为他们提供合作共赢的一种融资模式。[1] 我们把核心企业融资定义为处在强联结中的供应链融资，这些核心企业在整个供应链中具有绝对的优势。核心企业应当提高核心竞争能力，不断加强各方面的建设，并防范供应链上的风险。同时核心企业间要保持相互联系，还要和上下游的企业进行联系，形成开放的环境。对于处在弱联结中的上下游企业，可以充分地互通有无，取长补短，了解更多的信息，缓解信息不对称的问题。

（二）运用网络位置和密度理论对双边市场的供应链融资体系的分析

处于核心企业的供应链融资，有比其他企业更多的机会与其他类型的供应链相连，它应该不断起到协调的作用，既组织好本核心企业供应链融资的共享与交流，也要与上下游企业开展广泛的交流活动。核心企业供应链融资发挥的作用，很大程度上会影响到上下游企业供应链融资之间交流。同时由社会网络密度理论可以知道，网络密度过低或过高都不利于资源传播。因此位于节点处的各个供应链融资体系之间的联系不能疏远，要进行信息共享与交流，也不能只是注重联系，过于强调紧密交流却忽略了自身的发展，到头来本末倒置。

（三）运用社会资本理论对双边市场的供应链融资体系的分析

运用社会资本理论对双边市场供应链融资体系的分析，双边市场供应链融资技术解决方案包括多种前端的技术和新兴技术。企业在寻求适合自己的供应链融资体系技术解决方案时，应该尊重特殊的用户需求、基于网络的供应链融资信息构架和配额资金支持。核心企业应当充分利用自己的

---

[1] 李卫姣，马汉武. 基于B2B的供应链融资模式研究［J］. 科技与管理，2011（2）.

社会资本和丰富的管理经验、雄厚的资金实力、渠道等方面的优势，吸引商业巨头进行投资，从而达到资源与技术的完美结合。

四、社会网络理论在双边市场供应链融资的应用分析——以 B2B 为模型

B2B 模型中社会网络理论的应用分析——以 1688 为例。

B2B 电子商务供应链融资的市场主体主要包括 B2B 电子商务企业、融资企业，供应链中的核心企业，第三方物流等。

（一）运用联结强度理论对 B2B 模式下供应链融资的分析

B2B（Business-to-Business）电子商务有两个信息平台，分别是内部信息系统平台和外部网站，通过他们将上游供应商（Upstream Suppliers）的采购业务和下游代理商（Downstream Agents）的销售业务连接在一起。B2B 是一种典型的双边市场模式，我们可以以 1688B2B 为例来研究双边市场供应链融资体系。各个供应链形成自组织分组无线网络（Adhoc networks），因此我们可以认为 B2B 电子商务是嵌入社会生活的各个节点。各个供应链之间也存在着强弱联结。

（二）运用网络位置和密度理论对 B2B 模式下供应链融资的分析

B2B 平台的商业模式可分为以下几种：水平网站、垂直网站、专门网站和公司网站等。1688B2B 电子商务平台是垂直式的网络体系。商业零售商可以同上游的供货商形成供货关系，而下游的经销商同生产商形成了销货关系。相当于商业零售商在线上开设一个平台，通过网络形式与供货商签订生产订单，再将生产好的货物交付给下游的销货商进行销售。根据网络位置和密度的理论，处于中间的商业零售商接触和获取资源的机会比其他零售商多，在运作网络中发挥了关键作用，作为供应商和销售商之间的资源转移中介，处于桥梁地位的生产商可以决定群组间资源转移的效率，并且能获得更多的信息。详见图 1。

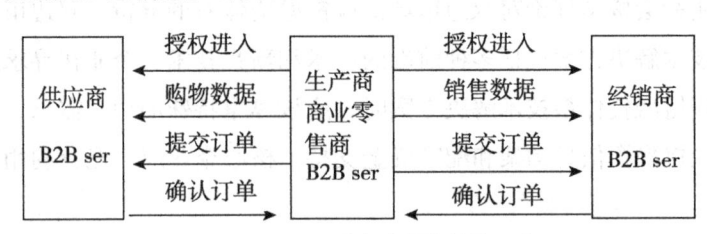

图 1　1688B2B 垂直式网络结构示意

(三) 运用社会资本理论对 B2B 模式下供应链的分析

如今，B2B 电子商务市场还没有发育充分，竞争也不充分，企业生产经营行为的不确定性也大，风险很高，因此需要寻求金融机构提供融资服务。金融机构提供融资服务的业务模式和盈利方式，决定供应链融资服务的融资期限和融资成本；阿里巴巴集团是 1688 的发展基石。阿里巴巴在其发展过程中，不断引入高盛、富达投资和新加坡政府科技发展基金、日本软银（SOFTBANK）等多家金融机构的投资。1688 企业为银企间的合作，企业与企业之间的合作构架了新桥梁。供应链上需求融资的主体是 B2B 电子商务平台上有资金需求但交易信用良好的中小企业；核心企业是整个供应链的主导型企业，在供应链的整体运作中起着核心作用的企业；物流企业在线上交易的基础上实现线下物流活动的执行者，提供以质押物资仓管与监管、价值评估、公共仓储、物流配送为核心的综合性第三方物流服务。同时利用这一无限的资源，将他们融入 1688B2B 电子商务的供应链融资体系，扩充供应链的资源，构建一个完善的双边市场供应链融资体系。详见图 2。

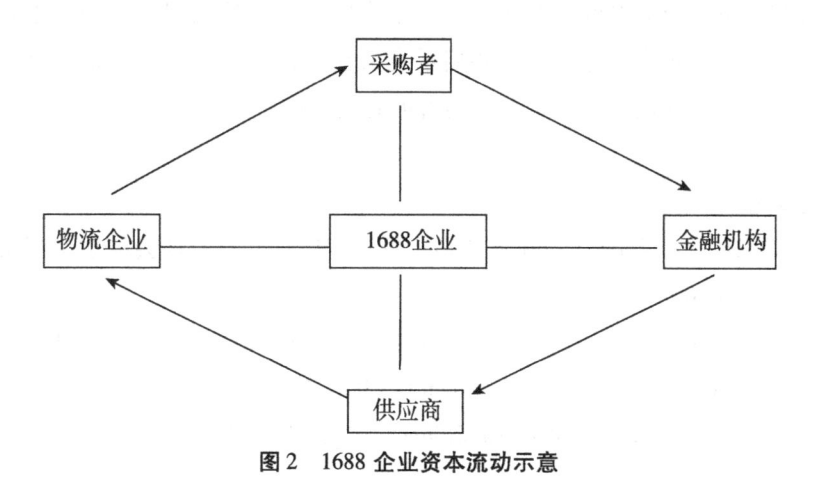

图 2 1688 企业资本流动示意

五、对基于社会网络理论分析双边市场供应链融资的展望

通过分析 B2B 交易平台了解到借助经济市场的自身能力，再进行适度的制度设置，就能够对民间的借款贷款行为设计出比较好的规章制度。民间经济发展与市场发展不同，发展较为平稳，在市场经济进行到一个阶段

的时期，国家和政府部门主要负责指导投入资本。对民间金融行为和民间资金的使用的了解和掌握，会有益于我们国家顺利完成经济提高方式的转变。社会网络的进展，特别是在 IT 技术的基础上形成的社会网络服务的前进方向上，都有潜在的可能性在现代经济市场的每个方面进行本质上的改革创新，为以后一段相当长的时期内，对社会网络的重视和分析探讨应该是学术界的一个研究重点和分析对象。

六、结论

社会网络理论提供了关于企业分析的有用思路，可以看出，传统的交易分析标准是不够的，多维、复杂结构是进行分析的一个重要特征，而多维、复杂结构要求分析必须超越单个企业层次并把系统当作一个整体。本文立足于我国现阶段双边市场供应链融资体系构建的现实需求，从现实中寻找问题。在知识经济时代，知识成为企业竞争优势之源。知识链研究已引起越来越多学者的关注。社会网络分析是近年来兴起的一个全新视角。利用社会网络理论分析了双边市场供应链融资体系，认为核心企业应当处理好与上下游企业之间的关系，缓解中小微企业成长发展的金融约束。社会网络的理论对本文分析的重要启示意义在于，指出了社会网络可以对投融资活动、创新活动中的信息不对称问题起到缓解的作用。

参考文献

［1］罗家德. 社会网分析讲义（第二版）［M］. 北京：社会科学文献出版社，2010.

［2］J Coleman. Social capital in the creation of human capital ［J］. American Journal of Sociology（Supplement），1988（94）.

［3］R Burt. Structural holes, cambridge ［M］. MA：Harvard University Press，1992.

［4］肖冬平，梁臣. 社会网络研究的理论模式综述［J］. 广西社会学，2003（12）：36－38.

［5］姚小涛，席西民. 社会网络理论及其在企业研究中的应用［J］. 西安交通大学学报（社会科学版）. 2003（3）：22－27.

［6］王华，张阳，戴薇. 社会网络嵌入性视角的产业集群竞争优势探析

[J]. 科技进步与对策, 2006 (1): 17-18.

[7] 刘军. 社会网络模型研究论析 [J]. 社会学研究, 2004 (1): 35-37.

[8] 姚小涛, 王洪涛, 李武. 社会网络与中小企业成长模型 [J]. 系统工程理论方法应用, 2004 (1): 56-58.

[9] 吴志清. 对现代社会网络关系若干问题的分析 [J]. 上海经济究, 2004 (8): 47-48.

[10] 丁凯. 国际贸易理论发展综述 [J]. 经济纵横, 2004 (9): 17-19.

[11] 叶昕, 丁烈云. 论社会网络结构理论对战略技术联盟的影响 [J]. 外国经济与管理, 2004 (10): 65-68.

[12] 邓学军. 企业家社会网络对企业绩效的影响研究 [D]. 中山: 暨南大学, 2009.

[13] 苗淑娟. 融资方式对新创企业绩效的影响研究 [D]. 长春: 吉林大学, 2007.

[14] 薛正亮, 季建华. 供应链竞争环境分析模型 [J]. 技术经济与管理研究, 2003 (2): 9-13.

[15] 张敬峰. 供应链融资理论动态与实践进展 [J]. 生产力研究, 2011 (10): 6-9.

[16] 黄嘉斌. 中小企业供应链融资模式优化 [J]. 才智, 2010 (16): 36-40.

[17] 李勤, 韩凯. 供应链融资的现状与问题: 93家企业样本 [J]. 改革, 2009 (6): 31-36.

[18] 杨静. 基于供应链金融的中小企业融资机会 [J]. 改革与战略, 2008 (12): 17-22.

[19] 马士华, 等. 供应链管理 [M]. 北京: 机械工业出版社, 2000.

[20] 李智超, 罗家德. 透过社会网观点看本土管理理论 [J]. 管理学报, 2011 (12): 35-40.

[21] 罗家德. 中国管理本质——一个社会网的观点 [J]. 南京理工大学学报 (社会科学版), 2011 (1): 18-22.

[22] Granovetter M. The strength of weak ties [J]. American Journal of Sociology, 1973 (78): 1360-1380.

公司并购融资策略分析

——以宝能收购万科为例

李冬梅[1] 张 峰[2]

(1 北京联合大学管理学院 2015 级金融专业硕士研究生;
2 北京联合大学管理学院金融与会计系)

摘要：上市公司并购的形式不断变化，通过并购可以使企业的规模效应递增，提高企业的核心竞争力。从并购的过程来看，资金的来源长期以来一直是限制企业大规模并购的主要因素。对于融资方案的选择，每种融资方式各有优劣，但是每个公司的财务状况以及项目等因素不同，也会使每个公司的融资方式各有不同，本文以宝能收购万科为例，探究我国上市公司并购融资的策略等问题，希望对其他公司并购融资有所借鉴。

关键词：并购融资　融资方式　融资风险

一、引言

2015 年宝能系旗下公司多次大量买入万科 A 股股票，截至 2015 年 12 月 16 日，宝能系持有万科的股权远远超过万科原第一大股东华润，成为万科第一大股东。为此，万科 A 股、H 股在 2015 年 12 月 18 日下午紧急停牌，筹划股份发行、重大资产重组及收购资产事宜，此后宝能、万科股权争夺战越演越烈，万科总裁王石并不欢迎宝能的加入，认为是恶意收购，而且认为宝能系此次收购的资金来源有问题。因此，本文将以宝能收购万科为例研究公司并购融资策略。

宝能收购万科采用的是股权收购，股权收购的优势是无须办理有形资产、无形资产、证照的变更手续；税负比资产收购低。宝能收购万科是在万科不同意的情况下，因此，宝能不能通过要约收购、协议收购来进行万科的资产收购，只能通过股权收购成为万科的第一大股东，从而取得控制权。此外，宝能系采用的是杠杆收购，要想成为万科的第一大股东，收购股票的成本巨大预计为 200 多亿元，宝能系自有资金远远不够，所以选择通过负债的形式筹资。

二、公司并购与并购融资

并购一般指兼并、收购和合并的统称，即一个企业或公司购买其他企业或公司的全部或部分资产或股权，从而影响、控制其他企业或公司经营管理的行为。

表1 兼并、收购、合并

兼并	收购	合并
兼并指两个以上独立的企业或公司合并组成一家企业或公司，通常由占优势的一个企业或公司吸收其他企业或公司	收购指一个企业或公司以现金、股票或者债券等支付方式购买另一个企业或公司的股票或资产，以取得控制权的行为	合并指两个以上企业或公司互相合并成为一个新的企业或公司，包括吸收合并和新设合并

任何企业要进行生产经营活动都需要有适量的资金，并购融资是一个公司在收购另一家公司时通过各种途径和相应手段取得这些资金的过程。并购融资根据资金来源渠道可分为内部融资和外部融资。

内部融资是从企业内部开辟资金来源，筹措所需资金。如果收购方在收购前有充足的甚至过剩的闲置资金，则可以考虑使用内部资金并购。但是，由于并购活动所需的资金数额往往非常巨大，而企业内部资金毕竟有限，利用并购企业的营运现金流进行融资有很大的局限性，因而内部融资一般不能作为企业并购融资的主要方式。

外部融资，即企业从外部开辟资金来源，向企业以外的经济主体筹措资金，包括企业银行信贷资金、非银行金融机构资金、发行证券筹集资金等。外部融资渠道可以分为直接融资和间接融资。根据融入资金的性质可以划分为权益融资和债务融资。

三、各种融资方式的优势及风险

直接融资可以最大限度地利用社会闲散资金，形成多样化的融资结构，降低筹资成本，同时又可以通过发行有价证券提高公司的知名度。但是也存在风险，股票融资，股利没有税后价值，必须在所得税后支付，普通股融资越多，相对于债务融资，企业所缴纳的所得税也相对越多。若发行数额过大或当盈利下降时，优先股股利可能会成为公司的负担，还有可能使股票市场价格下降，进而影响企业信誉，损害公司形象。

间接融资成本相对较低，筹资速度快，但一般数量有限，难于满足并购所需资金，并且在我国受政府约束较大。此外，由于金融中介组织的介入，简化了融资操作，但也增加了融资成本；企业面向银行等金融组织，受到的压力更大。

债务融资具有节税效应，但是负债过高，会降低企业信誉，进而使得再融资的成本升高，使企业面临多种风险。比如，企业利用发行债券方式筹集资金时，如果发行条件、债券利率、融资时机等选择不当，也会给企业带来风险。此外，还有银行信用的风险即不能偿付的风险、降低信用等级的风险、利率变动风险。

普通股最大的优点就是财务风险相对小，不存在不能偿付的风险，而且普通股没有到期日，能保证企业的长期资金需求。但是普通股股东由于享有的权利包括参与经营权、资产分配权等，所以对企业的控制力而言是一种削弱。归纳来看，众多的不确定性都使得公开发行股票融资对股东来讲有较大的风险，对企业来说也可能因为定价问题受外部环境的影响导致融资成本提高。

换股并购的优点在于可以避免大量现金的支付，而不会使公司的营运资金遭到挤占，缓解了企业短期内的融资压力。收购交易完成后，目标公司纳入兼并公司，但目标公司的股东仍保留其所有者权益，能够分享兼并公司所实现的价值增值。

四、融资方式的选择

并购融资作为企业融资的一部分，首先必须遵循一般的融资原则；同时由于并购融资区别于一般的企业融资，因而会对并购企业的财务状况及权益价值产生一些特殊的影响。因此，对于并购企业来说，在选择融资决策的过程中，除了应当根据具体情况选择适合企业情况及并购项目的融资方式以外，还应当分析不同的融资方式及融资结构安排对企业财务状况的影响，进而选择出适合本企业并购的融资决策。

由于宝能收购万科对资金的需求较大，自有资金并不能完全满足需要，而且债务融资的优点在于：第一，银行贷款发行的程序简单，费用低；第二，风险较低而使得银行要求的必要报酬率也低，因而企业的融资成本相应也低。

因为宝能收购万科采用股权收购，因此宝能选择通过负债融资，而且是高杠杆的负债融资来融入并购资金，主要形式是股权质押、信贷融资、发债融资和资管计划融资。此外，宝能旗下公司前海人寿保险公司的寿险资金具有长期性，收购过程耗时比较长，因此，宝能系选择前海人寿保险公司运用保险资金最先买入万科股票。

换股并购融资，对兼并方而言，新增发的股票将会改变其原有的股权结构，导致了股东权益的"淡化"，其结果甚至可能使原先的股东丧失对公司的控制权。此外，换股收购经常会招来风险套利者，套利群体造成的卖压以及每股收益被稀释的预期会招致收购方股价的下滑。虽然换股并购在法律上已经被允许，但中国资本市场不够发达，缺乏换股并购存在的市场环境。因此，宝能没有采用换股并购融资方式。

五、公司并购资金来源

（一）宝能收购资金的来源及规模

宝能集团成立于 2000 年，注册资本 3 亿元，潮汕籍老板姚振华是其唯一的股东，他通过宝能投资持有钜盛华 99% 的股份，再通过钜盛华持股前海人寿 20% 的股份。由图 1、表 2、表 3、表 4 可看出，此次宝能系动用旗下几家公司来购买万科股份，其中包括前海人寿的保费收入和自有资金；钜盛华，以及与钜盛华签订的资产管理计划，包括安盛 1 号、2 号、3 号资管计划，西部立德宝禄 1 号资管计划、西部利得金裕。据机构测算，宝能系此次收购万科股份累计约花费 400 多亿元。在宝能系举牌万科的资金中，自有资金甚少，除银行信贷、债券、股权质押等传统资金来源外，还有通过券商收益互换、资产管理计划等筹集的杠杆资金。下面是宝能系各子公司在收购万科过程中的出资规模及占比。

表2　各子公司收购资金规模及占比

	前海人寿	钜盛华	宝能控股	总计
资金规模（亿元）	155	252.5	40	447.5
百分比	34.64%	56.42%	8.94%	100%

由图1和表2可看出，此次收购资金主要来源于宝能系旗下的前海人寿保险公司和钜盛华实业发展公司，钜盛华融资规模最大占56.42%。

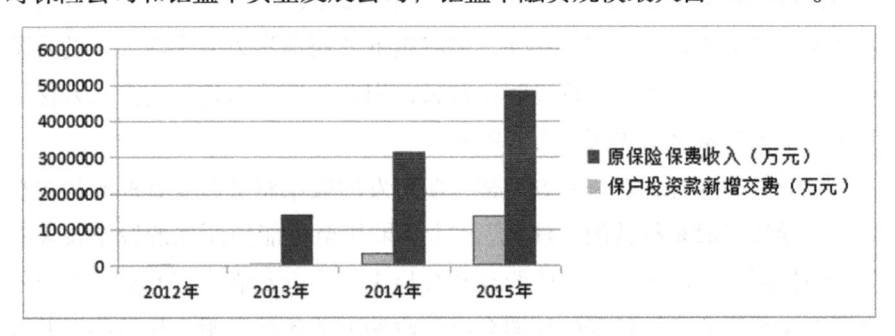

图1　前海人寿保费收入

由图1可以看出，前海人寿保险公司近几年的保费收入直线增长，对于收购万科是非常有利的。前海人寿举牌万科的大部分资金来自于海利年年、聚富产品两款万能险。万科公布的8月21日股东名录显示，前海人寿通过上述两款保险产品的保费收入持股4.95%，耗资约80亿元，另外，通过自有资金持股1.71%约27.6亿元，此后二次举牌，两次共耗资155亿元。

宝能系在二级市场上购买万科股票的资金来源，主要有股权质押融资、资管计划融资、发债融资和信贷融资。

1. 股权质押

表3　公司股权质押情况

核准时间	公司股东	被质押公司	质押股数	质押方
2014-10	宝能控股有限公司	宝能地产股份有限公司	22370万股	中信银行深圳分行
2015-06	深圳市中林实业公司	宝能地产股份有限公司	40266万股	中国长城资管公司
	宝能控股有限公司		4600万股	

续表

核准时间	公司股东	被质押公司	质押股数	质押方
2015-08-10	宝能地产股份有限公司	深圳市中林实业公司	41.07%的股权	平安银行深圳分行
	宝能控股有限公司		9.93%的股权	
2015-08-25	深粤控股股份公司	前海人寿	42000万股	民生银行资产管理公司
2015-09-07	深粤控股股份公司	前海人寿	22500万股	乌海银行乌达支行
2015-09-09	凯诚恒信仓库公司	前海人寿	20700万股	
	深粤控股股份公司		25470万股	
2015-09-09	深圳市华南汽车交易中心		20700万股	
2015-11-11	钜盛华股份有限公司	万科A	7.28亿股	鹏华资产
2015-11-31	深圳市宝能投资集团公司	钜盛华股份有限公司	309767万股	华福证券
2015-12-08	钜盛华股份有限公司	前海人寿	90000万股	上海银行南京分行南京分行
2015-12-11	姚振华	宝能投资集团公司	30%股权	东莞银行长沙分行

由表3可以看出,宝能系主要通过前海人寿、钜盛华、宝能地产和举牌的万科进行股权质押,从2014年至今,累计质押宝能地产6.7亿股,质押前海人寿22.1亿股,质押万科2.78亿股,姚振华还将宝能投资的30%股权进行质押。通过股权质押融资大约40亿元。

2. 资管计划融资

表4 钜盛华资管计划融资

通道	名称	期限(月)	规模(亿元)	托管行	分层	报备时间
南方资本	安盛1号	24	15	平安银行	2	2015-11-24
	安盛2号	24	15	平安银行	2	2015-11-24
	安盛3号	24	15	平安银行	2	2015-11-24
	广钜1号	24	30	广发银行	2	2015-11-26
	广钜2号	24	30	广发银行	2	2015-12-14
西部利得	宝禄1号	36	30	建行深分	3	2015-12-02
	金裕1号	36	30	建行深分	3	2015-12-02
泰信基金	泰信1号	24	37.5	民生银行	2	2015-11-30

由表4可以看出,以上杠杆资管计划,钜盛华共融得资金202.5亿元。

购入万科4.97%股份。钜盛华与这三家公司签订合同，约定在资管计划存续期内，若万科召开股东大会，此公司将按照钜盛华的指令行使表决权。

3. 发债融资

表5 发债融资情况

发行主体	发行规模	期限	状态
前海人寿	共计50亿元	10年	分三期发行完毕
深圳市钜盛华	不超过30亿元	不超过5年	提交申请，交易所尚未受理
宝能地产	不超过30亿元	10年	提交申请，交易所尚未受理

由表5可以看出，前海人寿通过发债方式融资，获得资金50亿元，但是钜盛华和宝能地产发债还没有被批准。

4. 信贷融资

金融机构	借款起始日	借款到期日	利率	借款余额（万元）
中信诚信资产管理有限公司	2014.1	2016.6	13.00%	120,200
中信城市广场旗舰支行	2014.11	2019.1	6.90%	150,000
中国银行	2014.11	2017.11	8.10%	21,000
华融资产	2014.12	2016.12	13.00%	40,000
大业信托有限责任公司	2014.12	2016.6	12.80%	30,000
工行华强	2014.2	2020.1	8.00%	93,300
中国光大银行合肥分行	2014.3	2016.12	8.30%	26,500
四川信托	2014.5	2015.7	13.00%	5,640
陆家嘴国际信托有限公司	2014.8	2016.1	12.80%	65,000
中国民生信托有限公司	2014.9	2016.9	11.50%	50,000
兴业国际信托有限公司	2014.9	2016.3	13.00%	24,000
杭州工商信托股份有限公司	2014.9	2016.4	13.00%	64,000
杭州工商信托股份有限公司	2015.2	2016.8	13.00%	90,000
平安信托	2015.3	2017.6	12.50%	349,750
平安银行	2015.5	2024.5	6.78%	100,000
民生银行	2015.5	2018.5	8.05%	37,000
长城资产	2015.6	2017.6	12.50%	180,000

图2 宝能控股信贷融资

由图2可看出，宝能控股2015年获得的5笔贷款中，仅两笔来自银行，其余均来自信托公司和资产管理公司，其中来自平安信托的资金大约34.97亿元，利率为12.5%，来自长城资产和浙江工商信托的资金大约为15亿元和9亿元，成本趋近于平安信托，总融资额为143.7亿元，已使用40亿元。

授信银行	授信金额	已提用金额	未提用金额
工商银行	240000	215462.50	24537.50
华商银行	40000	28062	11938
兴业银行	7000	7000	0
华夏银行	17000	17000	0
浦发银行	10000	10000	0
交通银行	140000	105500	35000
建设银行	70000	70000	0
农业银行	75000	60000	15000
杭州银行	4000	4000	0
浙商银行	9000	9000	0
兴业银行	88000	2100	85900
渤海信托	150000	150000	0
合计	850000	677624.50	172375.50

图 3　钜盛华信贷融资

由图 3 可以看出，钜盛华的资金主要是向银行借款，发放贷款最多的工商银行、交通银行、建设银行、农业银行，2015 年分别向钜盛华提供贷款 21.54 亿元、10.5 亿元、7 亿元、6 亿元，共融资 67.7 亿元，已使用 50 亿元。

表 6　各渠道融资规模及占比

自有资金	发债融资	信贷融资	资管计划融资	保险资金
25 亿元	50 亿元	90 亿元	202.5 亿元	80 亿元
5.59%	11.17%	20.11%	45.25%	17.88%

由表 6 可以看出，宝能系收购万科的资金主要来源于信贷融资、资管计划融资以及保险资金和少部分自有资金。显然，宝能收购万科的资金属于高杠杆债务资金，高杠杆融资面临较大还贷压力，也面临很多风险。万科停牌，明确表示不欢迎宝能加入万科，预期持续时间会比较长，对宝能而言，持续时间越长，宝能收购万科的融资成本越高，也会面临巨大的还贷压力，资金链紧张。

（二）保险资金运用的法律规定

根据《保险资金运用管理暂行办法》的决定，保险资金运用限于：银行存款、买卖债券、股票、证券投资基金份额等有价证券；投资不动产；保险资金投资的股票，主要包括公开发行并上市交易的股票和上市公司向特定对象非公开发行的股票。投资创业板上市公司股票和以外币认购及交易的股票另行规定。资本充足率、净资产和拨备覆盖率等符合监管要求。

（三）宝能收购资金的合法性

宝能系收购万科，主要是通过三家企业来购买的，即前海人寿、深圳市钜盛华实业有限公司和宝能控股，它们是宝能系进行资本运作的核心。前海人寿保险公司主营人寿险、万能险，拥有大量的保险资金，万科是经过证监会批准上市的，而且业绩一直良好，发展前景也很好，因此前海人寿运用保险资金在二级市场买入万科A股股票，并没有违法，是合法的投资。

钜盛华通过数次增加注册资本提升了自己的筹集能力，从南方资本、西部利得、太新基金三家基金公司获得资管计划资金和银行的信贷资金，而且与基金公司的资产管理人没有任何不正当关系，都属于合法的筹资。从公开的信息来看，不排除宝能系存在资金链压力，但宝能系企业尚不存在资金违规问题。

六、并购融资建议

对于并购企业来说，在选择融资决策的过程中，应当根据具体情况选择适合企业情况及并购项目的融资方式，充分考虑比较衡量每种融资方式的融资成本、融资风险，以及并购后对企业未来发展的影响，最后做出合理的融资决策。此次宝能收购万科采用杠杆收购的债务融资方式，对于并购融资还可采用换股并购、私募股权融资，等等。此外，也可以采用一些新兴的融资方式。

（一）充分利用可转换债券、认股权证等新型衍生金融工具

充分利用可转换债券，降低并购融资成本。可转换债券向持有者提供了一种选择权，使其可以在某一特定的时间内，按某一特定价格将债券转换为股票。可转换债券作为一种新型并购融资工具，对并购方来说，其最大的优势体现在可以以一个低于普通债券的利率和较优惠的契约条件发行，从而大大降低并购融资成本。同时，在公司顺利度过并购期进入发展期时，债券持有者行使转换权，可以避免出现收购完成后企业过度负债的情况，降低收购后公司的财务风险。在大量公司并购完成初期，由于面临巨大的还本付息压力，这无疑是一种较优的融资工具。

认股权证同样可以使企业在并购过程中以低成本甚至是零成本筹集大

量资金，但在我国并购中尚没有广泛应用。因此，在我国企业的并购融资中，应借鉴国外经验，在发展资本市场的同时，充分利用可转换债券、认股权证等新型衍生金融证券，使其成为一种有效的并购融资工具。

(二) 利用资产证券化融资

资产证券化作为一项融资方式的创新，实质是企业存量资产与货币资金的置换，投资者主要依据的是资产组合质量的状况、未来现金收入流量的可靠性和稳定性，而将资产发起人本身的资信能力置于一个相对次要的地位。通过资产证券化，既可以达到企业并购融资的目的，又可以提高存量资产的质量，加速资产周转和资金循环，提高资产收益率和资金使用率。因此，资产证券化可以作为应用于我国企业并购活动中的一种新的融资工具。

参考文献

[1] 翟进步，王玉涛. 上市公司并购融资方式选择与并购绩效——"功能锁定"视角 [J]. 中国工业经济，2011 (12): 6-9.

[2] 刘慧翩. 我国企业并购融资存在的问题与对策 [J]. 财政金融，2015 (11): 5-7.

[3] 余鹏翼. 基于融资偏好视角的国内并购和海外并购的内部影响因素的比较研究 [J]. 中国软科学，2015 (9): 36-40.

科学研究篇

互联网消费信贷的发展模式及其存在的问题研究

陈 岩 凌丽萍

(北京联合大学管理学院金融与会计系,北京,100101)

摘要:互联网消费信贷面临着巨大战略发展机遇和广阔的市场前景,近年来得到了快速的发展,形成了三大主要发展模式。相对于传统金融机构的消费信贷业务,互联网消费信贷的比较优势在于依托消费场景和大数据,更能实现普惠金融的精神。但是互联网消费信贷也存在一些不容忽视的问题,隐藏着巨大的风险。基于大数据的征信系统建设和完善而适当的金融监管是互联网消费信贷健康发展的关键。

关键词:消费信贷 互联网 发展模式

2015年10月29日中国共产党第十八届中央委员会第五次全体会议通过了《中共中央关于制定国民经济和社会发展第十三个五年规划的建议》,指出扩展网络经济空间。实施"互联网+"行动计划,发展物联网技术和应用,发展分享经济,促进互联网和经济社会融合发展。实施国家大数据战略,推进数据资源开放共享。可以预见,互联网与金融进一步深度融合是大势所趋,将对现有金融产品、业务、组织和服务等方面产生深刻的影响。

2013年是中国的互联网消费金融元年,在政府鼓励创新、支持互联网金融政策导向下,消费信贷市场蓄势待发。从2014年开始,除了商业银行之外,消费金融公司、电商巨头纷纷抢滩消费信贷市场,一时间风云突起,再掀竞争浪潮。本文在清晰界定互联网消费信贷相关概念的基础上,以互联网消费信贷的整体发展现状作为研究支撑,结合典型案例分析,对互联网消费信贷与传统消费信贷进行比较研究,并提出规范互联网消费信贷发展的建议。

一、互联网消费信贷的发展现状

(一) 互联网消费信贷的相关概念界定

1. 互联网金融

2015年7月18日,中国人民银行等十部委发布了《关于促进互联网金融健康发展的指导意见》(以下简称《指导意见》)[1],首次厘清了此前一直被混乱使用的互联网金融的概念。根据该指导意见,所谓互联网金融,是指"传统金融机构与互联网企业(以下简称'从业机构')利用互联网技术和信息通信技术实现资金融通、支付、投资和信息中介服务的新型金融业务模式"。并特别强调"互联网金融本质仍属于金融,没有改变金融风险隐蔽性、传染性、广泛性和突发性的特点"。

2. 网络借贷

央行的《指导意见》明确网络借贷包括个体网络借贷(即P2P网络借贷)和网络小额贷款。个体网络借贷是指个体和个体之间通过互联网平台实现的直接借贷。在个体网络借贷平台上发生的直接借贷行为属于民间借贷范畴,受合同法、民法通则等法律法规以及最高人民法院相关司法解释规范。个体网络借贷要坚持平台功能,为投资方和融资方提供信息交互、撮合、资信评估等中介服务。个体网络借贷机构要明确信息中介性质,主要为借贷双方的直接借贷提供信息服务,不得提供增信服务,不得非法集资。网络小额贷款是指互联网企业通过其控制的小额贷款公司,利用互联网向客户提供的小额贷款。网络小额贷款应遵守现有小额贷款公司监管规定,发挥网络贷款优势,努力降低客户融资成本。网络借贷业务由银监会负责监管。

3. 互联网消费金融

在央行的《指导意见》中,并没有给"互联网消费金融"一个明确的

---

[1] 中国人民银行官网,http://www.pbc.gov.cn/.

定义，只是提到互联网消费金融是消费金融公司"通过互联网开展业务"。而现在媒体及各社会主体经常使用的互联网消费金融概念，则是指"资金供给方通过互联网及移动互联网的技术手段，将资金提供给消费者购买、使用商品或服务。互联网消费金融得益于互联网技术的进步，与传统的消费金融服务模式相比较，一般具有覆盖用户面更广、提供服务更方便快捷等特点"❶。

由以上定义可以看出，通常所指的互联网消费金融，强调的是以互联网或者移动互联网作为技术手段，提供的消费信贷服务。其概念内涵与央行《指导意见》所指的互联网金融并不是一回事，后者强调的是消费信贷服务的提供主体，前者强调的是技术手段。严格地说，通常意义上的互联网消费金融包括央行《指导意见》中所指的互联网消费金融和网络借贷中针对个人客户发放的以消费为借款目的的借贷行为。

4. 互联网消费信贷

在本文中，根据上文所述将各类主体通过互联网或者移动互联网提供的消费信贷服务，称为互联网消费信贷。服务的提供主体包括商业银行、消费金融公司和小型信贷公司等金融机构，也包括各类互联网企业。

（二）互联网消费信贷的发展现状

1. 互联网消费信贷市场发展空间巨大

随着80后及90后成长为消费市场的主流消费人群，消费观念和消费模式也发生了转变。一方面，年轻人消费观念更加多样开放，再加上居民收入不断地增加、社保体系逐步地健全、消费环境逐渐地改善，消费者开始敢消费也愿消费。社会主流的消费观念由传统强调勤俭节约、量入为出的理性保守消费，转变为追求物质享受、注重休闲娱乐的提前消费、信用消费，消费信贷的发展迎来了历史性的机遇。另一方面，成长于互联网时代的80后及90后，高度依赖于网络，习惯于网络购物，享受在线服务，这给互联网消费信贷的发展提供了条件。

我国的消费金融市场处于发展初期，消费金融渗透率仍然处于较低水

---

❶ 易观智库. 中国互联网消费金融市场专题研究报告 2015 [R]. www.analysys.cn.

平。易观智库数据显示，目前中国消费性贷款余额的占比只有20%左右，与欧美发达国家的50%左右的比例相比有着明显的差距。从贷款的细分类型来看，在银行的个人贷款业务中，消费贷款的比例也在房贷与车贷之后，排在第三位。中国互联网金融研究中心研究员郑海清表示："欧美成熟市场里，消费金融贷款占贷款总量比例约10%左右；但国内消费信贷的占比不到2.5%，随着互联网时代到来，消费金融领域其实具有很大的发展空间。"近年来，京东商城，淘宝等电子商务的迅速发展，为互联网消费信贷的市场发展带来了活力，尤其是短期消费信贷，处于高速增长期。艾瑞咨询数据显示，2008年以来，中国消费金融市场一直处于高速增长的过程之中。其中，2011—2012年增速出现较大幅度回落，但依然维持10%以上同比增速。2012年底至2016年9月，中国消费信贷月度同比增速逐步攀升，并持续近两年超过20%。

2. 互联网消费信贷市场的参与主体多样

目前，我国互联网消费信贷行业的参与主体包括依托于互联网渠道展开消费信贷业务的各类型金融机构和互联网企业，参与主体日渐丰富并且各有各的优势。具体地说，主要包括商业银行、消费金融公司、小贷公司等传统主体和以京东、天猫为代表的电子商务公司，以及以支付宝、财付通为代表的第三方支付企业。未来，消费信贷市场的参与主体必将越来越丰富，产品必将越来越多元化。

其中，基于电商平台的消费信贷，将成为未来互联网金融发展的重要方向。艾瑞咨询认为，对电商企业而言，互联网消费信贷的核心吸引力是对电子商务产生直接的推动作用，并在企业和用户之间建立除商品之外更深层次的链接。未来，将有更多的互联网企业参与进来，其中，消费流通领域中的企业居多，包括已经占有一定市场地位的电商企业、旅行预订企业、互联网教育企业，以及在线房地产中介产业，等等[1]。凡是结合消费流通场景的企业均有参与消费信贷市场的价值和意义，消费信贷是支撑其在线发展，提升其核心业务竞争力的重要一环。

---

[1] 艾瑞咨询集团. 中国互联网消费金融产业趋势报告 [EB/OL]. www.irearch.com.cn.

二、"互联网+消费信贷"的发展模式

(一) 传统商业银行消费信贷业务"触网"

传统商业银行发展互联网消费金融有两种方式,一种是成立专门的职能中心或者事业部。以工商银行为例,2015年6月18日工行成立个人信用消费金融中心,全面发展无抵押、无担保、纯信用、纯线上的消费信贷业务。客户可通过工行网上银行、手机银行、直销银行以及即时通讯平台——融e联等渠道申请贷款。根据工行个人信用消费金融中心总经理栾建胜的介绍,"中心业务将以小额分散的消费类信用贷款为主,贷款金额在600元至30万元之间,而利率水平则将低于信用卡产品价格。"与信用卡透支相比,信用消费信贷的主要区别在于,信用卡透支遵循实贷实付原则,采取委托支付方式,银行直接控制贷款资金的流向;而信用消费贷款则是采取直接支付的方式,客户可以直接将钱取走,自行支配资金用途,这就给了客户更大的自由。

另一种是控股消费金融公司,通过消费金融公司开展互联网消费信贷业务。比如北京银行控股的北银消费金融公司,可以通过公司手机APP端或者官网申请贷款,最高额度可达5万元。相较于信用卡透支18%的年利率,消费信贷的贷款费率普遍低于15%,最低可在7%~8%之间。目前,除了北京银行旗下设立了北银消费公司以外,还有兴业银行、招商银行筹建了消费金融公司,另外,平安银行、南京银行也纷纷进军消费金融领域。南京银行参与投资苏宁消费金融有限公司,并持股20%。中央财经大学中国银行业研究中心主任郭田勇认为,各家银行积极探索,一方面源于国家的鼓励;另一方面也源于银行业自身,给未来转型提供一个方向。"现在银行业也面临增速下滑的困境,转型势在必行,而服务于小客户、小企业也成了银行转型的必经之路。"

(二) 消费金融公司"线上+线下"模式

招联消费金融公司于2015年3月刚刚开业,由招行旗下的香港永隆银行与中国联通合资设立,是国内首家在《内地与香港关于建立更紧密经贸关系的安排》(CEPA)框架下获批开业的消费金融公司。招联消费金融公司兼具传统银行和互联网信息技术企业的背景,特别是联通拥有大量的客

户群体、渠道和数据,未来将向传统金融机构覆盖不到的客户群体,提供更具普惠性质的互联网消费金融服务。招联消费金融公司目前主推"零零花""好期货"两款产品,有着明显的互联网基因,全部由线上申请。除了通过自身的手机 APP 渠道外,"零零花"入驻了联通网上营业厅,消费者可直接通过该产品分期购买手机;"好期货"入驻了支付宝平台,芝麻信用分达到 700 分的用户,可以在线申请 1 万元人民币以内的消费贷款。

2015 年 6 月 18 日成立的马上消费金融股份有限公司(以下简称"马上金融")是一家为中国国内居民提供个人消费金融服务的互联网消费金融服务公司,主要股东有:重庆百货大楼股份有限公司,出资 9000 万元人民币,出资比例 30%;北京秭润商贸有限公司,出资 6000 万元人民币,出资比例 20%;重庆银行股份有限公司,出资 5400 万元人民币,出资比例 18%;阳光财产保险股份有限公司,出资 3600 万元人民币,出资比例 12%;浙江中国小商品城集团股份有限公司,出资 3000 万元人民币,出资比例 10%;物美控股集团有限公司,出资 3000 万元人民币,出资比例 10%。本着"为百姓服务"的价值观与"让生活更轻松"的愿景,旨在充分发挥股东价值,发展互联网平台作用,打造"线下实体消费金融+线上互联网消费金融"的业务发展模式。以线下客户挖掘为基础,以线上互联网推广为引擎,通过差异化产品设计,使公司成为技术驱动的、全国性的消费金融公司。

除此之外,传统消费金融公司最近也不甘落后地推出各种针对大学生的消费金融产品,最具代表性的是互联网分期购物平台。比如捷信消费金融公司宣布为大学生客户推出定制的安全消费金融产品,打造安全学生贷款的新标准。学生在通过迪信通购买指定商品时可享受不同的首付和分期,但当大学生客户有特殊原因无法履行还款义务时,可以选择"以货抵贷",考虑将情况良好的商品退给指定第三方机构,用以抵消未完成的贷款额。但由于目标群体缺乏稳定收入,且客户绝对数量较小,未来分期购物平台在坏账率、征信数据获取、客户群体延续性等方面均面临挑战。目前大学生分期购物市场竞争激烈,类似于刚刚启动时期的团购市场,未来市场将经历整合后形成几家行业领先企业。

(三)基于电子商务派生出的消费信贷服务:以京东白条为例

中国电子商务市场经历了十几年的发展,长期处于高速增长的状态,最重要的是，改变了网民群体的购物习惯和生活方式。迫于需求方消费习惯的改变，大量传统的制造企业、零售企业都已经开始转型，建立自身的电子商务渠道。伴随着电子商务的发展，围绕着电子商务本身的生态、产业链与电子商务平台所积累的大数据，不断派生出各种金融生态，并逐渐强化用户对于便捷金融服务的需求。央行发布的《关于促进互联网金融健康发展的指导意见》也鼓励电子商务企业在符合金融法律法规规定的条件下自建和完善线上金融服务体系，有效地拓展电商供应链业务。基于电子商务派生出来的互联网消费信贷服务模式主要依托自身的互联网金融平台，面向自营商品及开放电商平台商户的商品，提供分期购物及小额消费贷款服务。由于电商在互联网金融、网络零售、用户大数据等领域，均具有较明显的优势。因此，在细分的互联网消费金融领域中，综合竞争力也最强，未来也将引领市场的发展趋势。

2014年初，京东推出"京东白条"率先进入消费金融领域。京东白条是依托京东电商业务，为用户提供信用赊购服务的互联网消费金融产品，也是业内较早推出的相关产品。2015年以来新推出的"白条+"系列产品，与不同领域的消费企业深度合作，将自身的消费金融业务拓展到京东商城平台之外的大学、旅游、租房等领域。作为首款"白条+"产品，旅游白条将消费金融服务与各种旅游消费场景深度结合。不仅覆盖了传统的交通出行、酒店住宿及旅游休闲等产品，还将服务范围延伸至定制游、亲子游等细分旅游市场。旅游白条解决了购买力有限的白领及学生群体，在旅游时一次性占用资金较大的问题，使得旅游出行真正做到"说走就走"。京东金融与自如合作推出的租房白条，成功地将白条这一消费金融服务，对接到租房这一消费金额较高（每月房租均在千元以上）、违约风险相对较低（用户不付房租即算作退租，房源重新进入租房市场）的消费场景中。租房白条改变了传统"押一付三"的房租缴付模式，缓解了应届大学毕业生及青年白领的资金压力，解决了目标用户初入职场的经济拮据与大城市高额的房屋租赁价格之间的矛盾。校园白条则覆盖了大学生活的方方面面，不仅是书籍、食品、服饰等低单价、高频次的日常消费品，还包括手机、数码等高值消费品。校园白条用户还可享受假期不停歇及免费运费服务。未来也将提供助学贷款、创业基金等解决大学生实际需求的项目。京东金融集团消费金融部高级总监许凌表示："希望能借此打通京东生态圈,将校园资源融入到京东各个业务线中。了解学生真实的消费需求,同时发掘和培养校园信用体系。"据数据统计,京东商城上,56%的交易都是白条购买的;三星 S6 首发,44% 的手机通过白条购买。分析人士认为,这客观上在一定程度帮助品牌商家和消费者改变了传统的消费形态和消费模式。

三、互联网消费信贷的比较优势和存在的主要问题

(一)互联网消费信贷的比较优势

相较于传统的线下消费信贷服务,互联网消费信贷的优势主要体现在以下三个方面。

1. 客户覆盖面广,更能体现普惠金融的原则

互联网特别是移动互联网技术在消费金融领域的应用,使得消费金融服务更具普惠性,能够覆盖更多的中低端用户群体,包括农民工等流动人口,以及大学生等中低端用户群体。消费金融服务的覆盖面,也进一步扩展到生活消费的各个场景。京东在 2014 年 2 月推出业内第一款信用支付产品后,又拓展了校园、农村等应用场景。"白条+"更是突破了京东体系外的消费生态,迎合了更多人的需求。旅游白条仅需在出行前支付首付价格,支持每笔订单最多 6 人;订单金额最高为人民币 8 万元。安居白条用于支付客户购买合作开发商房产的部分首付款,最高可贷总房价的 15% ~ 20%。京东金采为商城的企业采购客户提供最长 21 天的延期付款服务和最长 6 期的低息分期付款服务。京农贷为用户提供用于购买农业生产资料的贷款服务。白条覆盖面广,可满足中低收入群体的不同需求。

互联网金融对促进小微企业发展和扩大就业发挥了现有金融机构难以替代的积极作用,为大众创业、万众创新打开了大门。促进互联网金融健康发展,有利于提升金融服务质量和效率,深化金融改革,促进金融创新发展,扩大金融业对内对外开放,构建多层次金融体系。

2. 依托电子商务的消费场景,为客户提供一体化服务

互联网时代,得用户者得天下。发展互联网消费金融不是简单地将消费金融业务互联化,而是需要具备坚实的互联网基础,其中最重要的是海

量用户。这些用户分为不同种类，包括消费、社交、娱乐等，而且用户不仅要量大，还要相对稳定，具有较强的黏性。有了大量的优质用户资源，互联网企业和消费金融公司才具备分析用户行为的前提，进而评估信用，主动批量授信，将用户迅速转化为"客户"。互联网金融呈现场景化的发展趋势。随着客户消费观念的转变和消费行为的升级，消费金融市场将会更加地细分，在更多垂直领域进行渗透。展望未来，不单单在家电、3C 产品等领域有分期需求，随着消费场景的垂直划分，消费金融必须向更多的消费场景扩展，以满足人们在旅游、教育、家装、租房、婚庆、医疗等方面的全方位消费需求。第三方支付平台支付宝覆盖了绝大部分的线上消费场景，同时大力扩展了各种线下场景，包括出租车、共同交通、超市、便利店、餐饮等场景。2015 年 7 月，支付宝新增了"朋友"功能，打造了基于场景的关系链，满足用户在不同场景下的沟通需求。可以预见，未来消费信贷服务机构将会与更多的垂直类电商平台或线下商户进行业务合作，覆盖更多的消费场景。依托电子商务的消费场景，是基于电子商务派生出来的互联网消费信贷服务模式最大的优势，即将原本自身成熟的网上商城，与新近提供的金融服务联合起来，用巨人网络集团董事长史玉柱的话说，"有了场景，互联网金融才能有戏"。

3. 依托大数据，创新风险控制模式

互联网消费信贷突破了传统金融企业线下风控的传统模式，将信用评估与用户行为及数据化平台进行对接，形成了依托于供求产业链、大数据两个核心维度的风险控制创新方向。提升了贷款审核的效率，并能精确把握客户的贷款需求和还款能力，无论是风险控制还是效率方面都有了明显的提升。大数据分析技术是互联网消费金融公司的核心能力。光有海量的用户资源是不够的，还需要积累大量关于用户行为的数据，并借助大数据的技术手段和分析工具，对用户进行全面、详细、精准的认知，进而形成完整的、多维的用户画像，更深度地了解用户，有效转化用户。

以阿里集团为例。阿里巴巴数据和信用体系的建设最早追溯到 2002 年。2002 年，阿里巴巴推出了诚信通的会员服务，要求企业在交易网站上建立自己的信用档案，并展示给买家。随后的 2004 年 3 月，阿里巴巴在此基础上推出了"诚信通指数"，通过一套科学的评价标准来衡量会员的信用状况。这种信用交易的记录反映了企业真实的生产、经营以及销售情况。2005—2009 年，阿里集团成立的研究院和阿里云计算公司为阿里集团的布局提供了坚强的技术后盾。运行 12 年的支付宝沉淀了庞大的后台数据，为信贷业务提供强大的支持。天猫分期的大数据风险管理模式覆盖贷前、贷中和贷后。艾瑞咨询认为最底层数据核心来自阿里巴巴电商体系和金融体系（阿里小贷及阿里巴巴小微金融服务集团等），除了覆盖阿里电商及支付数据之外，阿里巴巴金融可提供丰富的外部支付行为和日常金融行为数据。在天猫分期的体系中，混合了会员体系和保利公司评估体系两个维度，通过天猫会员积分体系筛选出高黏性用户，同时通过保利公司的信用评估来判断用户的偿债能力，而余额宝资产抵押则成为锦上添花的附加条件，在完成会员体系和保利公司评估两次筛选后，可以通过余额宝冻结资金提升最终的授信额度。

（二）互联网消费信贷存在的主要问题

1. 风险控制能力亟须进一步加强

对于金融机构来说，成也风险，败也风险。互联网金融本质仍属于金融，没有改变金融风险隐蔽性、传染性、广泛性和突发性的特点。根据苏宁消费金融公司陈鸣（2015）的体会，互联网消费金融面临两大突出风险。一是操作风险，主要包括由于客户欺诈行为而带来的欺诈损失和信息系统操作失误、缺陷、攻击而带来的风险；二是信用风险，主要是因次级信用群体带来的直接损失。这就需要在发展互联网消费金融业务时更加注重风险控制，通过制定和设计更科学的风控政策和风险模型，运用人脸识别和云征信等技术，建立强大的信用评分和决策系统、反欺诈系统以及催收管理系统，同时加强核心信息系统自主研发能力，加强系统安全监测和内控管理，实现风险能控、可控、易控。

传统商业银行通过数十年探索，已建立起一整套包括信贷风险管理、审贷授信管理系统的风控管理机制。包括贯穿信贷事前、事中、事后全过程的中央风控机制，采用了周期性风险管理方法，通过常规营业部门、审批风控中心和风险控制部门这"三道防线"，全方位、不间断地对客户信息进行动态监控。此外，商业银行在个人和小微企业贷款领域普遍使用评分卡模型，借鉴了国际消费信贷行业的领先技术，并结合自身多年积累的业务数据，基于信用记录、客户自然属性、第三方大数据信息，综合评估客户风险。而互联网消费信贷发展的时间尚短，目前尚没有形成一套行之有效的风险控制的成熟模式和方法。大数据技术的不断进步，将助力互联网征信成为中国社会信用体系的重要力量。虽然大数据和云计算给解决风险控制问题提供了新的思路和无限的可能，但是由于目前各个电商平台拥有的大数据都是表面的、片段的，所以完全以这部分数据"碎片"作为信用评估的依据，有悖稳健经营的原则。

2. 资金来源瓶颈尚未得到有效解决

对于消费金融公司等非银行金融机构，由于不具有吸收公众存款资格，如何取得大量低成本营运资金则成为发展中的首要问题。目前消费金融公司虽然有吸收股东存款、同业拆借、发行金融债、资产证券化等多种融资方式，若股东没有大量富余资金或对富余资金收益率要求较高，都将直接制约消费金融公司的业务发展。所以，虽然互联网渠道、批量授信、大数据风控等有效降低了人力成本、获客成本和风险成本，如果卡在资金上，普惠金融初衷依然难以真正落地。所以，发展互联网消费金融，一方面，需要寻求对消费金融有深刻认识的强大股东，确保在初期有意愿有能力持续提供低成本资金支持；另一方面，建议监管部门对消费金融公司开展监管评级，实施分类监管，对符合发展方向、创新动力强劲、业务发展稳健合规的互联网消费金融公司给予更广的资金渠道和更宽松的资金政策支持。

四、互联网消费信贷发展的建议

（一）推动信用基础设施建设，培育互联网金融配套服务体系

目前，互联网消费金融业务的进一步发展，除了消费者对业务模式的接受程度之外，主要受制于个人征信数据的匮乏。缺少征信数据，导致目前的个人消费贷款业务违约率随着业务的扩展逐渐升高，给互联网消费金融服务厂商带来的风险也逐步加大。因此，作为消费金融"基础设施"，网络征信业务就显得尤为重要。征信与互联网消费金融的风险防控水平有直接关系，也是互联网消费金融发展面临的难题之一。2015年11月11日国务院常务会议指出要优化消费环境，全面提高标准化水平，建立全国统

一的信用信息共享平台，推进跨地区、跨部门信用奖惩联动，营造公平竞争环境，严惩假冒伪劣、价质不符等行为，维护消费者权益，使消费者放心消费。强调大数据和信息资源的重要性，是防范互联网金融风险的前提，对推动互联网金融的健康发展具有重大意义。

(二) 分类指导，明确互联网金融监管责任

加强互联网金融监管，是促进互联网金融健康发展的内在要求。同时，互联网金融是新生事物和新兴业态，要制定适度宽松的监管政策，为互联网金融创新留有余地和空间。通过鼓励创新和加强监管相互支撑，促进互联网金融健康发展，更好地服务实体经济。互联网金融监管应遵循"依法监管、适度监管、分类监管、协同监管、创新监管"的原则，科学合理界定各业态的业务边界及准入条件，落实监管责任，明确风险底线，保护合法经营，坚决打击违法和违规行为。

(三) 加强消费者金融服务权益保护

由于互联网消费信贷的服务对象主要是中低收入群体，因此加强消费者金融服务权益保护就显得尤其重要。加强互联网金融产品合同内容、免责条款规定等与消费者利益相关的信息披露工作，依法监督处理经营者利用合同格式条款侵害消费者合法权益的违法、违规行为。构建在线争议解决、现场接待受理、监管部门受理投诉、第三方调解以及仲裁、诉讼等多元化纠纷解决机制。细化完善互联网金融个人信息保护的原则、标准和操作流程。严禁网络销售金融产品过程中的不实宣传、强制捆绑销售。

参考文献

[1] 陈鸣. 关于发展互联网消费金融的八点思考 [EB/OL]. 环球网，2015 - 07 - 30.

[2] 聂国春. 第三方支付争抢消费信贷市场 [N]. 中国消费者报，2014 - 07 - 14（B02）.

[3] 谢平，邹传伟. 互联网金融发展模式研究 [J]. 金融研究，2012（12）：11 - 22.

资产重估的动机研究综述

崔 婧

(北京联合大学管理学院金融与会计系,北京,100101)

摘要:资产重估作为一种特殊的公司行为,已经引起了越来越多的关注。从资产重估产生之日起,各国学者对此问题就进行了深入的研究,研究的结论也非常丰富。不同的公司进行资产重估的动机不尽相同。为使资产重估在我国得到更好的发展,需充分借鉴国外的研究成果。因此,本文对国外资产重估的研究进行了全面的梳理。

关键词:资产重估动机 制度 背景

一、引言

资产重估是指对企业账面价值和实际价值背离较大的固定资产按照国家规定方法、标准进行重新估价。资产重估从其出现之日起,一直伴随着各种争议,各国对资产重估的规定和态度也不尽相同,例如,澳大利亚、英国、新西兰等国家,企业可以自行决定是否进行资产重估,以及进行资产重估的时间和频率。但在中国、美国等国家,一般情况下的资产重估是不被允许的。我国的会计准则中涉及资产重估的主要包括:《企业会计准则第4号——固定资产》与《企业会计准则第3号——投资性房地产》,分别对资产的确认、初始计量、后续计量、计提减值和累计折旧方法方面的会计处理进行了规定。我国一直以来都以历史成本作为固定资产的核算基础,在《企业会计准则第4号——固定资产》中,后续计量章节明确要求,采用成本模式对固定资产计提折旧和减值损失。因此,除国务院统一规定的清产核资、产权变动和企业股份制改造外,中国会计制度不允许进行固定资产重估。在这种制度背景下,在我国对资产重估的研究还未引起足够的重视,为加强我国对资产重估的研究,以更好地确认资产的价值,应该充分借鉴国外相关领域的研究成果。国外对资产重估的研究起步较早,研究也较深入,研究结论也很丰富。从中我们发现企业进行资产重估的动机主要包括：①为资产负债表提供更有意义的数据；②提高债务权益比率；③加强借贷能力；④抵御可能的敌意收购；⑤减少可能出现的政治成本。

二、来自澳大利亚的研究

澳大利亚是最早对资产重估进行系统研究的国家。资产重估在澳大利亚应用的非常广泛，企业经常选择进行资产重估，以实现他们的动机。Whittred 和 Chan（1992）研究了 1980—1984 年澳大利亚公司的资产重估行为和结果，通过对进行固定资产重估（129 个公司）或没有进行固定资产重估的公司（299 个公司）的样本分析，指出了投资不足的问题能够通过进行资产重估得到缓解，而且资产重估的成本相对较低。这与 Myers 和 Majluf（1984）所讨论的观点一致。如果企业存在一些限制更多借贷行为的债务契约，投资不足问题将更加严重，管理者可能拒绝净现值（NPV）为正的项目（Courtenay 和 Cahan，2004）。Whittred 和 Chan（1992）也指出，虽然通过与银行协商，企业可能获得新的贷款，但是进行资产重估是一种成本更低的方式，因为不需要进行痛苦的谈判和协商。宽松的债务契约能够缓解投资不足问题。Whittred 和 Chan（1992）的研究结论表明资产重估与债务契约、财务杠杆、投资机会以及现金持有量之间存在很大的关联。同时他们发现进行资产重估的公司一般具有较多的投资机会，面临较低的借款限制和相对较低的现金持有量。这表明当公司的负债率较高和借款能力降低时，公司更可能进行资产重估。

Easton 等（1993）针对 20 世纪 80 年代公司进行资产重估的动机问题对企业的财务总监进行了调查。根据调查结果，他们报告了澳大利亚的公司进行资产重估的首要原因是披露真实、公允的财务报告（45%）；第二个常见的原因是为了提高债务/权益比率（40%）；其他原因包括收购（6%）、收购防御（3%）和股票股利（2%）。

Cotter 和 Zimmer（1995）通过研究发现，与现金流增加的年度相比，资产重估更可能发生在现金流减少时期，而且这种关系在财务杠杆较高的公司更明显；当担保债务增加时，资产重估能够提高抵押品的价值，进而向外界传递企业借贷能力较高的信号。他们指出通过减少财务杠杆和在账面上确认资产的增值部分，资产重估能够产生借贷能力较高的作用。

除此之外，Brown 等（1992）认为资产重估与债务契约、高负债率、信息不对称、政治成本的降低、发行红利股、避免敌意收购相关。他们对资产重估给出了几种可能的解释。首先，负债率较高的公司具有机会和动机进行资产重估，通过提高资产价值来减少债务约束。同样地，具有债务契约的公司更可能进行资产重估，以避免因为债务违约而带来的处罚和重新进行谈判的成本。因此，资产重估能够给企业带来利益，从而避免利益相关者的成本支出。其次，他们发现总资产重估所带来的资产增值能够减少信息不对称，传递公司资产被低估的信号，以使管理者保存一定的借款能力，以保持比较宽松的财务弹性。他们的研究结论与 Zimmerman（1983）及 Watts 和 Zimmerman（1986）一致，即大公司具有较大的动机减少利润或降低预期的损失。再次，他们也研究了政治成本是否是管理者进行资产重估的动机。他们发现与小公司相比，规模大的公司进行资产重估更加频繁。这一假设源于大公司更可能得到监管者和公众的关注，而监管者和公众能够对大公司的资源分配产生影响。较高的利润和回报率通常与较高的税收和较多的公众监督相联系。提高资产的账面价值能够帮助公司减少回报率。Ball 和 Foster（1982）认为公司规模是政治成本的代理变量，但是存在噪声，应该用容易发生罢工的行业进一步衡量政治成本。不仅如此，他们发现容易出现罢工的行业更可能进行资产重估。通常这些行业包括煤炭开采业、水井作业、金属行业、建筑和施工行业（Perry，1979）。最后，他们指出不同公司进行固定资产重估的动机不尽相同。例如，高负债率公司与低负债率公司进行资产重估的动机就不同。

Black 等（1998）拓展了在英国、澳大利亚和新西兰背景下对资产重估的研究。作者考察了 1985—1995 年 696 个英国样本和 503 个澳大利亚和新西兰的混合样本。他们对比了进行资产重估和没有进行资产重估公司的产权比例、市价/账面价值或偿债能力是否存在差异。研究结果表明在澳大利亚和新西兰进行资产重估的公司具有更大的市值。与以前的研究一致，在英国和新西兰，进行资产重估的公司与未进行资产重估的公司在财务杠杆、市价/账面价值和偿债能力上存在很大差异。虽然进行资产重估的公司的财务杠杆大于未进行资产重估的公司，但是其偿债能力较差。

三、来自英国的研究

除了澳大利亚，英国的学者也对资产重估进行了深入的研究。首先，他们认为公司规模是公司进行资产重估的动机。Zimmerman（1983）发现大公司比小公司披露的信息多，公众对大公司的了解程度相对要高，他们具有更大的动机采用稳健的会计方法，以向公众展示他们保守估计利润的形象，因为他们的报告结果更容易吸引媒体和政府的注意力。Watts和Zimmerman（1986）的研究支持政治成本与企业规模具有相关性的观点。规模较大的公司，在更多公众的监督下，更可能进行资产重估以报告较低的回报率。因此，公司的规模可能是影响公司进行资产重估决策的因素之一。

Lin和Peasnell（2000）运用1989年和1991年在伦敦交易所上市的样本，考察了资产重估与债务契约、信号传递、政治环境的关系。选择1989年和1991两年的数据有利于作者考察在经济繁荣的1989年未披露但是在经济衰退的1991年报告出来的重估储备。Lin和Peasnell（2000）发现资产重估与公司规模、资本充足率正相关，但与偿债能力负相关。他们的结论支持了债务契约假设。同时，他们认为固定资产重估的成本很高，如果公司有较多的固定资产产生较大的增值额以满足公司的财务需求，资产重估是值得的。他们提供的证据支持了Zimmerman（1983）的研究结果，即规模较大公司的管理者可能会倾向于应用资产增值的重估以减少权益资本和资产的回报率，从而降低可能出现的政治成本。

Iatridis和Kilirgiotis（2012）考察了固定资产重估的动机。文中所考察的动机包括企业规模，固定资产新旧程度，公司的海外业务和并购行为，以及企业债务和盈余管理的倾向。研究结果表明，公司规模与固定资产重估正相关。对于具有海外业务、固定资产较少、高债务资本需求的公司来说，它们更可能进行固定资产重估。上述特征也是企业进行收购的情况。研究还表明，固定资产重估与盈余管理负相关。

四、来自其他国家或地区的研究

Gaeremynck和Veugelers（1999）构造了一个资产重估的模型，对比利时的管理层激励和资产重估提供了实证证据。运用此分析模型，他们分析了当管理者的薪酬取决于期望的业绩和目前的财务状况时，资产重估的信号传递动机。由于不进行资产重估的决定可能增加公司的财务杠杆（产权比率或资产负债率），导致违背债务契约，资产重估降低了预期的重组成本。然而，不进行资产重估的决定会提高企业更多资金投入的可能性，因为传递了公司将会取得更好业绩的信号（没有诉诸资产重估）。当成功的公司不进行资产重估时，分离均衡才能实现，这是因为重组的成本比从额外的资金投入获得的边际收益要小。但是，这种策略只有在业绩变动较大和产权比例较低时才会出现。Gaeremynck 和 Veugelers（1999）的研究发现，行业中相对成功的公司所具有的特征包括业绩变动较大和较低的产权比率，这些公司很少进行资产重估。他们的研究结果也显示重估值的多少（例如，重估值与资本的比率）不会影响进行重估与否的决策。与前人研究相一致，当公司接近出现债务违约和净值下降时，进行资产重估的可能性较大。

Jaggi 和 Tsui（2001）运用香港的数据进行了实证研究，研究结果表明进行资产重估最重要的动机是向投资者传递资产的公允价值的信号。这一结论源于资产重估和未来营业利润之间的显著正相关关系。但是他们未能发现，既有文献中描述的主要动机——违反债务契约。他们的研究结果也表明管理者提高借贷能力与资产重估的关系，以及股价提高与资产重估的关系。

Missonier-Piera（2007）研究了瑞士的企业进行资产重估的经济动机。瑞士近几年兴起对资产重估的研究，主要因为瑞士的公司采用了国际会计准则。运用混合和横截面的数据进行回归，作者发现具有较高的财务杠杆和较少的投资机会的公司会实施资产重估。在瑞士，进行资产重估的动机主要包括减少违反债务契约的可能性和提高借贷能力的信号传递作用。

Seng 和 Su（2010）对1999—2003年新西兰上市公司潜在的管理层激励行为——资产重估增值行为进行了研究。这项研究提供的证据仅支持了早期政治成本方面的研究。也就是说，发现规模较大的公司更有可能进行资产重估，以降低政治成本。此外，该研究发现，大多数新西兰公司的资产重估定期由独立的估值师实施。研究还发现，一些企业选择在财务报告中披露当期固定资产的价值，而不是在财务报表中给予确认。有学者认为，披露而不是确认这些价值变动是一种更稳健的行为，因此，资产负债表的稳健性会更好（Cotter，1999）。

五、结论

综上所述，资产重估有助于企业避免债务违约（Whittred 和 Chan，

1992；Brown 等，1992），降低企业的负债率，进而提高企业的借款能力（Brown 等，1992；Cotter 和 Zimmer，1995；Lin 和 Peasnell，2000；Jaggi 和 Tsui，2001）。另外，通过资产重估来实现资产增值的成本要低于外部融资（Whittred 和 Chan，1992；Brown 等，1992），特别是对于有形资产比重较大的公司来说更是如此（Brown 等，1992）。

参考文献

[1] Whittred G, Chan Y K. Asset revaluations and the mitigation of underinvestment [J]. Abacus, 1992, 28 (1)：58 – 74.

[2] Courtenay S M, Cahan S F. The impact of debt on market reaction to revaluation of non-current assets [J]. Pacific-Basin Finance Journal, 2004, 12 (2)：219 – 243.

[3] Easton P D, Eddey P H, Harris T S. An investigation of revaluations of tangible long – lived assets [J]. Journal of Accounting Research, 1993, 31 (supplement)：1 – 38.

[4] Cotter J, Zimmer I. Asset revaluations and assessment of borrowing capacity [J]. Abacus, 1995, 31 (2)：136 – 151.

[5] Brown P, Izan H Y, Loh A L. Fixed asset revaluations and managerial incentives [J]. Abacus, 1992, 28 (1)：36 – 57.

[6] Zimmerman J. Taxes and Firm Size [J]. Journal of Accounting and Economics, 1983, 5 (2)：119 – 149.

[7] Watts R, Zimmerman J. Positive accounting theory [M]. Englewood Cliffs, 1986, NJ：Prentice – Hall.

[8] Black E L, Sellers K F, Manly T S. Earnings management using asset sales：An international study of countries allowing noncurrent asset revaluation [J]. Journal of Business Finance & Accounting, 1998, 25 (9 – 10)：1287 – 1317.

[9] Lin Y C, Peasnell K V. Fixed asset revaluation and equity depletion in UK [J]. Journal of Business Finance and Accounting, 2000a, 27 (3 – 4)：359 – 394.

[10] George I, Kilirgiotis G. Incentives for fixed asset revaluations：the UK evi-

dence [J]. Journal of Applied Accounting Research, 2012 (13): 5-20.

[11] Gaeremuynck A, Veugelers R. The revaluation of assets as a signalling device: a theoretical and an empirical analysis [J]. Accounting and Business Research, 1999, 29 (2): 123-138.

[12] Jaggi B, Tsui J. Management motivation and market assessment: revaluations of fixed assets [J]. Journal of International Financial Management & Accounting, 2001, 12 (2): 160-167.

[13] Missonier-Piera, F. Motives for fixed asset revaluation: an empirical analysis with Swiss data [R]. http://www.business.uiuc.edu/accountancy/research/vkzcenter/conferences/france/papers/Missonier_ Piera. pdf, 2006.

[14] Dyna S, Su J. Managerial incentives behind fixed asset revaluations: evidence [R]. New Zealand Firms, 2010, Working paper.

互联网虚拟货币金融风险的法律规制研究

——以比特币为例

房 燕

(北京联合大学管理学院金融与会计系，北京，**100101**)

摘要：比特币的出现给现行金融体系带来了新的机遇和挑战，其价格波动剧烈、高收益率背后的高风险不容忽视，不确定的政府态度也是投资者要考虑的问题。本文从金融学的角度入手，分析比特币的发展现状，从信用、市场、行业、安全及政策等方面研究比特币的风险因素，探讨互联网虚拟货币的金融风险法律规制并提出相关建议。

关键词：比特币 风险因素 法律规制

一、引言

比特币（Bitcoin，BTC）诞生于2009年初，是一种新型的基于P2P的加密电子货币。一位自称为中本聪（Satoshi Nakamoto）的人在一个少为人知的密码学研究小组上发布了一份报告，报告指出了他对于电子货币的新理念，此时比特币就诞生了。"挖矿"是一种获得比特币的途径。"矿工"通过贡献算力来验证交易，以加工交易记录来得到作为手续费的比特币，或获取新发行的比特币。用户可以通过个人电脑、移动设备以及网络上的电子钱包软件来做货币交易。比特币可以通过挖矿来获得，也可以使用其他传统货币来兑换，最终可用于商品、服务等交易。

比特币从诞生开始就因其创新性和革命性而引起了广泛的关注。它是基于算法和密码编码，通过点到点技术（Peer to Peer）实现的去中心化电子货币，其匿名性、抗通胀及无国界流通等特点吸引了无数人追捧和投资，同时也由于缺乏监管被利用作洗钱、犯罪活动融资的工具，我们有必要就现状探讨现实中比特币存在的金融风险，并在法律监管方面提出建议。

作为虚拟货币的新成员，比特币的出现让大众重新认识了虚拟货币。虚拟货币的家族成员不断丰富，如在比特币之前，腾讯Q币、新浪U币、百度币、盛大元宝、网易 POPO 币、联众币、猫扑 MM 币等已经成为网络上炙手可热的"货币"。比特币的设想便是作为高级虚拟货币，能够作为法定货币突破虚拟世界的限制进入现实世界流通。比特币的产生除了引起经济学上的若干争议外，作为新型虚拟货币，对包括银行法、证券法、税法、消费者保护法等传统金融法律体系也带来了巨大冲击。

随着近年来比特币的投资者越来越多，比特币的价格也经过了数次过山车般的暴涨和暴跌，比特币投资的高风险、政府的不确定态度等方面都令人担忧，分析其风险因素将有利于大众对比特币建立一个理性而全面的理解。本文以介绍比特币的发展及现状入手，再从金融学的角度来分析比特币的主要风险因素，并探讨风险应对办法和给出相关建议。

二、比特币的发展现状

比特币的构建初衷是成为非主权货币，给人们提供一种新型的支付方式，而非成为纯粹的投资工具，过度的热钱流入会令比特币价格非理性上涨，必然减弱其货币的属性。等到度过了如今处于的成长阶段，价格回归理性，投机者散去，比特币才能更好地发挥其"货币"的职能，向着更成熟的体系发展。

1. 对传统金融体系的影响

2013 年末比特币的总市值峰值一度达到了近 140 亿美元，相当于国内的南京银行和宁波银行市值之和[1]。据比特币网站 Blockchain.info 估算，目前比特币的总市值仍然约有 60 亿美元。

比特币面世反映了现今的货币体系在一定程度跟不上全球经济高速发展的需求，而货币的演变过程是需要在交易当中持续提升效率，以及不断压缩交易成本。比特币是一个并不成熟的货币解决方案，缺少现行法律根基以及实体经济的支持。但是其所倡导的低成本、高效率，去除一层层中间机构，却实在地击中了现今货币体制的要害。

比特币的诞生从两个方面来颠覆传统金融体系，首先是将互联网的先进技术手段带入传统金融服务当中；其次是更加开放和民主，对个人自主选择的重视，以及更加重视小型和微型金融。互联网金融是传统金融业和互联网精神相结合的一种新型金融领域，以比特币为代表的电子货币设计思想正是顺应了这一趋势。

2. 法律环境

比特币逐渐进入了公众的视野，社会各界的接受程度较数年之前有大幅增高，随着市场流通的比特币增加，它带来了一系列关于法律地位和适用法律、经济风险、证据能力、管辖范围、政府监管等的不确定性问题。全球多数国家政府都公开表示高度警惕利用比特币进行洗钱、恐怖主义、非法集资等活动。

到目前为止，公开表示过有可能将比特币列入合法货币行列的仅有德国和美国德克萨斯州。德国财政部认可比特币作为"记账单位"存在，应归类为"货币单位"和"私人资金"，具有结算功能，但不可充当法定支付手段。中国按照现行法律将比特币作为"特殊虚拟物品"对待，不认可其货币地位。俄罗斯、泰国则实施了相对严厉的管制，认为使用比特币属于非法交易，必须暂停比特币业务。而美国的态度值得关注，美联储前主席伯南克表示，虚拟货币（Digital currency）面临着法律和监管问题，但长远来看可能有望得到更好地运用，尤其是希望它可以建立更高速、安全和有效的支付系统。2014年2月，美国加利福尼亚州众议院通过的AB129法案提出，各类形式上的虚拟货币，如电子货币、商场积分、优惠票券或其余等同于货币价值的物品，在用于商品和劳务购买或实行支付手段时，不属违反法律。2013年末，中国人民银行下发《关于防范比特币风险的通知》，强调比特币缺乏国家信用。重点说明比特币不是由货币当局发行，没有法偿性与强制性，仅是"特定的虚拟商品"，不是真正意义上的货币，也不具有与货币相同的法律地位。要求各金融机构和支付机构不能为比特币提供支付和清算业务，该项通知说明了现在比特币在中国尚不可以充当交易媒介。

三、比特币的风险因素分析

1. 地位模糊

近几年比特币的高速发展给金融市场带来了巨大影响，引起各国立法者的强烈关注。2013年底我国央行发布的《关于防范比特币风险的通知》，主要是关于比特币的定性以及现阶段将实行的监管办法，主要指出了三个重点：首先是事物定性，把比特币归为特定虚拟商品来管理，不承认其货币地位，因此不能和不应该被当作货币在市场上行使流通职能；其次是运用现有法律管理网络虚拟币的办法，分隔开网络虚拟币同实体经济的联系，不允许金融和支付机构办理比特币有关业务，以免虚拟货币的投机风险蔓延传染到实体经济体系；最后是明确规定交易网站须到互联网管理机构登记备案，监察可疑交易，重点实施反洗钱及其他犯罪活动的监管。《通知》没有彻底遏制民众进行比特币的交易，而是规定交易商应及早警示交易风险，交易者在自己承担风险的前提下自由买卖，此举保护了民众的合法权利也防止比特币被用作犯罪用途。

关于比特币的性质，与其他国家政府一样，中国政府不认可比特币作为货币的地位。但是在中国，有关虚拟货币的法律显得相对缺乏。政府通过《人民银行法》及《人民币管理条例》，从狭义的货币概念为基准将比特币界定为"虚拟商品"。而美国和欧洲央行则考虑到货币形式的进化，从货币功能的广泛意义上考虑，将比特币定义为"虚拟货币"。随着各国政府以及央行先后对比特币发布声明和监管办法，引起了比特币的价格波动。而中国作为比特币交易量最大的市场，在我国《关于防范比特币风险的通知》发表后，比特币的价格一泻千里，整体下降了1/3左右。

2. 信用缺失

传统货币依靠国家信用做担保，与实体经济相协调，有政府为其发行背书。而比特币系统是由拥有缺乏信用保证的个人推出，纯粹依靠于一套理论上无漏洞的算法和密码编码，不作任何关于实体资产的担保。其价值完全取决于持有者的信心，这样的信心又最终来自于持有者的预期以及与此密切相连的比特币生态发展和支付能力。

然而，由于比特币的发行量在其诞生的时候就已经被限制在2100万，此举同样令比特币的普及范围有所局限。当比特币价值上升到一定程度时，会有一大部分比特币被作为贮藏手段退出流通领域作为财富保存起来，市场上流通的比特币将会变得越来越少，加之比特币的发行速度随着时间推移而减慢，货币供应量不能满足资金需求，物价随之下降，可能导致恶性的通货紧缩。固然在升值过程中，比特币对商品的购买力不断上升，但商家对比特币本身风险的厌恶情绪会逐渐变强，比特币的生态发展空间可能会因为市场的影响而快速收窄。在这种情况下，投资者手中的比特币将变得越发无用。

欧洲央行有报告称比特币在实际操作上拥有庞氏骗局的部分特征，但亦有另一些与常见庞氏骗局相悖的特征。由于算法的设定，在比特币诞生初期获取比特币的成本极其低廉，而往后随着入场人数增多，获取比特币的成本呈指数上升。即越早入场者可获得更强烈的升值预期，这是被指作庞氏骗局的一大原因。

由于比特币系统运作异常繁杂，大众理解的难度很大，导致大量纯粹处于投机心理而入场的交易者处于信息不对称的状态，再加之比特币现处于法律的边缘，监管措施尚未到位，一旦出现信任危机，大量用户准备退出却因为资金流动性不足而被套牢，系统将面临崩溃的危险，最终可能会导致一场金融灾难的发生。

3. 交易制度不健全

目前比特币交易平台的设立制度、运营规则、技术安全以及管理人员的从业资质都没有相应的标准和监管，造成了国内质量参差不齐的交易平台数量的迅猛增加。为了争夺客户、提升交易量，国内各大交易平台逐步引入了融资融币等形式的杠杆交易和做空方式，提高了比特币的交易风险，造成了浓厚的投机氛围。

自2010年4月比特币第一次公开交易起到现在，按当前最新交易价格450美元计算，比特币的市值在4年间上涨了15000倍。2013年始，比特币的价格突然一路飙升，一度突破7000元人民币。然而，伴随着这一现象的是大量比特币被作为贮藏手段保存，这会加深人们对它的偏见。在目前来看，相对于支付手段和货币其他职能，比特币似乎更被当作了一款投机产品。

传统股市随着人们日出而作日入而息地开放和关闭，通过涨跌停板来保护投资者的利益，而比特币货币市场每日全天开放，无价格限制。一旦出现比特币持有量超过51%的个人或单位，市场将会由其任意操纵。反观如今比特币市场规模不过百亿美元，这个可能性不容忽视，退一步分析，即使是持有较大量比特币的个人（比特币创始人或早期投资者）要进行恶意炒作，这个系统就显得不堪一击。

比特币的价值来自于人们的信心以及比特币支付系统生态发展，所以出于成长阶段的比特币的价值变化空间仍然非常大。假如接受人群变大，商家更愿意接受比特币来付款，市场境况将一片利好。但若是接受人群缩小，长期不被看好将导致陷入恶性循环，价值会不断萎缩。比特币投资者不能确定它的价值到底可以维持多长时间，更多人出于投机心理，短时间买入卖出来套取利润。这种长期的不稳定在有强有力的机构做担保之前很难消失，在信息不对称的情况下极容易损害一般投资者的利益。

4. 行业风险大

比特币发行总量被设计成不超过 2100 万，但由于其本身没有权威机构和国家权力来维护它的权威性和独特性，而加上近年来推出各种各样仿照比特币的"山寨币"，这种"泛比特币"的总量是无法控制的。最关键是比特币与它的模仿者需要通过平等竞争来维持市场地位，比特币并不具有排他性。所以，比特币和其他同类虚拟货币的未来是不确定的，"泛比特币"总体来说有通胀风险。

表 1 主要网络虚拟货币概览

货币	符号	时间	市值（亿美元）	官网	作者
比特币	BTC	2009	57	bitcoin.org	中本聪
莱特币	LTC	2011	3	litecoin.org	查尔斯·李
点点币	PPC	2012	0.47	ppcoin.org	Sunny King
瑞波币	XRP	2013	0.4	ripple.com	Jed McCaleb
狗币	DOGE	2013	0.37	dogecoin.com	Jackson Palmer
未来币	NXT	2013	0.2	nxtcrypto.org	BCNext

资料来源：coinmarketcap.com 和作者整理。

发布在比特币两年之后的莱特币（Litecoin），是当前市值仅次于比特币的电子货币，市值约 3 亿美元[2]。对比比特币，总发行量达到 8400 万的莱特币拥有更高效的特点，但采用的算法仍需大量内存支持。和比特币一样，莱特币也是基于点对点（Peer to Peer）的电子货币开源项目，技术实现的原理相同。莱特币的创造者查尔斯·李（Charles Lee）认为，莱特币的优势在于，如果能够证明用户所拥有的莱特币合法，货币交易速度会比比特币快很多。这一特性可能会令莱特币因容易接受监管而在流通过程中更少地受到来自法律的阻碍。作为目前全球市值第二的电子货币，莱特币已经被一部分人所认同，但相比于比特币，这个群体的数量仍然很小。

另外，目前已有超过250种虚拟货币加入竞争，市值稳定在千万美元级别的有点点币（PPCoin）、瑞波币（Ripple）、狗币（Dogecoin）等8种左右。这些虚拟货币各有自己的特色，譬如瑞波币，它没有撼动法定货币的打算，而是希望建立世界上首个开放的支付网络。有观察家认为，"山寨币"如同重复发明轮子一样没有意义，复制源代码修改少量参数是没有创新价值的，随着山寨币的数量的增长，价值会被逐渐稀释[3]。也有不同意见认为通过充分市场竞争，优秀的虚拟货币会在各种领域发挥不同的作用。

5. 取证和救济困难

由于比特币完全依靠网络交易，从技术平台的风险来说无疑会令比特币面临电脑病毒和黑客攻击，而且因为比特币有去中心化的特性，在运算、流通、交易的过程中都具有匿名性，如果有事故发生，取证和补救都变得极其困难。

如今比特币投资者们正面临着包括交易市场沦陷、盗号木马以及僵尸电脑（Zombie computer，感染病毒后被黑客利用硬件资源挖矿）的等安全威胁。2016年3月，比特币银行Flexcoin遭到黑客洗劫而被迫倒闭，一个月后，全球最大的比特币交易商Mt. Gox因被黑客通过系统漏洞窃取用户存入的75万比特币和Mt. Gox所持的10万比特币（当时市值约5亿美元）正式宣布破产。我国国家信息中心联合瑞星公司发表的《中国信息安全综合报告》有相关叙述，瑞星公司于2013年1月到6月截获超过2200个有关比特币的电脑病毒样本，其中有一种被称为"Kelihos"的病毒，不仅可以自动搜寻有关比特币钱包信息的个人电脑，甚至能够窃取比特币。

基于算法和密码编码，比特币被部分人认为是世界上最安全的货币，将在电子商务方面大有作为，甚至有希望在货币上实现世界统一。但有不同意见认为，比特币最终可能成为一场闹剧，其本身不过是一串随机数据，没有实体经济支撑，系统在各方面运用有很大的局限，整个网络崩溃或者挖掘技术的升级乃至黑客袭击都将对其系统安全带来巨大的冲击。

四、比特币的法律监管建议

1. 树立比特币法律监管的理念

重新思考比特币的法律定位。我国在虚拟货币的法律规范方面，一直存在立法滞后的状况。从顺应全球互联网金融浪潮以及满足实践需要的角度说，国家应当制定虚拟货币的法律法规，比特币可以作为这部法规的重要一部分。从短期监管来看，本文认为，可以尝试将比特币界定为支付方式或者转账手段。毕竟从比特币的设计原理来讲，这两个功能是发挥其最大优点的体现。

深入研究，增强合作。有关部门要加强对比特币等互联网货币的研究，注意随时可能出现的风险，提早制定紧急预案，多部门通力合作并主动处理有关比特币的事故和案件。并及时关注国外监管做法，参考有关防止运用虚拟货币犯罪的办法，与其他国家及政府联合防范网络洗钱等非法活动。

加强对社会公众货币知识的教育。目前在国内的比特币交易越来越多，为了防止过度投机，有关部门应当尽早向民众普及比特币知识，提醒交易风险。各金融机构也应积极开展金融知识普及活动，加强对社会公众货币知识、电子货币、虚拟商品的认识，增强理性投资、合理控制投资风险及维护自身财产安全的教育，引导民众建立健康理性的货币和投资观。

2. 明确比特币法律监管的原则和机制

比特币是互联网金融中的一部分，也是在市场机制中自发产生、自发运行的诚信体系。因此确立虚拟货币和比特币监管的基本原则，首先，应该在有利于经济秩序和金融秩序稳定的基础上，保障虚拟货币和比特币业务的创新空间和健康发展的原则；其次，尊重市场规律，政府依法适度监管与行业自律相结合的原则；最后，依法维护比特币交易参与主体的合法权益的原则。

依照上述监管原则，比特币的监管机制应该采取由中国人民银行的有关监管部门和中国人民银行主管下的行业协会相结合的方式。政府和监管部门应该尽快认识到在互联网经济高速发展的背景下，货币形态将会不断地进化。继续完善虚拟货币协调管理机制，构建公安部、工业和信息化部、检察院、法院，再到银行业监督管理委员会、证券监督管理委员会、国家外汇管理局等多部门通力合作的共同监督管理的局面。在界定比特币的特定虚拟商品后需要增强各方面的监管，视市场实际发展情况酝酿下一步决策。在防范网络金融犯罪的前提下，继续加强对消费者的保障，并进行宏观调控，为虚拟货币的未来发展做铺垫。

我们应该看到比特币作为一种虚拟商品，就像一般互联网社区上的虚拟财产，在交易过程当中可以参考民事诉讼法、合同法以及刑法来保障比特币持有者权益。另外，公安和司法机关应该具有前瞻性地对比特币案件进行研究，尤其在纠纷诉讼中极可能出现的问题。包括证据获取和事后补救难度大、管辖范围划定以及法律适用，主动发起调查咨询，方可更进一步遏制犯罪活动以及保障民众合法权益。与此同时，把握互联网时期的货币形态的进化，从我国的现实出发，参考其他国家对新事物的立法，在适当时建立或健全相关法规。对虚拟货币的具体含义、适用范畴、性质、管理办法与责任认定和划分，虚拟财产在持有和交易转移等各个方面的合法性、权利和义务做出明确的诠释。

比特币的迅猛发展给我国带来了新的挑战和机会，政府可以重新思考货币、金融本义，在原有的宏观格局和监管办法下，建立和完善适合我国国情的法律法规和监督系统。

3. 规范比特币交易平台

对于促进交易平台职能的规范化，可以由监管部门适当干预。短期内，由于比特币交易平台已经具备一定的规模，交易市场泥沙俱下，需要监管部门来整合市场，消除隐患。从长远看，比特币是第一个成功流通的虚拟货币，但不会是最后一个，如何借鉴比特币的设计理念，改善其缺陷，创造出更适合充当一般等价物的交易媒介物是下一步发展的重点。因此，政府还应该从以下几个方面着手：一是清查现有交易平台的运营状况；二是停止现有的交易平台的做空机制；三是在监管部门的引导下建立国内唯一的、具有良好信誉的、出于风险监管和反洗钱监管下的实名制虚拟货币交易平台。同时，明确交易平台在运营中的民事、行政和刑事法律责任的认定，构建以保护金融消费者为重点内容的监管机制。

基于以比特币为代表的新型虚拟货币交易不需要中间机构的特性，建议技术部门增强对比特币的研究，努力解决目前的匿名和技术安全问题。使用创新监管手段，开发官方认证功能鉴定的客户端，上报可疑交易，有效防止比特币用作非法用途。鉴于新事物的诞生可能带来传统的分析研究办法失去效用，主管部门应与时俱进，保持大胆创新、谨慎操作的监管态度，方可保证我国经济体系长久稳定地发展。

4. 优化金融体系，提升抗风险能力

在现今金融体系下，比特币的出现使政府与中央银行失去其政策调控能力，但仍存在公开市场操作空间，令比特币的创新性与革命性可以被逐步利用。考虑动用国家强大的运算能力并展开市场操作，达到控制多数货币，参与市场维护与管理的目的。

出于对比特币系统能够更健康理性地发展的考虑，可以将比特币纳入社会信用体制当中，在交易中加入拥有国家认定资格的中间交易机构，对交易者身份进行登记，消除匿名性。而法定货币象征着国家主权，是维护国家经济稳健发展的重要基础，在捍卫人民币在我国的唯一法定货币地位的同时，可以考虑为不断发展现实金融需求做相关应有的补充。

在经济迅猛发展的今天，全球化贸易在绝大多数国家是必不可少的。而各国不同的法定货币以及时刻变化的货币汇率会给国际贸易市场带来一定的阻碍作用。比特币正是经济全球化下的产物，对于高效快速的世界统一货币构想的一次乌托邦式的尝试。虽然现在可能并非成熟的时机，但这侧面反映了现行货币体系不能满足金融市场高速发展的需求。我们应当给予高度关注，对非主权货币的构想进行深入研究，以丰富稳定国际金融体系。

参考文献

[1] 娄耀雄，武君. 比特币法律问题分析 [J]. 北京邮电大学学报（社科版），2013（4）：25-31.

[2] 黄俊文，梁婉琪，叶俊鹏. Bitcoin 市场的长记忆性的实证分析 [J]. 经济研究导刊，2013（28）：115-117.

[3] 洪蜀宁. 比特币：一种新型货币对金融体系的挑战 [J]. 中国信用卡，2011（10）：18.

[4] 端宏斌. 比特币悖论 [J]. 中国经济和信息化，2013（11）：27-28.

[5] 庞博. 比特币能否取代传统货币 [J]. 电子制作, 2013 (16): 241.

[6] 李帅杰. 去中心化的尝试——比特币的崛起 [J]. 东方企业文化, 2013 (18): 225-227.

[7] 郑书雯, 范磊. 基于 P2P 网络 Bitcoin 虚拟货币的信用模型 [J]. 信息安全与通信保密, 2012 (3): 40.

[8] 高卫民. 对新型货币——比特币的观察与瞻望 [J]. 对外经贸实务, 2013 (10): 17-20.

[9] 尹龙. 金融创新理论的发展与金融监管体制演进 [J]. 金融研究, 2005 (3): 7-15.

[10] 王一佳, 杨琳. 金融衍生产品与风险管理 [J]. 中国货币市场, 2003 (9): 54-57.

[11] 王国征. 金融衍生产品及其风险管理 [J]. 科教文汇, 2007 (5): 154-154.

[12] 哈耶克, 姚中秋. 货币的非国家化 (Denationalization of Money) [M]. 北京: 新星出版社, 2007.

[13] 于江. 新型货币"比特币": 产生, 原理与发展 [J]. 吉林金融研究, 2013 (5): 17-23.

[14] 覃凌燕. 如何认识和看待比特币 [J]. 青海金融, 2014 (1): 25-28.

[15] 郑瑜. 比特币≠通用货币 [J]. 现代经济信息, 2014 (1): 62-64.

[16] 李心丹, 傅浩. 国外金融体系风险理论综述 [J]. 经济学动态, 1998 (1): 51-55.

[17] 丁弋弋. 比特币: 在零市场监管下"裸奔"[J]. IT 时代周刊, 2014 (1): 17-21.

[18] 温小郑, 王晾, 王允楠. 比特币对金融体系影响的探索与思考 [J]. 西安邮电大学学报, 2013 (5): 104-106.

[19] 霍腾博. 比特币崛起视角下的中国金融监管问题研究 [J]. 时代金融, 2014 (1): 39-42.

[20] 王刚, 冯志勇. 关于比特币的风险特征, 最新监管动态与政策建议 [J]. 金融与经济, 2013 (9): 46-49.

[21] Nakamoto S. Bitcoin: A peer-to-peer electronic cash system [J]. Consulted, 2008 (1): 20-22.

第三方担保对 P2P 网贷的风险作用机理及监管启示

傅巧灵 韩莉

(北京联合大学管理学院金融与会计系，北京，100101)

摘要：担保模式是我国 P2P 行业的主流商业模式，尤其是第三方担保在 P2P 网贷的发展中扮演了重要角色。但因 P2P 行业和担保行业处于松散监管状态，对投资者来说，第三方担保机构的介入究竟影响如何？本文从法律风险、利益冲突和风险机理进行分析，并提出完善 P2P 监管的法律与法规。

关键词：P2P 网贷　担保公司　小贷公司　风险　监管

一、引言

2015 年 10 月，我国 P2P 网贷行业累计总成交量突破万亿大关，但 P2P 平台"跑路"不断，安全性一直是 P2P 网贷投资者的心头之患。目前 P2P 网贷在国内主要有三种模式：纯平台模式、信贷资产证券化的模式、担保模式，其中担保模式是主流模式，70% 以上的平台以这种模式来提供本金甚至利息担保。担保模式又分为平台自担保和第三方担保，前者是平台通过自身风险备付金来对借款本息进行担保，后者是引入第三方担保机构（担保公司或小额贷款公司）对借款本息进行担保，即网贷平台和担保机构进行合作，若发生资金拖欠和违约，由第三方担保机构来对投资者进行资金垫付偿还，当然平台也要支付一定的担保费。据第三方数据统计，P2P 平台与小额贷款公司及第三方担保公司合作占比达 75.23%，其中与融资性担保公司合作的占 31.22%，与非融资性担保公司合作的占 15.71%，部分平台在与小额贷款公司的合作中，由小额贷款公司承担担保

责任。❶

但是，2015年先后出台的一系列监管规定却对平台的担保提出异议，如《关于促进互联网金融健康发展的指导意见》（以下简称《指导意见》）规定，P2P平台要明确信息中介性质，不得提供征信服务；而随后在最高人民法院出台的《关于审理民间借贷案件适用法律若干问题的规定》中再次提出，P2P平台仅提供媒介服务，不承担担保责任。为何需要禁止平台自担保？显然是平台自身经济实力难以弥补P2P网贷的信用风险，但引入了第三方担保机构就可以高枕无忧吗？

当然，从投资人主观来讲更易接受第三方担保的介入，认为第三方担保是一种补充保障。但实质上引入第三方担保的P2P网贷的最接的作用就是使信用风险从借款人转移到担保机构身上，而P2P平台的功能也突破信息中介，具备了信用中介的功能。当P2P网贷的链条涉及第三方担保机构甚至更多利益相关机构，我们就需要从利益关系和利益冲突来审视P2P平台的运行和风险作用机制。

二、第三方担保P2P网贷模式的法律风险

大多投资者只会关注平台表面上提到的"本息担保"，却对其背后保障方式缺少理性认知。实际上，因担保主体资格、担保责任属性、承诺对象、担保能力等因素，即便P2P平台引入第三方担保机构也并非意味着投资人利益能够得到完全保障。

（一）谁来充当保证人——融资担保公司或一般性担保公司

担保公司分为融资性担保公司与一般担保公司。融资性担保公司是指担保人为被担保人向受益人融资提供的本息偿还担保，基本就是和银行等金融机构合作开展融资担保业务，如果被担保人在到期时不能偿还贷款，融资性担保公司就要为其偿还余款；一般性担保公司是指那些没有取得融资担保许可证书的，但可以开展联合担保、诉讼担保、工程担保等为自然人和法人机构担保的担保机构。只有前者才具有为P2P平台贷款担保的资格。但目前有一些P2P平台和一般性担保公司合作；也有一些P2P平台引

---

❶ 第三方担保并非万无一失 P2P平台保障需再突破 [EB/OL]. 网贷315官网, http://www.wd315.cn/news/3166.html.

入小额贷款公司进行担保，但因监管当局——各地方金融办为小额贷款公司规定的经营范围不同，使得并非所有小额贷款公司都具有担保资质，如江苏省允许小额贷款公司提供担保，其他一些省市的小额贷款公司则被禁止。

（二）承担何种担保责任——一般责任或连带责任

担保公司的担保责任也分为一般责任和连带责任两种。虽然都具有"担保"字样，但对投资者来说，本息保障效果却大相径庭。一般责任是指债务人不能履行债务时，由保证人承担保证责任，也就是若没有确认借款人完全没有还款能力时，担保公司是没有义务兑现担保承诺的；连带责任保证的债务人在主合同规定的债务履行期届满没有履行债务的，债权人可以要求债务人履行债务，也可以要求保证人在其保证范围内承担保证责任。显然，在一般责任下担保公司往往不会主动承担还款责任，甚至有时找不到借款人，投资人连起诉担保公司的权利都没有。现在大部分平台中的第三方担保机构承担的是"一般责任担保"。

（三）承诺对象是谁——平台或投资人

第三方担保机构提供征信的承诺对象是谁也非常重要，如果承诺对象不是投资人则仍然存在风险。某些声称获得第三方担保的P2P平台，大肆宣传本息担保，但承诺对象是平台自身，而非投资人。如北京某P2P平台发布了一笔80万元债权转让项目，担保公司保证函承诺对象却是"××信息技术有限公司"，即平台本身，并未提及任何投资者的信息。这意味着投资者的资金完全没有被纳入保障范围中。

（四）是否存在超额担保——10倍以下或10倍以上

根据2015年8月发布的《融资担保公司管理条例（征求意见稿）》，融资担保余额原则上不得超过其净资产的10倍，不得为其控股股东和实际控制人提供融资担保。然而，在担保行业，担保倍数突破10倍警戒线已是业内常态，许多担保公司处于严重的超杠杆运营，而相关信息也鲜有披露。尤其是很多平台业务多涉及P2C，一旦某个较大的项目出现问题，担保公司就难以偿付，甚至会通过申请破产拒绝代偿。2014年四川省民营担保龙头汇通信用融资担保有限公司的倒闭更是波及了爱投资、银客网等多家P2P平台。此类P2C业务风险相对于P2P类业务风险更为集中，一旦爆发便会影响大量投资人。如随着经济下行，违约风险增加，担保公司的倒闭又会因其他合作关系导致波及更多的 P2P 平台，引发该行业的系统性风险。

除法律风险，随着 P2P 网贷链条引入第三方担保机构和其他利益主体，在存在利益关系和利益冲突的情况下，还易导致道德风险。

三、第三方担保 P2P 模式的利益冲突及风险机理

（一）第三方担保 P2P 网贷模式存在的利益冲突

我们通过分析利益相关者的行为解释其风险机理，第三方担保模式 P2P 涉及四个主体、四个环节、三个委托—代理关系。

1. 四个主体的利益目标

P2P 平台的借款人往往是在正规金融渠道难以获得贷款的高风险人群或企业，在很大意义上可以被视为是次级债。对于这些借款人来说，最重要的是获得贷款，其次才考虑贷款的利率。在某种意义上，越是信用高的借款人越在意借款成本，而越是高风险的借款人则会逆向选择，愿意承担较高的利率。

P2P 平台的投资人，也被称为出借人，希望投资能够获得较高的利率，同时降低信用风险。大多数投资人更倾向接受"本息担保"的 P2P 模式，认为担保是一种在平台之外增加的第二重保障。

P2P 平台虽然被认为是"普惠金融"的一部分，但从事的却是不折不扣的商业化运作，其运行目标无法摆脱利润最大化的诉求。而引入第三方担保机构进行"本息担保"也有利于 P2P 平台吸引客户，增加交易量，甚至大多小型 P2P 平台如果不接入第三方担保就很难吸引投资人。因此担保公司尤其是国有担保公司成了平台竞相合作的对象。P2P 平台的经营也是通过向借贷双方（或借款人）收取一定比例的费用，以费用为机理的盈利模式使做大借款总量成为实现平台利润最大化的基础。

第三方担保机构多为担保公司（或小额贷款公司），担保公司是通过承担借款风险获得担保费用的，其目标是获得担保费用的最大化，担保费一般为担保额的 1.5%~3%，依据担保项目的保额以及风险程度而浮动。在有限责任之下，担保公司也有放大杠杆、承担高风险、追逐高收益的冲

动。而小额贷款公司则更趋向于通过与 P2P 平台合作来突破自身资金的瓶颈。

2. 四个环节和三个委托—代理关系

第三方担保 P2P 贷款在很大程度上以"费用"收入为激励,这使得各个主体存在利益冲突,可以将整个 P2P 贷款过程分为四个环节:信息审核环节、放款环节、还款环节,如果借款人不能正常还款就会出现第四个环节——担保公司担保偿债环节。

三个委托代理关系:一是投资人委托 P2P 平台对借款人的信息进行审核和信息公开;二是 P2P 平台委托担保公司对投资人的信用风险进行评估,并对资金的本息进行担保;三是如果借款项目来自担保机构推荐的话,又形成的另一委托—代理关系,即平台委托担保机构推荐合格的借款人,或者说担保机构委托 P2P 为项目筹措资金。由此也就形成 P2P 平台与担保公司的双向委托代理关系。而在贷款的过程中存在信息不对称,极易产生道德风险。

(二) 第三方担保 P2P 网贷的风险作用机理

1. 收费模式导致的利益冲突将产生道德风险

首先,在信息审核环节和放款环节,由于借款人本身是个人或小微企业,如果没有本息担保,投资人将会对借款人信息进行分析,并谨慎投资。但在有了本息担保之后,大多投资人在对担保内容和意义不甚明了情况下,认为资金到期不能偿还的风险下降,就会放松对借款人的信息和风险审核,甚至在高利率诱惑下,冒高风险。2014 年全国 P2P 网贷平均综合年利率为 17.52%,较 2013 年下降了 7.41 个百分点;2015 年 9 月网贷行业综合收益率为 12.63%。多数平台综合收益率介于 12%~24%,占比高达 72.23%;其余为 12% 以下,平台数量占比为 18.48%。综合收益率介于 24%~36% 和 36% 及以上,9 月的平台数量占比分别为 8.02% 和 1.27%,同期行业平均借款期限为 6.82 个月❶。但 P2P 网贷的投资收益仍远远高于同期银行贷款。

---

❶ 数据来源于网贷之家,http://shuju.wangdaizhijia.com/industry-list.html。

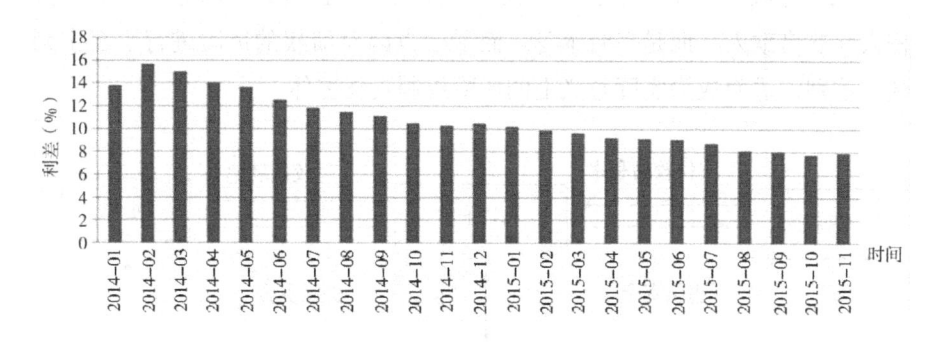

图 1　P2P 网贷利率与银行贷款利差

资料来源：根据网贷之家利率和人民银行 1 年期基准利率计算而来。

其次，对 P2P 平台与担保公司来说，其主要收益在很大程度上取决于贷款规模，贷款规模是其计提手续费的基础。因此对于平台来说，在风险管理水平有限，而大数据风控难以落实的情况下，是有动力放松对借款人的审核，甚至主动引入一些高风险项目来满足投资人追求高收益的诉求。

最后，还款环节中，如果借款人能够按期偿还本息，P2P 平台获得手续费，同时第三方担保公司也能净得担保费；但一旦借款人发生违约，则第三方担保公司需要垫付借款本息给投资人。对特定平台借款客户而言，担保公司分析和控制客户信用风险的能力也通常有限。在竞争压力下，超过规定的 10 倍担保水平进行超额担保已是业界常态。据估计，P2P 平台的担保标逾期率已经较高，只是因为可以用新的担保标融资来覆盖，平台坏账风险尚未完全爆发。但随着经济下行，借款人违约积累到一定限度，担保公司就无法兑现担保承诺，在一定程度上形成了"庞氏骗局"格局。

2. 信息不对称加剧道德风险

就 P2P 网贷的起源和实质来说，平台作为信息中介应当起着沟通借款人和投资人信息的作用，减少借贷双方信息不对称。但 P2P 网贷在我国实践中产生了异化，平台的信息沟通作用下降。如在第三方担保的 P2P 模式中，借贷双方即便在平台上形成债权关系，彼此也无法实现联络沟通。甚至平台还借助这一信息不对称，在具体的业务操作中赚取名为"信息中介费"的利差收入。整个过程中，中介费的定价对于借贷双方来说并不透明，但这却构成了当下 P2P 网贷的核心盈利模式。而在借贷双方信息被平台"双向隐匿"的情况下,当债权发生违约时,投资人所联想到的第一责任人并非借款人,而是平台本身。而平台也因对债权的风险进行了自主判断与鉴别,进而成为实际意义上的风险控制责任主体。

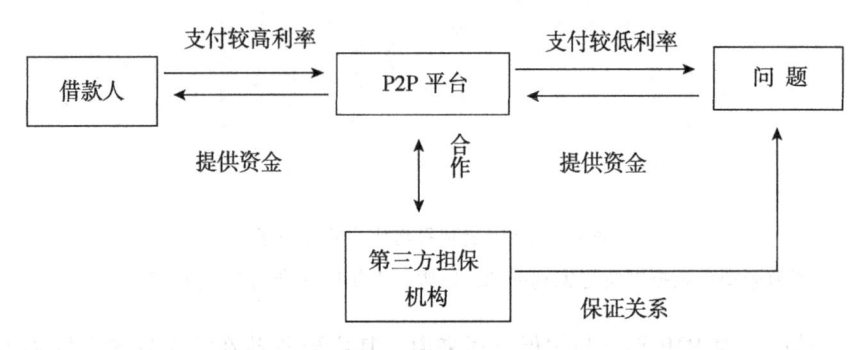

图 2 借贷方信息被"双向隐匿"

3. 信息不对称将导致逆向选择

目前 P2P 网贷行业,最迫切的不是投资人数量的增长,而是信誉良好的借款人的增加。在行业竞争加剧大背景下,P2P 网贷行业优质资产的供应速度明显落后于新增投资者的导入速度。在信息不对称的情况下,P2P 平台面临的生存压力将加剧平台的逆向选择。主要有以下两种情况。

(1) P2P 平台自己注册一般担保公司

我国 P2P 网贷行业中,很多平台主要经营个人贷款项目,个人贷款由于金额小,融资性担保公司参与积极性低,所以平台只能选择一般性担保公司。甚至有的网贷平台与其找一般担保公司合作,还不如自己注册一家一般担保公司,一般担保公司注册门槛较低,❶ 按照国家监管办法,一般担保公司的担保额度等于其资本金的大小,但很多平台的担保额度是一般担保公司的几十倍甚至上百倍,其担保实力根本无法对投资人资产形成保障。

(2) P2P 平台与第三方担保机构的逆向操作

P2P 平台因缺少项目,与担保机构展开的合作内容与 P2P 平台的本质

---

❶ 就注册资金来说,一般担保公司只要 50 万元以上,而融资性担保公司金额较大,一般要 500 万元甚至一个亿以上(按照各个省份要求有别);融资性担保公司开展业务活动必须由省经贸委颁发经营许可证,而一般担保公司则不需要。

发生背离：由担保机构（多为小额贷款公司）向平台推荐项目，而这些项目多是难以从银行获得贷款的高风险项目。这样的合作就将 P2P 平台转变为小额贷款公司吸收存款的通道。作为担保机构的小额贷款公司通过与 P2P 平台的合作突破了无法吸收存款所导致的资金瓶颈。而 P2P 网贷的投资人实际上投资的是次级债的结构化的产品。在这种模式下，一些新平台为快速提高交易规模甚至将借款端直接委托给具备一定资源的小额贷款公司，而不能自行提供担保的小额贷款公司通常会引入一家担保公司提供担保，当然，担保公司会和小额贷款公司之间签订合同约定担保公司偿付后，可向小额贷款公司追偿。在收益分配方面，小额贷款公司与平台分享收益。有利网即是此类模式的代表，如图 3 所示。

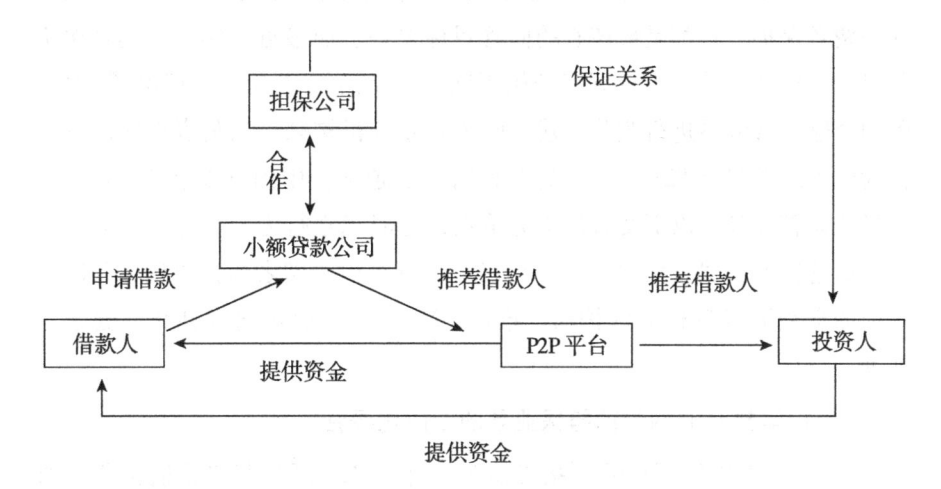

图 3　P2P 平台与第三方担保机构的逆向操作

在这种模式下，小额贷款公司以其自身信用替代了借款人的信用，一旦小额贷款公司出现坏账，极易引发流动性风险。即便有担保公司的参与，担保公司在整个交易中起到仅是"通道"作用，真正的偿付者实际上是小额贷款公司。P2P 平台与小额贷款公司的对接打通了小额贷款公司和公众之间的资金输送通道，小额贷款公司就可以变相向公众吸收资金。而某些小额贷款公司趁机利用与 P2P 平台合作转移逾期债权，形成 P2P 平台与担保公司合谋损害投资者利益行为。

四、完善 P2P 网贷监管的措施

（一）围绕消费者保护，建立审慎监管与行为监管并重的监管框架

P2P 网贷行业的机构众多，P2P 网贷模式具有无形性、专业性，且不断发生异化，平台注册虽然在某地，但作为消费者的投资人和借款人却独立分散在全国各地。P2P 网贷的消费者较其他有形业务的消费者更容易受到侵害，维权难度大。而在现有监管框架中，因更多强调的是金融机构本身或派生的系统性风险防范，监管指标体系和监管评级标准也更加侧重于金融机构的稳健经营与风险防范能力，金融消费者利益的保护则成了间接目标，甚至出现"监管俘获"现象。而参考国外监管经验发现，P2P 网贷的消费者保护一直都是最核心的监管目标之一。而最近几年，尤其是次贷危机后，包括英美的不少国家开始不同程度地运用"双峰"理论❶ 对本国的金融监管体系进行改革，建立两个独立的机构来分别负责审慎监管和行为监管。尤其是 P2P 行业，行为监管更加迫切。中国可以借鉴美国 P2P 市场的监管经验，以消费者保护为重点，适时确立行为监管与审慎监管并重的监管框架，建立独立于"一行三会"的金融消费者保护机构，并出台专门的金融消费者权益保护法，推动 P2P 行业加速走向理性化、健康化发展。

（二）实施 P2P 网贷的担保业务的专门化经营

在 2015 年 7 月颁布的《指导意见》中，P2P 网贷归口银监会负责监管，而与 P2P 网贷经营模式密切相关的担保公司却是由地方金融办负责监管。在英美等纯信息中介平台的模式下，对借款金额、人数等的严格控制，❷ 使 P2P 网贷即使出问题也不会演化为系统性风险。而我国 P2P 的第三方担保模式则实现了风险的转换，将风险最终集中到担保机构，使得金额、人数限制都丧失了意义。在担保公司同时为多个平台、甚至为银行担保的情况下，风险很可能就会传递，最终演化为系统性风险，一旦风险爆发，便会在全国范围内产生影响。据此可以考虑将融资性担保公司的监管

---

❶ 在实践中，审慎监管与行为监管之间并不是必然的"和谐体"，英国学者 Taylor 的"双峰"理论认为一国应当成立两个独立的机构来分别负责审慎监管和行为监管。

❷ 如 Prosper 和 Lending Club 都将单个贷款的额度上限定为 3.5 万美元。

职责上收银监会。或者由银监会在现有的融资性担保公司中确定优质担保公司颁发 P2P 网贷担保资格，采取网贷担保的专门化经营。

（三）建立 P2P 行业准入制度和退出制度，促进 P2P 行业的分化

美国的 P2P 借贷发展历史较长，但迄今为止却只有 Prosper 和 Lending Club 两家主要的平台，英国也不过 8 家主要的平台。我国 P2P 行业的门槛极低，导致整个 P2P 行业野蛮生长。2015 年 10 月，中国已累计注册 3598 家 P2P 平台，正常运行平台数量 2520 家，全国 P2P 平台平均注册资本为 2468 万元。[1] 2014 年 12 月，我国的担保公司数量在万家以上，全国共有小额贷款公司 8791 家，平均每家小额贷款公司实收资本 0.94 亿元。[2] 这样稠密的机构数量与行业监管的真空并存的情况下，促进行业的分化就成为规范市场、有效监管的必要条件。银监会应在征求多方意见的情况下，应加快出台对 P2P 网贷监管的实施细则，在注册资本、发起人资质、组织结构、内控制度、技术条件等方面，对 P2P 平台设置行业准入标准。虽然市场中出现两种声音：一种是应该提高注册资本，促进行业分化；另一种是注册资本不能太高，否则会制约 P2P 行业的灵活、多样性发展，但作者认为前者更应该受到关注。因为，从需求方面看，任何一个国家也不需要几千家 P2P 平台；而从行业属性看，无论是信息中介还是类金融机构，规模虽然不是取胜的充分条件，但却是不可缺少的必要条件，因为系统维护、大数据风控成本极高，只有领先者才能够以较低的边际成本获得更多用户，优质资源也会向大平台靠拢。从 P2P 平台监管的国际经验来看，英国更加重视市场自律，美国则将 P2P 平台视作证券承销机构给予严格监管。P2P 平台的特殊性使其市场退出机制关系到借贷双方的利益能否得到保护。英国的金融行为监管局和 P2P 行业协会对平台倒闭的退出机制和消费者保护做出事先规定，美国的 Prosper 和 Lending Club 也设有"生前遗嘱"。就我国环境来说，在市场自律无法短时期建立的情况下，则更应该由监管机构出台较严格的监管细则，完善 P2P 平台的退出机制，以保障平台倒闭后，未到期的借贷项目仍有效并可得到有序的管理，直至借贷双方

---

[1] 该数据为 2015 年 6 月数据，来自第一网贷：http://news.163.com/15/0608/09/ARJOU08B000146BE.html。

[2] 数据来自人民银行 2015 年 1 月发布的《2014 年小额贷款公司统计数据报告》：http://www.pbc.gov.cn/goutongjiaoliu/113456/113469/2968461/index.html。

资金结清为止。

（四）落实 P2P 平台的信息中介功能

《指导意见》明确指出 P2P 网贷属于民间借贷范畴，受合同法、民法通则等法律法规的规范，P2P 平台应明确自身的"信息中介"性质，坚持平台功能，为投资方和融资方提供信息交互、撮合、资信评估等中介服务，主要为借贷双方的直接借贷提供信息服务，不得提供征信服务，不得非法集资。可是，如果信息传递由平台代为"间接实现"，平台就极易沦为实际上的信用中介和风险承受主体。在这样的定位下，非常有必要强制平台实现借贷双方的信息交互，对平台从借贷方报价中获取利差的行为进行严格规避。监管机构应明确对 P2P 平台的信息报告原则，要求 P2P 平台定期提供财务报告、借贷业务报告等，并对报告的真实性和业务的合规性进行审查，实时把握平台的运营情况和风险状况。当然，信息报告原则的制定应充分衡量监管成本与收益，避免给 P2P 平台带来过高的成本负担。

（五）完善 P2P 行业的征信体系

征信体系是风险管理的基础，更是大数据风险管理的前提。在英美等国家，P2P 网贷之所以发展迅速并健康运行，很大程度上依赖其成熟、规范的个人信用体系的外部制约，以及市场化运作、数据庞大的信用服务机构的有力支持。但我国征信体系尚在完善过程中，现有征信数据大多只侧重某一方面，难以全方位地反映消费者信用情况，如央行征信系统主要针对传统金融产品信用记录；芝麻信用拿到的多是消费数据，更偏向于评估借款人的还款能力；而腾讯拿到的是社交数据，侧重的是还款意愿的预判。如果 P2P 平台一一对接这些征信体系无疑会增加风险管理成本。因此亟须加速完善 P2P 行业的征信体系，制定统一的信用评价标准，建立黑名单，积极促进多行业、多系统的征信数据有效融合和对接，并最终形成信息共享、信用评级、风险测度统一的征信体系。同时支持征信行业为 P2P 机构、小额信贷机构推出专门产品。

（六）禁止平台做保本保息的宣传，做好金融消费者教育

P2P 平台的宣传不但应禁止做保本保息承诺，而且更应禁止对平台的债权做所谓"低风险"宣传❶，从而将信用质量和信用风险交由投资者来判断。P2P 平台的义务则是确保借款用户和借贷标的信息的真实性，以及在此基础上为投资者提供各类投资产品风险与收益信息，便于投资者比较和决策。反过来看，金融消费者权益保护与金融消费者的教育密不可分，没有后者的支持，前者无法落到实处。金融机构和类金融机构作为实施主体，肩负着对金融消费者教育的责任和义务，通过教育实现消费者自我防范能力和风险识别能力。只有消费者自身素质提高，才能实现机构和消费者双方共赢发展。而金融消费者教育不应仅仅依靠金融机构，而是一种全社会应当具备的素质和能力。如英国就在 2014 年 9 月实施新修订的国家课程大纲，将金融能力教育列入中学的国家课程。在此方面，人民银行可以汇同教育部，规划构建一套从中小学到高校的金融知识和消费理念课程体系。

参考文献

[1] 陈敏轩，李钧. 美国 P2P 行业的发展和新监管挑战 [J]. 金融发展评论，2013（3）：7 – 11.

[2] 樊云慧. P2P 网络借贷的运营与法律监管 [J]. 经济问题，2014（12）：53 – 58.

[3] 黄震，郑健鹏，等. 英美 P2P 监管体系比较与我国 P2P 监管思路研究 [J]. 金融监管研究，2014（10）：45 – 58.

[4] 叶湘榕. P2P 借贷的模式风险与监管研究 [J]. 金融监管研究，2014（3）：71 – 82.

[5] 赵毅. P2P 网贷平台的监管边界探究——以金融消费者保护为宗旨 [J]. 山东社会科学，2014（12）：14 – 16.

[6] Slattery P. Square Pegs in a Round Hole：SEC Regulation of Online Peer-to-Peer Lending and the CFPB Alternative [J]. Yale J. on Reg, 2013（30）：16 – 20.

---

❶ 2015 年 8 月，最高人民法院发布的《最高人民法院关于审理民间借贷案件适用法律若干问题的规定》中，借贷双方通过 P2P 平台形成借贷关系，网络贷款平台的提供者仅提供媒介服务，则不承担担保责任，如果 P2P 平台的提供者通过网页、广告或者其他媒介明示或者有其他证据证明其为借贷提供担保，根据出借人的请求，人民法院可以判决 P2P 平台的提供者承担担保责任。这意味着，P2P 平台要为自己的对外宣传说辞买单，因此行业内虚假宣传的情况会有所缓解。

合同能源管理会计核算探析

李俊林

(北京联合大学管理学院金融与会计系,北京,100101)

摘要：合同能源管理是近年来比较创新的业务模式，但在我国现行的企业会计准则中，没有对此业务的会计核算进行过直接的规定，导致在会计实务中出现了多种会计处理方式，影响了会计信息的质量。本文以一具体公司为例，讨论了在会计实务中的各种会计处理方式，分析了各自处理的具体利弊，提出了在当前条件下对合同能源管理业务模式进行会计处理的相对较好的具体方式。

关键词：合同能源　核算　租赁

合同能源管理是近年来比较创新的业务模式，其业务特点大致为企业与客户签订合同，向客户提供节能设备，并负责设备的运行维护。在合同期内，客户基于产生的节能效益按约定比例支付给企业。企业在合同期内享有节能设备的所有权，合同期满后设备的所有权无偿转移给客户。对此类业务的会计核算方式，由于我国现行的企业会计准则中，没有对此业务的会计核算进行过直接的规定，实务中出现了多种做法，有的参考BOT进行会计核算，有的将其判断为分期收款销售商品。到底什么是合同能源管理？理论界有哪些研究成果？实务中究竟该如何处理？这些问题是本文讨论的主要内容。

一、合同能源管理概述

"合同能源管理（EPC）是指节能服务公司通过与用能单位签订节能服务合同，以契约形式事先约定通过节能项目帮助用能单位实现节能目标，节能服务公司为实现节能目标向用能客户提供节能改造的相关服务，用能客户以未来节约的部分节能收益作为支付节能服务公司项目投资和取得收益的商业化节能服务机制。"[1]其源于20世纪70年代，是基于世界石油危机爆发后所引发人们对节约能源的重新认识而应运而生。

2012年2月，根据哥本哈根会议精神，我国工信部公布《工业节能"十二五"规划》，正式提出6000亿元工业节能计划，展示了我国节能服务产业发展的巨大发展空间。作为合同能源管理的重要载体，节能服务公司的业务也随之迅猛发展。但由于我国对合同能源管理的研究刚刚起步，现有的研究成果大都集中在合同能源管理运作模式、项目风险及融资问题等方面，我国现行的企业会计准则也没有专门针对合同能源管理进行会计核算的规范，所以实务中对于这种创新业务模式的会计核算方式也五花八门，学术界已有的研究成果也不是很多。

李全（2013）在分析了节能服务公司基本模式和特点的基础上，重点介绍了我国当前合同能源管理的操作流程，提出集团下属节能服务公司在给集团或其他企业提供节能服务时，收入的确认和计量主要应遵循租赁的会计准则入账，对于此类节能服务公司应为主营业务收入，但是如何确认没有详细论述[2]。刘俊峰（2011）认为合同能源管理按BOT模式进行会计处理存在不妥之处。主要是不符合《国际财务报告解释公告第12号—服务特许权协议》的相关规定[3]。财政部会计准则委员会委员徐新华（2012）指出我国目前实务中关于合同能源管理的会计处理存在较大分歧。为使参与我国合同能源管理机制的企业能够提供可比的财务信息，他提出应当将节能服务公司与用能企业签订的合同分为节能设备的建设和节能服务的提供两方面进行会计处理，但应当进行如何的统一，没有再进行进一步的分析[4]。

以上研究表明，随着合同能源管理业务的凸显，国内学者对合同能源管理会计核算所应采用的方式不尽统一，还有待于进一步探讨。在此，本文想通过一个具体的案例，对我国合同能源管理的会计核算过程进行分析，以期为我国实务界更好地进行相应的会计核算提供建议。

二、合同能源管理进行会计核算的具体分析

某节能公司将一批节能路灯销售给某路桥集团，假设销售给该路桥集团的单价是50元，销售数量1000个。由于该批路灯采用了先进的节能技术，其成本价为100元/个，市场上同型号产品的公允价值为150元/个。同时双方又在合同中约定，销售方在将来5年内可按实测的电费节省额的一定比例分享收益。5年后，该批路灯的所有权转归路桥集团所有。该合

同属不可撤销合同，不管实际是否能节约电费，该批路灯都不会退回。又假定从该节能公司以往销售的同类型路灯的情况来看，该批路灯的使用寿命、节能效率表现稳定，5年内进行电价调整的可能性较小，如何进行会计处理？

对于上述案例，会计实务界大多是按BOT模式、分期收款销售商品以及基于预计收益进行折旧处理的，作者认为不够妥当，具体分析如下所述。

1. 合同能源管理按BOT模式进行会计核算与相关要求不符

合同能源管理按BOT模式进行会计核算是不符合准则相关要求的，一是《企业会计准则解释第2号》规定的BOT要求"合同授予方为政府及其有关部门或政府授权进行招标的企业"，按照《国际财务报告解释公告第12号——服务特许权协议》，BOT是一种"公共—私营"服务特许协议。而合同能源管理业务是一种"私营—私营"协议，不适用上述规定。二是在参照BOT进行会计处理时需要确认一项无形资产——特许权。在BOT业务中，特许权是真实存在的，即政府部门授予公司特许经营的权力。而在合同能源管理中，如果确认特许权，就变成用能单位给了节能服务公司为他提供服务的权力，与合同能源管理实质含义不符。三是如果参照BOT进行处理，用能单位要确认一项固定资产。但项目合同期内该资产相关的风险报酬并未从节能服务公司转移给用能单位，故不符合固定资产的定义，用能单位不能将其确认为本单位的固定资产。

2. 合同能源管理的核算也不能简单套用存货准则

合同能源管理性质上不属于分期收款销售商品。分期收款销售商品的过程中，商品所有权已随商品转移给客户而发生了变化，商品相关的风险报酬也已经转移给了客户，分期收款只是客户以商业信用的模式进行融资。但合同能源管理业务中，相关设备通过不同方式转移给客户后，节能服务公司保留了相关设备的所有权，而且还需要在服务过程中进行设备的建设、运行和维护，相关的风险和收益并未转移，所以并不属于简单的分期收款销售商品。

3. 合同能源管理所形成的设备等不应基于预计收益进行折旧处理

公司进行合同能源管理所形成的设备等可以作为节能服务公司相关的固定资产入账，但不应基于预计收益进行折旧处理。在合同能源管理中，节能服务公司并没有转移设备的所有权；在合同改造期间，服务公司负责提供节能服务即节能诊断、设备的相关维修改造等服务，节能服务的相关收益和风险，当然由服务公司承担；同时，节能服务公司按节能效益收取费用，能够实现相应的经济利益。

三、合同能源管理进行会计核算的具体建议

综上所述，合同能源管理参照我国现有的租赁准则进行会计处理较为合理。一方面，合同能源管理特征与租赁特征有很大的趋同性，即都具有所有权与使用权相分离、融资与融物相统一等特征，这就使其参照租赁准则进行会计处理具备可能性；另一方面，合同能源管理符合国际财务报告准则对租赁应考虑的两个因素的要求：①在合同能源管理业务中，能源管理合同的履行需依赖特定资产（节能技改设备）；②在节能效益分享期内虽然该设备所有权仍属于节能服务公司，所有权和主要风险并未转移，但是由于该设备属于为用能单位定制，受到用能单位的限制，使用权实质上已经转移给用能单位。因此，合同能源管理可视为租赁的特殊表现形式，可以参照《企业会计准则第21号—租赁》进行会计处理。在实际工作中可根据节能项目具体情况和企业的不同情况，分别参照经营租赁和融资租赁对其进行会计核算。

1. 合同能源管理按经营租赁与融资租赁的确认条件

首先，在能源管理合同约定的效益分享期间内，节能设备主要风险报酬并未发生转移，仍归属于节能服务公司，所以合同能源管理可认定为经营租赁，参照经营租赁进行会计处理。

其次，《企业会计准则第21号—租赁》第六条列举了五项融资租赁的确认标准，符合一项或数项标准的即可认定为融资租赁。合同能源管理在以下几方面均符合条件：①合同能源管理在项目合同期满时，节能项目资产的所有权无偿转移给用能单位。符合融资租赁认定条件"在租赁期届满

时，租赁资产的所有权转移给承租人"。②能源管理合同约定的分享效益期限占节能项目资产寿命比例较小，所以用能单位拥有节能项目资产使用寿命的绝大部分。符合融资租赁认定条件"即使资产的所有权不转移，但租赁期占租赁资产尚可使用年限的大部分。"③节能项目资产为用能单位量身定做，一般不通用。符合融资租赁认定条件"租赁资产性质特殊，如果不做较大改动，只有承租人才能使用。"所以，合同能源管理也可以认定为融资租赁的一种特殊表现形式，参照融资租赁进行会计处理。

2. 合同能源管理按租赁进行会计核算的具体方法

合同能源管理如果参照经营租赁进行会计核算，节能服务公司收到的节能分配收益应确认为当期收入，节能项目资产等初始投资据实确认为固定资产或其他长期资产，在合同约定效益分享期内全额分摊，不预留残值，无偿转移时按固定资产清理进行会计处理。用能单位支付节能收益确认为当期成本费用，接收节能服务公司无偿转移的节能项目资产不做任何账务处理，但需设置"合同能源管理节能项目资产"备查簿做备查登记，以反映和监督节能项目资产的使用、接受和结存情况，并在财务报告中披露。

合同能源管理如果参照融资租赁进行会计核算，会计核算难点是节能效益分享款金额的确定。因为合同能源管理尤其是节能效益分享型的合同能源管理只约定分享比例和分享期限，并没有明确的分享金额。在实务中，可以以双方确认的节能项目验收时节能测试的节能效益作为节能效益分享的基础（租金），节能服务公司以其计算节能项目内含报酬率和未实现的收益，并设置"递延收益"核算待分配的节能收益；用能单位以其折现值和节能项目资产公允价值较低者确认节能项目资产成本，可设置"固定资产—合同能源管理项目资产"科目进行核算，在受益期内计提折旧。对于以后各期实际节能效益与其差额，双方均直接确认为当期损益。另外，合同能源管理一般不会约定折现率，但一般情况下用能单位能获得节能服务公司项目内含报酬率，因此，应采用节能服务公司项目内含报酬率作为折现率。如果因特殊情况不能获得，可采用同期银行贷款利率。

3. 两种不同会计核算方式的利弊分析

按经营租赁进行会计处理，会计处理简单并且与财税〔2010〕110号文中规定的税务处理一致，不需要进行所得税纳税调整。但此种处理方式会造成用能单位的收入和费用不配比：在效益分享期支付了全部费用，但确认的收入只占其所应获得节能收入的一小部分，而在项目合同结束时，基本不再支付成本费用，但这时确认的收入却占其节能收入的绝大部分。此外，此种方式没有考虑前期大量支付货币的时间价值。

参照融资租赁进行会计处理，符合会计确认的权责发生制基础，考虑了货币时间价值，不管节能服务公司还是用能单位，节能项目所带来的收入和发生的费用都比较均衡配比。但不利之处是融资租赁会计处理需要计算项目内含报酬率或选择折现率，会计处理比较复杂；与财税〔2010〕110号中规定的税务处理要求不一致，需要进行纳税调整。

从节能项目规模角度看，经营租赁方式比较适用于各期节能效益不稳定，投资额较小，项目效益分享期较短或效益分享期占节能设备寿命比例较大的合同能源管理项目；融资租赁方式比较适用于投资额较大，各期节能效益比较稳定，项目效益分享期较长或效益分享期占节能设备寿命比例较小的合同能源管理项目。企业可结合项目特征，选择适合自己企业的方式进行会计处理。

前述案例，实务中可以参照《租赁》准则进行处理。由于路灯的照明时间有明确的规定，同时其产品技术性能稳定，电价调整的可能性又较小，故可以根据其照明时间、耗电功率预计将来要支付的电费节能收益，且5年后该批路灯的所有权要转归路桥集团所有，该合同已实质上转移了出租方的全部风险和报酬。可以按照融资租赁来进行会计处理。具体如下：

路桥集团在技改完成后先根据路灯功率和照明时间、电价、节能量换算比例预计以后每年需要支付的电费节省收益，这可以看作是每年支付的租金。最低租赁付款额包括预先支付给节能公司的价款5万元以及每年的租金，以适当的折现率求得最低租赁付款额现值，假设为14万元，而市场上同类型路灯的公允价值为15万元，则以最低租赁付款额现值作为该批路灯的入账价值，反之则以公允价值作为路灯的入账价值，并按预计使用寿命计提折旧。最低租赁付款额与固定资产入账价值间的差额，作为未确认融资费用，采用实际利率法在以后会计期间分摊。对于节能公司来说，也应按照融资租赁的模式来进行会计处理，具体不再赘述。

参考文献

[1] 段小萍. 低碳经济情境的合同能源管理与融资偏好 [J]. 改革, 2013 (5): 120 - 126.

[2] 李全. 刍议基于合同能源管理的财务处理 [J]. 财政研究, 2013 (11): 13 - 17.

[3] 刘俊峰. 合同能源管理会计处理有关问题探讨 [J]. 财务与会计, 2011 (12): 25 - 19.

[4] 徐华新. 我国合同能源管理相关会计问题研究——基于企业节能效益分享型业务的分析 [J]. 会计之友, 2012 (24): 22 - 26.

商业银行发展个人理财业务的问题探讨

李雅宁　李国玫

(北京联合大学管理学院金融与会计系，北京，100101)

摘要： 本文详细概括了商业银行个人理财业务的发展现状，分析了国内商业银行个人理财业务发展存在的问题，在此基础上，提出完善我国商业银行发展个人理财业务的对策建议。

关键词： 商业银行　个人理财业务　理财产品

一、我国商业银行个人理财业务概况

按照管理运作方式的不同，商业银行个人理财业务可分为理财顾问服务和综合理财服务。理财顾问服务是商业银行向客户提供财务分析与规划、投资建议等专业化服务。综合理财服务是商业银行在向客户提供理财顾问服务的基础上，接受客户的委托和授权，按照与客户事先约定的投资计划和方式进行投资和资产管理的业务活动。一般所说的"银行理财产品"其实是指其中的综合理财服务。根据不同的分类方式，综合理财服务中的"银行理财产品"可分为以下几类，如图1所示。且不同种类理财产品有其各自的特点，有些属高风险、高收益的理财产品，有些属低风险、低收益的理财产品，以上理财产品的具体特点如表1所示。

二、我国商业银行个人理财业务现状

1. 商业银行理财产品销售规模

2006年以来，随着客户理财服务需求的日益旺盛和市场竞争主体的多元化发展，银行理财产品市场规模呈现爆发式增长的态势。从表2可以看

```
                               ┌─ 传统型产品
                    ┌─ 人民币理财产品 ─┤
         根据币种      │               └─ 人民币结构性存款
         的不同    ────┤
                    └─ 外币理财产品

                    ┌─ 保证收益理财产品
         根据获取收      │
         益方式不同 ────┤               ┌─ 保本浮动收益理财产品
                    └─ 非保证收益 ─────┤
                       理财产品        └─ 非保本浮动收益理财产品

银行理财产品 ─┤
                    ┌─ 债券型理财产品
         根据投资领   │─ 信托型理财产品
         域的不同  ──┤─ 挂钩型理财产品
                    └─ QDII型理财产品

                    ┌─ 基本无风险理财产品
         根据风险等   │                        ┌─ 信托类理财产品
         级的不同  ──┤─ 较低风险理财产品        │
                    ├─ 中等风险理财产品 ──────┤─ 外汇结构性理财产品
                    └─ 高风险理财产品          └─ 结构性理财产品
```

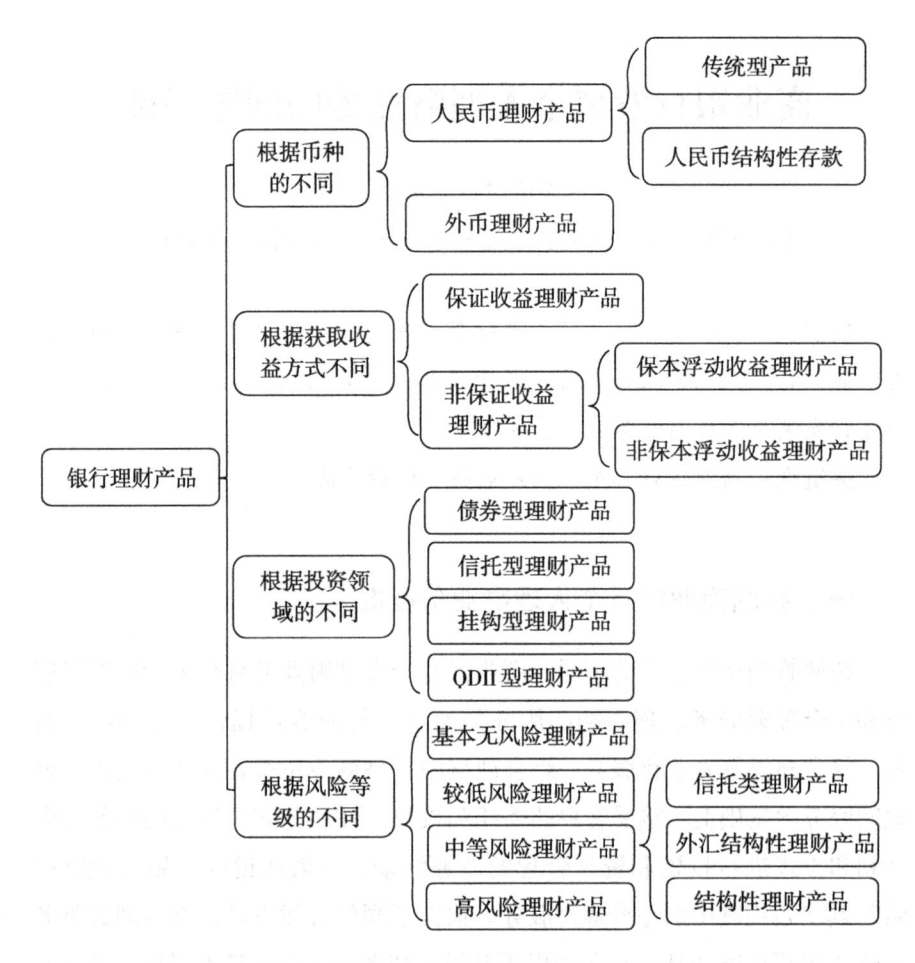

图1 我国个人理财业务银行产品分类图

出，我国商业银行理财产品的销售规模从2005年的2000亿元人民币增加到2008年的37000亿元人民币。2011年是我国理财业务急剧增长的一年，理财规模最终达到169000亿元人民币。2012年和2013年商业银行理财业务的规模保持了平稳增长，分别达到了207000亿元人民币和257000亿元人民币。总体来看，我国商业银行理财业务发展迅速，商业银行自开始尝试向客户提供专业化的投资顾问和个人外汇理财服务以来，理财产品销售规模空前壮大。

表1 我国商业银行个人理财业务银行产品的特点

理财产品	特点	理财产品	特点
人民币理财产品	收益率高，安全性强，风险低	外币理财产品	收益高，短期，多国
挂钩型理财产品	又称结构性产品，产品收益与相关市场或产品的表现挂钩，适合风险承受能力大、对金融市场判断力比较强的投资者	非保证收益理财产品	保本的产品不承诺正收益，收益可能为零，不保本的产品收益有可能为负
保证收益理财产品	风险低，承诺固定收益或最低收益	基本无风险理财产品	最低的风险水平，收益率较低，流动性较强
高风险理财产品	高风险，高收益	较低风险理财产品	低风险，低收益率
债券型理财产品	主要投资于货币市场，期限短，风险低，到期返还本息	中等风险理财产品	投资人要承担收益率变动的风险，收益较高
信托型理财产品	收益高，稳定性好，资金门槛高，所有权与利益权相分	QDII型理财产品	将资金委托给商业银行直接在境外投资，收益不确定，风险高

表2 2005—2013年我国商业银行理财产品销售规模

(单位：亿元)

年份	2005	2006	2007	2008	2009	2010	2011	2012	2013
理财产品销售规模	2000	4000	8190	37000	47500	70500	169000	207000	257000

资料来源：中国人民银行网站。

2. 商业银行理财产品发行数量

2013年7月，共有116家银行发行了3301款个人理财产品，相较2012年7月的2485款增加了816款，同比增长32.8%。其中，建设银行发行了394款，发行数量排名第一。在个人理财产品发行数量排名前七位的商业银行中，其中3家是国有银行，4家是股份制商业银行，发行数量共计1318款，市场占比总计39.93%（见表3）。

表3 2013年7月个人理财产品发行数量超过百款的银行

排名	银行名称	发行数量（款）	排名	银行名称	发行数量（款）
1	建设银行	394	5	工商银行	146
2	中国银行	199	6	恒丰银行	119
3	平安银行	197	7	招商银行	116
4	浦发银行	147			

资料来源：普益财富。

根据普益财富数据，各类银行2012年7月与2013年7月个人理财产品发行情况见表4。从发行银行的家数来看，2013年7月共有116家商业银行发行了个人理财产品，同比增长26%。其中，发行个人理财产品的股份制商业银行和国有银行的家数没有发生变化，城市商业银行、农商行和外资银行数量有所增加，农村信用社相较去年同期减少了1家银行发行个人理财产品。从发行数量来看，2013年7月商业银行共发行了3301款，同比增长24.7%。从表4可以看出，2013年7月，商业银行理财产品发行数量增长较快，城商行、国有银行、农商行和外资银行理财产品发行数量都同比增长了50%以上，其中，农商行增长最快，增幅达65.1%。股份制银行增长幅度不大，农信社相较去年同期出现了负增长。

表4 2012年7月和2013年7月各类银行个人理财产品发行数量分布

银行类别	发行银行（家） 2012年	2013年	同比变化	发行数量（款） 2012年	2013年	同比变化	发行占比（%） 2012年	2013年
城市商业银行	55	68	13	684	1045	361	27.53	31.66
股份制商业银行	12	12	0	994	1001	7	40.00	30.32
国有银行	6	6	0	604	939	335	24.31	28.45
农村商业银行	12	21	9	126	208	82	5.07	6.30
农村信用社	2	1	-1	7	2	-5	0.28	0.06
外资银行	5	8	3	70	106	36	2.82	3.21
合计	92	116	24	2485	3301	816	100	100

3. 商业银行理财产品投资方向

如表5所示，商业银行理财产品的投资方向主要集中在人民币债券市场，是银行的发行主力，票据资产类产品发行量也有较大涨幅，组合投资类产品出现小幅增长，而外币债券类产品则出现大幅下降，说明商业银行倾向于投资人民币债券类产品和票据资产类产品，外币债券类产品受到了冷落。

表5　2012年7月和2013年7月银行理财产品投资方向分布

投资方向	发行数量（款）			市场占比（%）		
	2012年	2013年	同比变化	2012年	2013年	同比变化（个百分点）
信贷类	2	5	3	0.08	0.15	0.07
人民币债券市场	1093	1532	439	43.98	46.41	2.43
票据资产类	0	48	48	0.00	1.45	1.45
外币债券市场	156	57	-99	6.28	1.73	-4.55
结构性产品	99	130	31	3.98	3.94	-0.04
其他	1135	1529	394	45.67	46.32	0.65

资料来源：普益财富（数据截至2013年8月8日）。

4. 商业银行理财产品收益类型

从商业银行理财产品收益来看（见表6），2013年7月，保证收益型产品同比减少81款，市场占比下降6.83个百分点；而非保本浮动收益型理财产品同比增加671款，市场占比上升4.69个百分点，增幅最大，是最主要的产品收益类型。保本浮动收益型理财产品同比增加226款，市场占比上升2.15个百分点。说明商业银行更倾向于风险相对较高的非保本浮动收益型理财产品，此类产品在市场中占有绝对数量优势。

表6　2012年7月和2013年7月银行理财产品收益类型分布

收益类型	产品数量（款）			市场占比（％）		
	2012年	2013年	同比变化	2012年	2013年	同比变化（个百分点）
保证收益型	440	359	-81	17.71	10.88	-6.83
保本浮动收益型	473	699	226	19.03	21.18	2.15
非保本浮动收益型	1572	2243	671	63.26	67.95	4.69

5. 商业银行理财产品投资期限

从商业银行理财产品投资期限来看（见表7），投资短期化趋势明显。2013年7月理财产品的发行相较于去年同期短期化趋势进一步加强，半年以下期限产品市场占比为86.92％，相较于去年同期的85.07％上升了1.85个百分点，商业银行主要发行期限在半年以下的理财产品。

表7　2012年7月和2013年7月银行理财产品投资期限分布

投资期限	产品数量（款）			市场占比（％）		
	2012年	2013年	同比变化	2012年	2013年	同比变化（个百分点）
1个月及以下	127	156	29	5.11	4.73	-0.38
1个月至3个月	1368	1874	506	55.05	56.77	1.72
3个月至6个月	619	839	220	24.91	25.42	0.51
6个月至1年	307	383	76	12.35	11.60	-0.75
1年以上	60	40	-20	2.41	1.21	-1.2
无固定期限	4	9	5	0.16	0.21	0.05

6. 商业银行理财产品预期收益

从商业银行理财产品预期收益来看（见图2），2013年7月，国有银行发行理财产品的平均预期收益率为4.43％，股份制商业银行为4.61％，城商行为4.83％，农商行为4.61％，农信社为4.20％，外资银行为5.21％。国有银行的理财产品预期收益明显不敌外资银行，主要是由于外资银行理财资金投资运作方式不同于中资银行，其开发的产品多为高风险、高收益的结构性产品和QDII产品，而且多为一到两年的中长期产品。这类产品浮动性比较大，风险也较高，如果产品设计和市场走势吻合，产品的高风险就能带来高收益。而国有银行的产品设计一般比较简单，其更多关注债券票据或者信贷资产等稳健标的。这类投资多为保本或保收益型，其本身的收益不会太高。同时，国有银行的产品投资期限都比较短，这也决定了其收益相对较低。

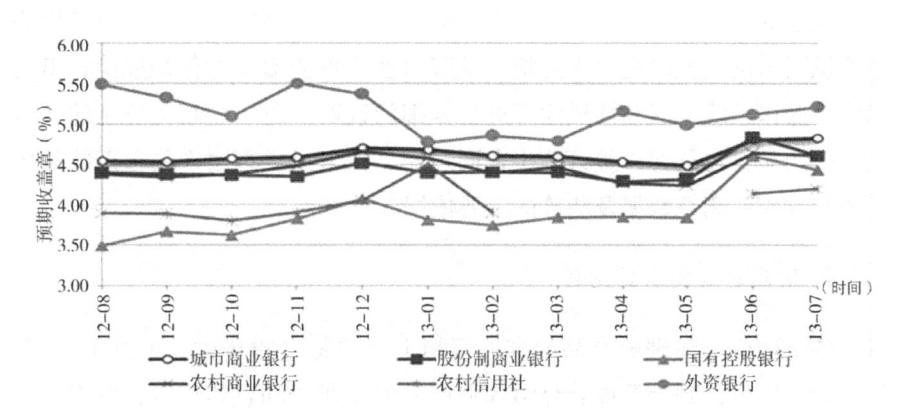

图2 2012年8月至2013年7月各类型银行理财产品预期收益率

三、我国商业银行开展个人理财业务中存在的问题

1. 产品设计缺乏层次性

我国现阶段理财产品的市场细分只是一般层次上的，客户群体的差异性没有体现出来。理财产品缺乏个性化，我国商业银行几乎没有专门应对不同需求群体的理财产品，如专门的消费支出计划、结婚计划、子女教育计划、保险计划、住房计划、退休计划等理财产品，无法满足客户对人生不同阶段有不同理财目标的产品需求。

2. 分业经营现状制约了个人理财业务发展空间

我国金融业实行分业经营，银行、保险、证券、基金之间无法进行直接的联系，只能通过代销产品的形式合作，导致商业银行不能为客户提供全方位"一站式"金融服务，无法根据客户的财务状况和风险承受能力为其制定个性化的产品，只能停留在咨询、建议或推介理财产品等低层面的操作，这将对理财产品的创新与个人理财业务发展空间的扩大产生不良影响，限制理财产品的研发能力。

3. 客户风险提示及信息披露不充分

对于中国的银行理财产品，最大的问题在于信息不透明。鉴于银行理财产品是表外投资，如果银行对一些涉及客户风险的信息披露不充分，客户对风险的识别也不充分。有些商业银行编写的产品宣传材料没有给出必要的说明示例，风险提示不清晰，没有对客户可能面临的信用风险、市场风险、操作风险、流动性风险等进行详细的说明。对一些较为复杂的挂钩型理财产品，在与客户签订购买合同之前，并未提供理财产品预期收益率的测算方式、测算数据及测算的主要依据。

4. 缺乏有效的营销宣传

各金融机构在理财产品的推广营销上基本是"雷声大、雨点小"。在银行营业厅里，到处摆放着介绍理财产品的小册子和宣传广告，然而缺乏特色产品和个性化方案，与客户需求存在一定的差距。且缺乏有效宣传，理财经理往往需要将复杂的条款转化成通俗语言，才能使客户充分了解产品信息，造成理财产品的广泛推广受到一定的阻碍。

5. 农村金融理财市场产品和人才匮乏

随着农业稳步发展和农民持续增收，大多数农民传统的储蓄保值增值的理财观念发生了变化，农民已不满足于仅仅依靠银行储蓄、保险等传统方式来提高手头闲余资金的收益，也产生了更高层次的理财投资需求。然而，农村金融市场理财渠道并不畅通，理财产品匮乏甚至严重缺失。理财业务是一项专业化、个性化、全方位的服务，需要一支专业知识丰富、综合能力强、对农村金融市场比较了解的营销队伍和研发团队。然而，农村金融机构这方面的人才缺口比较大，理财专业人才匮乏，导致农村金融机构的研发能力、管理水平等方面与商业银行、股份制银行存在较大差距。

四、完善商业银行个人理财业务发展的政策建议

1. 加大产品创新和研发力度，设计个性化产品

一直以来，客户需求对市场的导向作用都是不可忽视的，商业银行要想进行产品创新和研发，就要进行市场调查，充分了解客户的需求，开发符合不同需求群体的理财产品，拓展理财业务品种，提高理财产品的完备性。在理财产品的设计上，要注重不同需求群体的差异性，要有清晰的市场定位，建立产品研发团队，开发有价值和适用性强的理财产品。可以对客户进行细分，定义不同级别的客户，如 VIP 客户和普通客户、VIP 客户又可分级，如黄金、铂金、钻石等级别，然后为这些不同级别的客户量身定做适合他们的理财产品。个人理财产品有适用性，才能有客户和市场，才能给商业银行带来利润。

2. 加大风险提示和信息披露

商业银行在管理运作理财产品时，要区别产品的类别，特别是"资金池"中不同产品组合的分类管理、分账经营，除要披露产品的期限、价格、流动性、理财产品中嵌套的其他权利等基本信息外，还应定期披露资金投向构成、投资风险、投资收益等关键信息。在理财产品营销过程中贯彻风险匹配原则，向客户明确说明产品的风险，对一些风险提示要揭露充分。客户在购买理财产品前，要对客户进行风险承受能力评估，引导客户选择与其风险承受能力相匹配的理财产品。

3. 注重品牌营销，提升品牌效应

随着个人理财市场竞争日益激烈，市场上的理财产品数不胜数，千差万别，但是理财产品的同质化现象严重。各家商业银行要想在个人理财市场中脱颖而出，抢占先机，就要注重品牌营销，要加大品牌的宣传广度、深度，更要以提高产品质量，加强产品服务为根本。例如，招商银行的"金葵花"理财、光大银行的"阳光理财 B 计划"理财、汇丰银行的"汇享天下"理财，南京银行的"珠联璧合"理财等品牌就取得了很好的品牌效应。

4. 加大力度开拓农村金融理财市场

商业银行应针对农村市场的经济、生活、金融等特点,丰富农村金融理财市场产品,开发符合农民理财心理、操作简单方便且风险低、收益稳定的金融理财产品。比如以银行卡为载体,对已有的个人金融业务品种、功能进行整合、完善,从而推动个人消费、保险、代理收付等各种金融业务的发展。同时依靠长期以来在农村建立起来的市场认知度,加大宣传力度,完善自身的产品体系,激发农户的理财欲望,努力开发潜在的个人理财客户,开拓农村个人理财市场。

参考文献

[1] 朱强. 我国商业银行个人理财业务的现状和发展要求 [J]. 现代经济信息,2012 (5):11-14.

[2] 何泰康. 商业银行发展个人理财业务的问题探讨 [J]. 当代经济,2010 (14):26-30.

[3] 张海涛. 论商业银行个人理财业务发展问题及对策研究 [J]. 北方经济,2012 (4):18-22.

[4] 贺亮. 我国商业银行个人理财业务研究 [D]. 兰州:兰州理工大学,2010.

上市公司股权结构对公司内部控制影响的研究

曲喜和[1]　温佳庆[2]

(1 北京联合大学管理学院金融与会计系，北京，100101；
2 北京联合大学管理学院会计1101B班学生)

摘要：股权结构是公司内部治理结构的产权基础，决定着一个公司所有权的配置效率，直接影响公司的激励约束机制及公司的经营业绩，从而影响公司管理层的信息披露。在当下的中国资本市场上，股权结构对上市公司内部控制的影响如何，是我们分析上司公司运行状况必须研究的问题。本文从股权结构出发，以上海证券交易所近三年的房地产上市公司为研究对象，使用相关方法着力在股权结构对上市公司内部控制的影响因素及如何作用方面进行探讨，以科学、合理的手段，直观、正确地反映上市公司股权结构对公司内部控制的影响，并据此对公司内部控制治理提供建议。

关键词：股权结构　内部控制　影响

随着市场经济的发展，我国上市公司财务舞弊现象逐渐呈上升趋势，使得投资者遭受了沉重的打击。由此引发了人们对于公司治理及内部控制问题的深刻思考。

美国的《萨班斯—奥克斯利法案》，就是希望建立高效内部控制体制，维护投资者利益。而我国相关监管部门出台了一系列的政策法规来建立健全企业内部控制制度，使企业健康可持续发展，从而使经营管理水平得以提升、使社会公众的利益得以维护。

2004年8月我国颁布了《商业银行内部控制评价试行办法》，至此我国开始了较为全面的内部控制制度与应用工作；2006年，沪深两市联合发布《上市公司内部控制指引》；财政部、审计署、证监会、保监会、银监会五部委于2008年6月28日发布《企业内部控制基本规范》，该基本规范先在上市公司范围内施行同时鼓励非上市的其他大中型企业执行规范；

2010年,《企业内部控制配套指引》再由五部委联合颁布,其上市公司必须聘请注册会计师审计公司内部控制。

内部控制是现代企业管理的基石,是我们讨论企业运营管理问题时不能绕过的问题。它有利于规范企业内部控制具体行为,保证企业内部有效运行,保证会计资料有效完整,消除隐患防止舞弊行为的发生,确保企业资产安全。公司有效运行的两个基本体系是内部控制和公司治理,股权结构得以优化的基础是公司治理。股权结构首先影响公司所有权的配置效率,进而作用激励约束机制与经营业绩,最终制约经营的效果。

一、内部控制与股权结构概述

(一)股权结构

股权结构是指不同的股东持股与总股本的比及其相互维持的一种关系。企业的行为和绩效直接受到股权结构的影响。史淑霞等学者(2012)提出股权结构是股东性质及其各自持股的一种状态。一般而言,股权结构有以下两层含义:

第一是指股权集中度,即因股东持股比例的不同而决定的股权集中或分散的程度。一般而言有两个层面:①绝对层面,有股权高度集中、适度集中与高度分散三种类型。一般指标有第一大股东持股比例、前五大股东持股比例等。②相对层面,股权制衡度可以用Z指数来衡量。在本文中作者从第一大股东持股比例与Z指数为研究对象。

第二是指股权构成,具体指实际控制人性质由国家股东,法人股东及社会公众股东等组成。在本文中,主要研究国有控股对内部控制的影响。

(二)内部控制

1. COSO委员会对内部控制的定义

内部控制是受企业董事会、管理层和其他人员影响,为经营的效率效果、财务报告的可靠性、相关法规的遵循性等目标的实现而提供合理保证的过程。

2. 我国财政部对内部控制的定义

我国财政部颁发的《企业内部控制规范》中指出,内部控制是指由企业董事会、管理层和全体员工共同实施的，旨在合理保证实现战略目标、营运目标、资产目标以及合规合法目标的一系列控制活动。

3. 注册会计师协会给出的定义

内部控制是指一个单位为了实现其经营目标，保护资产的安全完整，保证会计信息资料的正确可靠，确保经营方针的贯彻执行，保证经营活动的经济性、效率性和效果性而在单位内部采取的自我调整、约束、规划、评价和控制的一系列方法、手段与措施的总称。

4. 企业建立内部控制所包含要素

主要有五要素：内部环境，包括治理结构、人力资源政策、企业文化、机构设置及权责分配、内部审计等；风险评估，实时评估风险制定应对措施；控制活动，实施相应的措施降低企业的风险；信息与沟通，有效保障企业的上传与下达；内部监督。

二、上市公司股权结构对内部控制影响的分析

（一）上市公司股权结构与内部控制的现状分析

1. 上市公司股权结构现状

通过对上海证券交易所 2012—2014 年的主板市场正常流通股票 A 股数据分析，可以对我国上市公司的股权结构做以下结论。

(1)"一股独大"现象严重

通过表 1 的 2012 年与 2013 年的第一大股东持股数据，我们不难看出，中国上市公司 2012—2013 年第一大股东持股比例。

表1 中国上市公司第一大股东持股比例

单位：(%)

年份	公司数(家)	含国有股公司数(家)	均值	中值	最大值	最小值	标准差
2012	810	450	37.62	36.45	74.09	4.12	18.41
2013	913	453	41.99	36.45	74.09	4.12	18.41

公司"一股独大"现象严重，2012年第一大股东持股比例均值高达37.62%，而2013年更是达到41.99%，而最大值竟然达到74.09%。对比表3的Z指数，2012年为14.11，而2013年增加为15.18，一股独大现象严重。参见表2，第一大股东与第二大股东持股比例越大，也就意味着持股比例越不均衡，就一般而言，股权与对公司的控制权是互相匹配的。控制权越大，公司的话语权也就越大，那么做出倾向于自我利益的决策的可能性就越大，进而对中小投资者的利益损害的可能性也就越高。

表2 中国上市公司2012—2013年前五大股东持股比例

单位（%）

年份	公司数（个）	含国有股公司数（个）	均值	中值	最大值	最小值	标准差
2012	810	450	56.85	44.5	81.65	8.00	19.12
2013	810	453	59.4	46.5	81.65	8.17	9.44

表3 中国上市公司2012—2013年指数比较

单位（%）

指数	年份	均值	中值	最大值	最小值	标准差
Z指数	2012	14.11	4.5	160.4	1	24.34
	2013	15.18	4.5	160.4	1	24.34
H1指数	2012	0.059	0.025	0.549	0	0.093
	2013	0.078	0.025	0.549	0	0.093
H5指数	2012	0.062	0.029	0.550	0	0.094
	2013	0.082	0.029	0.549	0	0.094

备注：表1、表2、表3数据来源于锐思数据库，个人计算整理所得。

（2）股权高度集中

首先解释几个指数含义。Z指数是指公司第一大股东与第二大股东持股比例的比值。Z指数越大，第一大股东与第二大股东的力量差异越大，第一大股东的优势越明显，因此Z指数能够更好地界定首位大股东对公司的控制能力。H1指数是指第一大股东持股比例的平方和。H5指数是指前五大股东持股比例的平方和。

比较表2与表3的数据，我们发现，2012年与2013年我国上市公司前五大股东持股比例竟然都高达近60%，Z指数均值达到14.11与15.18，H指数均值达到0.062与0.082，由此可见我国股权集中度是非常高的。股权集中直接引发的就是控制权的集中，同样也会引起公司内部牵制力量的变小，公司的话语权也只能是集中在小部分人的手中，这也直接引发了公司的小股东的"搭便车"的心理，他们对公司的经营权参与度小，只是将更多的关注度放在公司的股价上，而对管理层的监督就会减少，导致董事会在大部分的状况下并不会太多考虑小股东的利益，所以小股东利益受损事件的频发也就不足为奇了。近年来，大股东将公司内部掏空的情况颇多。因为控制权的集中，内部控制的很多规则条例都不能真正奏效，这无疑对我国股票市场发展是很不利的。

表4 中国上市公司2012—2014年末总股本数量

单位：亿股

年份	2012	2013	2014
公司数	944	949	525
流通股	25945.64	30367.38	26541.10
A股	19373.29	23595.38	19758.91
B股	114.61	117.97	75.85
H股	6455.74	6652.03	6704.38
非流通股	5124.79	2067.04	1253.18
国家股	4451.79	1401.86	870.02
发起法人股	472.80	469.02	279.14
外资法人股	42.83	72.58	68.17
募集法人股	10.21	1.26	0.86
内部职工股	70.44	0.00	0.00
其他非流通股	76.42	122.32	34.99
总股本	31070.43	32434.42	27794.27
非流通股比重	0.16	0.06	0.05
国家股比重	0.87	0.68	0.69

备注：数据来源于国泰安数据库，整理计算所得。

(3) 流通股占主导，但分布极端化

通过表 8 可以看出，我国流通股占比非常大，2012 年达到 84%，2013 年更是高达 94%，这与早些年的数据是不同的，这与我国股票市场的良性改革是分不开的。流通股比重加大，也就意味着在市场可交易的股票的比重加大，也就意味我国证监会对上市公司的监管难度加大了。

(4) 流通股中外资注入率较低

由表 4 可知，B 股在流通股中占比较小，2012 年与 2013 年的 110 多亿股，2014 年受数据公布程度的影响甚至更低，说明我国目前股票市场投资者主要是境内投资者，境外投资率太低。受我国政策因素影响，我国外资股比率很低，流动性不佳。这也许是未来证券的改革方向之一。

(5) 国有股占比大

比较表 4 中 2012 年到 2014 年的数据，我们可以发现，国有股的占比率均在 68% 以上。国有股占比大，会在一定程度上引发政府对企业的绝对控制，甚至会直接导致公司内部发展创新力的降低，这对增强公司的竞争力是不利的。

2. 上市公司内部控制现状

(1) 内部控制制度设计参差不齐

我国上市公司内部控制制度设计目前缺乏统一的严格要求，制度设计与落实存在严重的脱节的现象。很多公司的制度设计只是为了应付监管部门对其的要求，落实审计的要求，但是并没有在企业内部有效施行起来。各企业内部大多的内部控制规则制定都只停留于书面，缺乏可执行性。大家对于内部控制应包括什么，如何构建内部控制框架，对必须具备哪些要素的理解千差万别。

(2) 公司内部控制执行不足

由于我国上市公司内部股权结构的问题诸多，导致我国上市公司内部控制的制度设定与内部控制的执行情况不统一。公司内部仍然缺乏互相牵制的有效途径，公司实际控制人仍然是少数人，公司的经营管理决策等都是由这部分人来执行，那么内部控制的实际监督牵制作用并没有实现。

(3) 内部控制评价缺乏科学有效机制

当下，对内部控制控制评价一般是由审计部门来做的，监事部一般只会给出一句话的意见，并没有真正起到监督的作用。缺乏对内部控制较完备的评价体制，部分学者提出的对有效性的评价机制也是各有各的角度与理解，所以得出的结论也就没有可比性。

（4）内部控制环境薄弱

我国目前上市公司内部控制环境薄弱，缺乏科学有效的运行监督机制，外部环境也没有起到应有的监督与约束的作用，所以，总体来看，内部控制所处环境薄弱，本身对公司内部控制而言就是正向制约的。

（二）上市公司股权结构对内部控制的影响机理分析

在内部控制五要素的内部环境中包含了公司治理结构。而股权结构是影响公司治理的一个重要的因素，它首先决定了股东结构和股东大会这一最高决策机构，进而对董事和监事会的人选和运作产生一定影响，并直接影响到企业的激励、监督以及决策的过程，也就是说在某种程度上决定了公司治理架构模式。所以，作为内部控制环境的公司治理结构在很大程度上会影响内部控制，然而公司的股权结构又决定了公司治理的水平和方式，同时也直接制约了公司股东相应的监督权、控制权和收益权。因此我们可以总结公司股权结构会影响公司内部控制的质量和效果。从股权结构方面而言，可以说谁控制了公司，谁就控制了公司内部控制信息的生成过程，从而在某种程度上也就决定了公司内部控制。因此公司如何优化股权结构、提高公司内部控制水平，是当前资本市场必须直面的问题。

1. 持股比例直接决定控制权，而内部控制体现控制权

公司的股权结构与配置不能与内部控制脱离关系，内部控制是公司内部管理监控系统，发挥着举足轻重的作用。股权结构是公司产权分配的最直接体现，是公司控制权的分配合理与否的衡量尺度，关系到内部控制制度能否有效实施和执行，制约公司经营效率与效果。第一，股东对公司的实际控制力直接体现就是持股比例。第二，持股比例也决定了股东参与到公司经营管理当中的愿望，并进一步体现在它的实际行动当中。股东要参与公司经营管理是需要代价的，也就是需要付出成本，但是公司分配利润并不会衡量股东成本而是参考股权。持有股份与所享受到的利润是成正比的，显而易见，大股东更关注企业的经营利益，那么大股东就有更强烈的动机参与到公司经营管理中去，而且大股东也有能力和意愿去承担成本；

相反，小股东的成本与得到的利益一般并不相称。因此，持股比例决定了股东对公司的控制权。

公司控制权按照股权配置向下分层展开，根据公司剩余控制权的制度安排，董事会和经理层还可分享部分剩余控制权。出于权力制衡的目的，股东大会将契约监督权授予监事会，监事会监督股东大会。根据上述公司控制权的配置和制衡机制，内部控制是公司控制权结构的具体体现。

2. 股权集中度决定内部控制制约机制

对于上市公司，股权越集中，也就意味着公司内部控制制衡的失效可能性越大。如果股权相对分散，那么在这个权利体的内部，大家处在一个利益共同体中，彼此之间互相制约，每个人需要协同其他个体一起实施某项决策。风险通常与通过率是成反比的。但是，对于权力相对集中的公司来讲，公司控制权只是集中在几个人的手中，他们具有对公司的实际操纵权，那么更容易导致公司的监管部门失职，更容易操作和影响监管部门，遇到的阻碍会越小，那么小股东的利益也就越容易受损。内部控制机制也就越发不容易施行。

3. 实际控制人性质影响内部控制

实际控制人性质也就是指最后对公司拥有实际控制权的个人或组织的性质，一般而言有国有控股，或者非国有控股。如果为国有控股，互相牵制制度也起步较早，那么实际内部控制将比较完善，不容易发生由道德等引发的一系列的风险。因为对于国有控股公司而言，形象与国家紧密相连，会更容易倾向于做出带头表率的作用；但是相比非国有控股而言，内部控制风险则较大，会受内部人的行为影响，被操纵的机会也就越大。

三、上市公司股权结构对内部控制影响的实证分析

（一）研究假设

根据前述分析，我提出三个假设。

假设一：上司公司第一大股东持股比例与内部控制效果负相关。

假设二：股权集中度与内部控制效果负相关。

假设三：国有控股与内部控制效果正相关。

（二）样本数据

1. 样本选取

样本选取原则：剔除 ST、*ST 类公司，剔除信息公布不全公司，主要选取主板上市公司，剔除金融类行业。

数据来源：数据主要来源于国泰安数据库、锐思数据库、上海证券交易所官网与深圳证券交易所官网。

数据处理：对于数据的处理与统计主要通过 Excel 2007 与 SPSS 软件完成。

本文选取 2013 年上海证券交易所与深圳证券交易所 A 股正常上市公司为研究样本。

研究依据是注册会计师对上市公司内部控制制度的评价。这一评价主要通过上市公司注册会计师提供的上市公司的审计报告获得。《基本规范》第十条规定，"接受企业委托从事内部控制审计的会计师事务所，应当根据基本规范及其配套办法和相关执业准则，对企业内部控制的有效性进行审计，出具审计报告"。因此，公司注册会计师对上市公司内部控制制度的评价是重要衡量指标。在本文研究中，注册会计师对上市公司内部控制评价的书面报告是我们衡量上市公司内部控制效果好坏的主要依据。

根据本文的选取原则，2013 年上海证券交易所上市公司年报披露共 973 家，其中出具标准审计意见的有 939 家；34 家出具非标准审计意见审计报告，其中带强调事项段无保留意见 25 家，保留意见 5 家，保留意见带解释性说明 3 家。2013 年深圳市证券交易所上市公司年报披露共 1221 家，其中出具标准审计意见的有 1190 家；31 家出具非标准审计意见审计报告，其中带强调事项段无保留意见 21 家，保留意见 7 家，保留意见带解释性说明 3 家，无法表示意见的 1 家。

一般而言，对于审计师出具的无保留意见的报告我们认为被审计单位各方面都符合内控的要求，内部控制有效，而审计意见为保留意见时我们认为内部控制存在问题。故本文主要选取 2013 年审计报告被保留意见、无法表示意见的上市公司与内部控制良好的无保留意见的单位作为我们的对比样本。选取无保留意见的上市公司有 46 家，我们认为其在内控缺陷的公司中，内部控制效果比较好（INCONTROL = 1），而另外选取的 18 家为保留意见的上市公司,我们认为内控效果较差(INCONTROL = 0)。

2. 样本描述性统计

表5 选取样本审计意见分类表

选取样本	公司数(家)
被出具审计意见	2193
减:出具标准审计意见	2129
最终所得样本	64
其中:带强调事项段的无保留意见	46
保留意见	12
无法表示意见	6

备注:其中上交所33家,深交所31家。

表6 内部控制存在缺陷的样本行业分类特征

行业类别	公司数(家)
采矿业	11
热力、电力、水及燃气生产和供应业	3
房地产业	6
建筑业	2
金融业	1
批发和零售业	6
水利、环境和公共设施管理业	3
文化、体育和娱乐业	1
信息传输、软件和信息技术服务业	5
制造业	21
住宿和餐饮业	1
租赁和商务服务业	1
综合	3
合计	64

备注:以上分类是按照证监会行业分类2012版进行的。

(三) 变量选择与模型设计

1. 变量选择

表7 股权结构的变量选择

变量类别	变量名称	变量符号	描述
因变量	内部控制效果	INCONTROL	内控效果较好,I=1;内控效果较差,I=0
自变量	第一大股东持股比例	DL	第一大股东持股数/总股数
	股权集中度	GL	Z指数
	国有控股比例	BL	国有股股数/总股数
控制变量	总资产	ZZC	资产总额
	股本总额	GBZE	股本总数

2. 建立模型

$$INCONTROL = a_1 + a_2 \times DL_i + a_3 \times GL_i + a_4 \times BL_i + ZZC_i \times a_5 + GBZE_i + \varepsilon_i$$

(四) 实证检验

1. 描述性统计分析

表8 三个变量与内部控制效果的描述性统计分析

股权结构特征变量		内部控制效果	
		较好的46家,I=1	较差的18家,I=0
第一大股东持股比例	均值	0.293	0.315
	最大值	0.708	0.653
	最小值	0.067	0.075
	标准差	0.147	0.170
股权集中度Z值	均值	14.690	8.515
	最大值	198.220	58.080
	最小值	1.000	1.060
	标准差	31.272	13.111

续表

股权结构特征变量		内部控制效果	
		较好的46家，I=1	较差的18家，I=0
国有控股比例	均值	0.041	0.047
	最大值	0.445	0.853
	最小值	0.017	0.011
	标准差	0.115	0.201

通过表8对变量的描述性统计，两组数据第一大股东持股比例均值在1/3左右，而Z值均值内控较好的要大于内控较差的值，而国有股控股比例均值相差不大。

2. 相关性分析

表9　各变量的相关性分析

变量名称	项目	DL	GL	BL	ZZC	GBZE
DL	Pearson 相关性	1.00				
	显著性（双侧）	0.00				
GL	Pearson 相关性	0.025*	1.00			
	显著性（双侧）	0.022	0.00			
BL	Pearson 相关性	0.304*	-0.106*	1.00		
	显著性（双侧）	0.015	0.040	0.00		
ZZC	Pearson 相关性	0.039*	-0.040	0.141*	1.00	
	显著性（双侧）	0.034	0.123	0.021	0.00	
GBZE	Pearson 相关性	0.002*	-0.067	0.310*	0.017**	1.00
	显著性（双侧）	0.023	0.059	0.023	0.000	0.00

备注：* 在0.05水平（双侧）上显著相关。

** 在0.01水平（双侧）上显著相关。

通过表9中的变量相关性分析，大部分控制变量与股权结构变量存在显著的相关关系。各个解释变量之间的相关系数都较小，这就是说模型出现多重共线的可能性较低，解释变量与控制变量都是可以纳入所建模型中的。

3. Logistic 回归

表 10　回归结果检验

自变量	Pre sign	B	Sig.
常数项	?	0.530	0.050
DL	−	−1.636*	0.034
GL	−	−0.623*	0.040
BL	+	6.210**	0.007
ZZC	?	1.251*	0.067
GBZE	?	0.021***	0.019

备注：*在0.05水平（双侧）上显著相关。　**在0.01水平（双侧）上显著相关。***在0.1水平（双侧）上显著相关。

（五）研究结论

对于以上的实证分析，我们可以做以下的分析：

①我国上市公司第一大股东持股比例（DL）对内部控制效果（INCONTROL）呈反向作用，也就是说第一大股东持股比例越高，结果越不理想；相反，内控效果则越好。这与本文的假设一是一致的。同时也通过了显著性检验。这很好地验证了前文中提到的假设一，说明第一大股东持股比例是不利于公司的内部控制效果的。股东权力越大，其对公司的操纵性就越差。

②我国上市公司的股权集中度即Z指数（GL）对内部控制效果（INCONTROL）形成反向影响。也就是说Z指数越大，那么上市公司内部内控效果越差；相反，内控效果越好。这与本文的假设是一致的。同时也通过了显著性检验。这验证了前文中的假设二，说明股权集中是不利于公司内部控制的。股权越集中，内部牵制性就越差。

③我国上市公司的国有股控股比例（BL）对内部控制效果（INCONTROL）的影响是正向的。国有股比例越高，说明公司的内控效果越好；比例越低，结果则恰好相反。也就是说，国家控股的企业内部权责分明，制度也较健全，他们内部牵制越强，个人对企业的控制力是微弱的。

④我国上市公司的总资产（ZZC）对内部控制效果（INCONTROL）的

影响是正向的，但是检验结果并不显著。也就是说，总资产额对上市公司的内部控制从一定层面来讲的影响并不是很显著，并没有太实质的某种具体的作用。

⑤我国上市公司股本总额（GBZE）对内部控制效果（INCONTROL）的影响是正向的，但是检验结果也是不显著的，也就是说统计学意义不大，对内部控制的影响的作用不是很具体的和实质的。

四、完善上市公司内部控制的建议

1. 优化股权结构

通过上文的实证结果可以清晰地看到，股权集中度高的公司其内部控制效果较差，也就是说降低股权集中度可以凸显内部控制的效果。股权结构在公司治理中作用是首要的，所以企业应该着力优化股权机构，降低股权集中度，同时也要注意股权与控制权的分离，加强股东的权力制约与权力制衡。对于大股东权力制约很重要的一点就是加强董事会的独立性，对于内部人员的选聘机制公平独立，发挥独立董事的作用；其次是合理配置权限，权责分明，对内部人员权力实施内部制衡；对于非流通股加大股全流通度，继续强化股权分置。所以，合理有效的股权结构是改善内部控制现状的有效途径。

2. 约束第一大股东持股比例

通过实证分析我们可以知道第一大股东持股比例的降低有利于公司的内部控制。上市公司的持股比例应相对均衡，弱化第一大股东的权力，增加股东之间的权力制约机制。尤其对于第一大股东与第二大股东的比例限定。政策制定机构应该出台相应的机制体制，限制第一大股东的最高持股比例，以保护其他股东，同时增强企业的内部控制。

3. 降低股权集中度

上市公司应该避免股权的高度集中，避免公司的实际控制权只是集中在个别人的手里，这对上市公司的内部控制是非常不利的。公司为了自身的高效运行，股权分布应相对均衡，这样内部牵制性就会加强，无形约束会在公司内部自动形成。同时政策制定方应注重制度的创新，让一切越来越具有中国特色，同时也能迈向世界。因为我们知道，之前的制度设计都是始于西方，沿用于西方，我们目前的担子应该是在中国的国土上创新制度，服务于企业。比如可以在审核程序上、披露模式上以及操作步骤等一系列制度层面都可以实现创新，并且政府方面应该出台具体的操作指南，设定激励机制，让制度创新变为内部控制不断趋于成熟的不竭动力。

参考文献

[1] 朱雅琴. 股权结构对公司绩效影响的实证研究 [J]. 中国商贸, 2015 (1): 10-14.

[2] 王翠红. 股权结构对公司内部控制的影响研究 [J]. 经营管理者, 2015 (2): 22-25.

[3] 郭桂华, 岳利玲. 股权结构对内部控制有效性的影响分析 [J]. 中国注册会计师, 2014 (8): 36-39.

[4] 鲁爱民, 郑文雅. 我国上市公司股权结构变化的路径分析 [J]. 现代经济, 2009 (4): 17-22.

[5] 吴益兵, 廖义刚, 林波. 股权结构对企业内部控制质量的影响分析——基于2007年上市公司内部控制信息数据的检验 [J]. 当代财经, 2009 (9): 16-20.

[6] 林钟高, 储姣娇. 内部控制对股权结构与盈余质量的传导效应 [J]. 税务与经济, 2012 (6): 26-29.

[7] 曹建新, 陈志宇. 机构投资者对上市公司内部控制有效性的影响研究 [J]. 财会通讯, 2011 (6): 36-40.

[8] 崔志娟. 规范内部控制的思路与政策研究——基于内部控制信息披露"动机选择"视角的研究 [J]. 会计研究, 2011 (11): 52-56.

[9] 张先治, 戴文涛. 公司治理结构对内部控制影响程度的实证分析 [J]. 财经问题研究, 2010 (7): 89-95.

[10] 程晓陵, 王怀明. 公司治理结构对内部控制有效性的影响 [J]. 审计研究, 2008 (4): 42-46.

[11] 杨狄. 上市公司股权结构创新问题研究——以阿里巴巴集团上市为视角 [J]. 现代经济探讨, 2014 (2).: 19-23.

[12] 王小青,孔兵. 我国上市公司股权结构现状及优化 [J]. 财会月刊, 2015 (1): 16-20.

[13] Sheifer, Vishny. Large shareholders and corporate control [J]. Journal of Political Economy, 1986.

[14] Mohamed A. Elbannan. Quality of internal control over financial reporting, corporate governance and credit ratings [J]. International Journal of Disclosure and Governance, 2009, 6 (2): 127-149.

[15] Katrien Craninckx, Nancy Huyghebaert. Large shareholders and value creation through corporate acquisitions in Europe [J]. European Management Journal, 2014 (9): 257-267.

天丰节能财务舞弊案研究

王永萍

(北京联合大学管理学院金融与会计系,北京,100101)

摘要:上市公司的财务舞弊是威胁资本市场的一大"毒瘤"。本文讨论了财务舞弊的概念及常见手段,对天丰节能财务舞弊案的背景、手段及动因进行了深入的分析,提出了防范财务舞弊的措施与建议。

关键词:天丰节能 财务舞弊 关联交易

一、财务舞弊的概念

美国注册会计师协会把财务舞弊定义为:企业在清楚地知道自身财务报告有问题的条件下,有意篡改会计报表,对重大事项的披露有所隐瞒,构成了欺诈性的财务舞弊行为,这种舞弊行为又被称为"管理层舞弊"。全美反舞弊财务报告委员会认为财务作弊是一种刻意的行为,其结果势必将影响相关人员对财务报告的判断。注册舞弊审核师协会对财务舞弊的定义是:有意地、故意的错报或漏报事实,或具有误导性的会计数据,可以使读者调整或改变判断会计数据的决策。我国习惯把财务舞弊称为会计舞弊或会计信息舞弊,它实际上是一种笼统的定义。

我国审计准则将舞弊解释为:伪造、变造记录或凭证,记录虚假交易或事项;掩盖、虚构、删除交易或事项;挪用资产;会计政策使用不当,这些都会导致会计报表反映虚假。

二、财务舞弊的常见手段

(一) 虚增销售收入

1. 提前确认收入

这种舞弊方法表现为将不符合收入确认条件下的往来交易确认为收

入。主要包括以下几种：首先公司在还未提供服务或者出售商品的情况下确认为收入；其次公司将不满足收入确认的条件下销售出去的产品，作为收入入账；最后当用户对一个商品的出售有终止、取消或递延的选择权时，提早认定为收入。

2. 虚构客户

这种造假手法主要是通过虚构客户的订单量、发货记录和销售合同，开具税务机构承认的发票等方法，来虚构客户，虚拟业务，从而增加企业的营业额，虚增收入。

3. 进行三方交易

该作弊手法主要是通过企业间的业务往来，凭借此手段互相虚增资产和收益，适合于一方提供销售货物，另一方提供劳务的交易。

（二）操纵递延费用

1. 调整跨期摊销

上市公司通过递延摊销，减少摊销或者不摊销发生的费用来达到虚增利润的目的，主要手段是通过调节广告费、折旧费、研发费等费用的计提或摊销的依据和比例。

2. 收益性支出资本化

个别企业刻意混淆视听，将利息资本化和费用化的界限模糊化，从而使一些原本应该费用化处理的有意做成长期资产，如销售费用、管理费用、财务费用、同时还包括本期收入配比的营业成本等，从而虚增了利润。

（三）企业不正当的会计政策和会计估计

为了计量的稳健，会计的计量方法通常在历史成本的技术上在一定的会计期限采用成本与可变现净值孰低法进行计量，这其中就产生了资产减值，因为这些交易或者事项没有具体地记录，需要人为地进行估计，故由于估计就必然产生误差，因此会计人员很可能会运用估计实施隐蔽的舞弊行为。

（四）关联交易

财务造假主要是通过与关联方的业务往来来虚假增加利润。企业大多都采用将关联交易非关联化的手段实施造假，从而使大量的关联交易被发现的可能性降低。

（五）隐瞒应披露的事项

对于企业财务报告中的重大担保，重要的或有关事项以及关联交易的披露与否，严重地影响企业未来的经营与发展，同时更影响财务报使用者的决策，因此就出现了中介机构对财务报告中的重大交易事项未做出披露或者隐瞒披露，导致财务造假的产生，从而给利益相关人员带来了重大伤害。

三、天丰节能财务舞弊案分析

（一）案例背景情况

河南天丰集团创办二十年有余，它主要包括五个业务板块，分别为结钢结构、钢铁贸易、冷弯机械、节能板材、钢结构节能建筑开发。2007年其旗下子公司天丰节能成立，其主要以节能板材业务为主。

2013年4月，正值IPO抽查现场核查阶段，天丰节能所申报板块位于抽查之列。4月18日，稽查人员首先对天丰节能实行初查，随后发现，不仅其报送IPO申请文件不实，同时财务自查报告中同样存在虚假记载。

自其被立案侦查后，天丰节能面对调查工作敷衍了事，更为重要的是会计凭证消失，稽查大队分两步进行调查，首先从附近着手侦查但是一无所获，随后又从中介机构开始调查，发现了上一家会计师事务所为其报送的工作底稿，彻查了天丰节能开立的基本账户合计共39家，且这些银行都在新乡市本地，同时查看了天丰节能2010—2012年的进出口海关报关单。

4月底，天丰节能遭到重点批评但是证监局并未公开指出，同时发文强调必须增强IPO信息披露质量，尤其是辖区以内的信息披露，紧接着不见的会计凭证被找到，这些凭证就在核查办公室旁边的一间屋子里，此时天丰节能的调查才逐渐进入轨道，很快调查人员迅速发现其在2010—2013年三年间财务报表上的诸多漏洞：首先，天丰节能银行账与公司账记录不一致。其次，资金划转和公司账上的记录也有很大差别。另外，其账上7000多万元的销售收入回款也是不真实的，这笔款项是虚构的。天丰节能为了掩盖这7000多万元的虚构金额，给予中介方的对账单也是经过加工处理的。最后，通过侦查得到了更为重要的线索，天丰节能提交的两张海关进口报关单，两者的区别只是时间不一样，其他内容完全一致，稽查人员认为两张中的一个有可能是伪造的。在孙玉玲办公室里，稽查大队找到了一个U盘，其中详细记载了其与关联方的交易明细，且其中还包括不同版本的账目。随着案件的深入调查得知，孙玉玲在天丰节能负责两项工作，第一是担任财务总监，第二是管理母公司财务工作。在4月17日晚，公司召开紧急会议，孙玉玲向大家道歉，在之后的调查中，孙玉玲也一直没有出现。在后续证监会的调查中发现天丰节能真实地存在舞弊行为，对于拟上市公司这种用财务数据来欺瞒监管机构与投资者的不正当行为必将受到法律的制裁。最终，证监会对主要涉案人员给予了不同程度的处罚。

判决天丰节能董事长李续禄、财务总监孙玉玲永远不可以踏进证券市场，孙玉玲终身、李续禄10年内不能在证券机构从事证券相关的工作，同时不能任职董事、监事或高级管理人员职务，对二人的行为给予警告罚款30万元。判处黄程、温京辉、李瑞瑜、水润东等中介方的相关涉案人永远不得踏入证券市场。10年内，不可以在任何机构、任何证券行业从事相关高管工作职务，没收竞天公诚（天丰节能IPO证券服务机构）收入15万元，并处以30万元罚款。

(二) 舞弊手段分析

1. 虚增利润

2010—2012年三年间，天丰节能通过虚增销售收入、虚增固定资产、虚列付款等多种手段增加利润累计高达34390224.35元，占2010—2012年利润总额比率为14.11%、23.46%、22.94%，如此大肆地造假行为，不仅手段多样，而且资金数目巨大，使天丰节能利润在短时间内大幅度增长，最终导致在IPO核查发现其虚增利润的造假行为。其实，天丰节能的财务状况完全达到了IPO的核查标准，但是为使自身业绩能够在众多的企业中占有一席之地，其不惜铤而走险，提供虚假财务数据粉饰报表，凭此欲通过核查。

2. 虚增销售收入

"天丰节能"采用虚构客户手段,凭空增加了安徽长彦水利工程有限公司等超过一百家客户,虚增金额之大让人无法想象,据统计在2010—2012年仅仅3年时间里,涉嫌虚增收入依次为2010年为1130万元、2011年为3664万元和2012年为4461万元,虚增款项占当年账面总额的10.22%、17.54%、16.43%,累计虚增销售收入9256.06万元,约占3年全部销售总额的16%。由此数据可看出,天丰节能虚增收入逐年增长,其造假金额如此巨大,勇气让人折服。

3. 虚增资产和借款利息资本化

天丰节能虚构了向中国台湾后东机械和意大利OMS进口设备的采购交易,通过虚增固定资产与在建工程,同时将从银行贷款得到的5200万元贷款中的2011万元用于来归还银行等相关手续费用,而不是用于购买资产,贷款利息被资本化,导致虚增固定资产。2010—2011年共计虚增固定资产,在建工程10316140.12元,占2011年末公司资产总额的3.08%;2010—2012年累计虚增固定资产及在建工程27923990.26元,约占公司2012年末资产总额的5.83%。

4. 伪造银行对账单

天丰节能在建设银行新乡某支行的基本账户不仅存款余额与公司账面记载不符,而且资金划转与公司账面记载有较大出入。为此,天丰节能涉嫌伪造并向相关中介机构提供虚假对账单以掩盖其造假行为。调查还发现,天丰节能提供的2张海关进口报关单,除了日期不同,报关单中的其他信息却是一模一样,其中一张报关单,有涉嫌造假的嫌疑。天丰节能利用一个造假数据企图掩盖其另一个舞弊行为,其目的是不被调查人员发现问题,蒙混过关,这种做法十分拙劣。

5. 虚列付款方式

天丰节能2010—2012年伪造向开封市升龙化工物资贸易、上海昱业实业有限公司、新乡市天发节能建材有限公司等13家供应商支付款项总额为

29441438.62 元。其中，2011 年伪造支付 2047337.40 元，2012 伪造支付 27394101.22 元。

6. 隐瞒关联方交易

经核对明细账发现，本应是企业与关联方的资金往来，但是在会计凭证上却篡改成非关联方的名字。从 2010—2012 年，天丰节能与众多相关方的资金转移是计入公司的财务账目上的金额高达 11 亿元。同时河南天丰投资、丰钢结构有限公司、天风建设银行间存在大量资金拆借未纳入财政专户，3 年总计 544211105.30 元。其中 2010 年为 9763 万元、2011 年为 437581105.30元、2012 年为 900 万元，调查发现，关联方将关联交易完全记录在案，但天丰节能本身却没有这些交易记录，其中这些漏掉未提到的交易记录，稽查人员很快就从其关联方的记录中找到。

通过分析总结，天丰节能通过虚增销售收入、虚增资产和借款利息资本化、伪造银行对账单、虚列付款方式这几种手段，虚增利润如此巨大，其行为如此恶劣，不仅使其自身的名誉扫地，也使自身陷入难以上市的困境，更破坏了证券市场的稳定发展。

（三）舞弊动因分析

1. IPO 核查的压力

作为即将上市的公司，其首先必须通过 IPO 的审查，在这个竞争日益激烈的资本市场，能够顺利通过审查的，业绩是第一考察指标，纵观整个 IPO 的审核历程，顺利通过核查的更多的是那些业绩更亮眼、在一定时期内业绩增幅最大的企业，几乎没有一个企业仅仅刚好达到业绩的门槛就被顺利放行。此时，亮眼的业绩也就成了企业追逐的目的，其实天丰节能在其营运期间的业绩若不造假完全达到了 IPO 要求的标准，其为使本公司的业绩能在众多的企业中崭露头角，不遗余力大肆造假，这种画蛇添足的做法不仅没有使其顺利上市，使其名誉大跌，同样也正是由于这种资本市场无形的压力才导致其舞弊行为的发生。

2. 中介机构未尽职尽责

2013 年光大证券出具《发行保荐书》和《光大证券自查报告》存在

不真实的记载,这为天丰节能实施舞弊提供了机会;作为会计师事务所的利安达、竞天公诚律师事务所对天丰节能的自查财务报告同样存在虚假的记载,其中利安达未对天丰节能的财务报告中出现的问题做出恰当的披露和回应;IPO审计时对于应收账款异常的回函也没有高度的关注;对于固定资产增加量和原始凭证也没有关注;对于关联方的识别和披露的审计程序没有有效地执行;对客户的走访未做到实质性工作,部分结论没底稿支持,同时未按照法律法规执行,正是因为中介机构未尽职尽责,才给天丰节能造假行为创造了更多可乘之机。

3. 舞弊的不良风气

当今社会造假行为日趋频繁,追究其原因,主要是为了使业绩更突出、更有亮点,从而吸引更多的投资者来使本企业不断壮大赚取利润,与此同时为了满足造假者自身的心理安慰,其通常编造各种理由或借口来掩盖自身的造假行为,例如其他企业存在舞弊行为,如果我们不这么做岂不是吃亏了?天丰节能就是在这种不恰当的跟风行为的驱使下,在其业绩上做了手脚,原本凭借其真实的财务数据就能达到上市要求的情况下,为了能够脱颖而出而实施的造假行为,最终导致在IPO审查时,造假行为终究被发现舞弊,这不仅使其不能顺利上市,更让投资者对其诚信问题产生怀疑。正是由于这种不良的舞弊风气,才使越来越多的上市企业深陷舞弊的"泥沼"中难以自拔。

4. 舞弊利益的驱动

金钱的诱惑,利益的驱使,他们不惜铤而走险做出违背职业道德的事情,致使舞弊案件发生如此之频繁。与此同时,为了谋求心理上对金钱的满足感,捞取更多财富,他们通常利用职位便利,联合其他人员,组成一个团队联合起来实施舞弊行为,这样的团队形成后,他们会在利益的纽带下紧密的联合起来,通过职务上的权力,发挥自己的能力,从中谋求巨额资金。天丰节能为了使本公司顺利上市,在资本市场上占有一席之地,给予中介方以及事务所高额的好处费。至此,天丰节能与为其担保的相关中介机构为满足自身的利益,相互合谋,实施舞弊。

四、防范财务舞弊的措施与建议

1. 完善 IPO 的审核机制

企业上市首道门槛是必须通过 IPO 的核查，其作用在于避免不良证券投入到市场，从而破坏整个资本市场健康发展。IPO 的制度还需要不断完善。例如 IPO 的审核标准应细化，审核时不应仅仅靠公司提供的财务数据来判断其能否上市，更应从公司未来的发展潜力，对社会带来的效益和对整个证券市场能否带来积极向上的活力等方面来综合考虑。

2. 加强中介机构的人员素质以及服务质量

在天丰节能舞弊案中，作为中介机构的光大证券和利安达，在天丰节能大肆造假的情况下，不仅没有及时制止其造假行为，反而视而不见与其合谋造假，其目的主要是想与企业在未来长期合作，隐瞒企业实际的财务状况，并对其做出的说明存在隐瞒，未尽到其应尽的职责，致使天丰节能未通过 IPO 的核查，不仅影响了证券市场的良性发展，更给中介服务机构的信誉造成了不好的影响。因此，法律法规应该加强中介机构的信用制度，用信用等级来评判其从事的担保范围，当信用等级降低到某一程度时，取消其从事中介的资格，这样不仅可以警示中介以后秉承认真负责的态度来为上市公司服务，也能使中介市场环境更良好的发展，同时还可以提升中介人的服务质量。

3. 完善法律法规加大处罚力度

舞弊的根本是利益的驱动，舞弊人员为了满足自身对金钱的渴望，不惜与法律法规背道而驰，这就需要政府监管部门在建立法律法规的基础上，应根据实际情况，不断完善管理机制，让那些企图造假的个人、企业没有可乘之机。同时对涉案人员，企业、会计师、律师事务所、担保公司等应公开曝光，让他们深刻地意识到自己的行为是不道德、不可取的，对舞弊行为极其恶劣的企业撤销其上市的权利并对该企业公开点名批评，终生不得再次上市，以起到警示作用。同时，完善民事责任赔偿机制，让这些财务造假的参与者为自己的造假行为付出补偿追究其刑事责任。

4. 强化企业的诚信意识

诚信是资本市场的基石，是整个资本市场不断发展壮大必须具备的美德。对于实施造假的企业，我国应该重点培养几个企业诚信的评估机构，定期对企业的诚信等级进行评价，当企业信用度降低到某一级别时，对其做出相应的处罚。企业为避免受到处罚，必然会格外注重诚信问题，财务报告的真实性才能得到保障。

参考文献

[1] 王磊彬. 天丰节能造假案尘埃落定：或将永别资本市场［N］. 经济视点日报，2014－04－17（B05）.

[2] 陈威燕. 盈余管理研究综述［J］. 新西部，2011（4）：67－69.

[3] 罗诺. IPO 财务核查第一案：天丰节能欲"锦上添花"反"画蛇添足"［N］. 企业家日报，2013－07－29（B05）.

[4] 黄新建. 中国上市公司财务舞弊方式及对策研究［J］. 经济经纬. 2006（4）：77－79.

P2P 平台的运营模式及风险因素分析

赵 睿 文思冰

(北京联合大学管理学院金融与会计系,北京,100101)

摘要:P2P 小额贷款平台是为个人与个人之间提供小额借贷交易的中介,大多通过借助电子商务专业网络平台帮助资金供需双方确立借贷关系并完成相关交易手续。P2P 网贷是在互联网金融飞速发展的背景下产生的,它是民间借贷的一种创新模式。P2P 小额贷款平台的产生是对传统金融模式的补充,更为中小企业的融资贷款提供了渠道,中国 GDP 的 80% 是由小企业创造,可见对 P2P 行业的探索具有重大意义。本文将对 P2P 小额贷款的起源现状做出详细介绍,并对国内外 P2P 网贷的运营模式进行比较分析,从内部和外部两个方面找出限制 P2P 平台小额贷款业务发展的风险因素,最后为促进 P2P 行业的发展提出切实可行的建议。

关键词:P2P 平台 运营模式 风险因素

P2P (Peer-to-Peer) 金融又叫 P2P 信贷,是一种与互联网、小额信贷等创新技术、创新金融模式紧密相关的新生代民间借贷形式。P2P 小额信贷公司作为中介进行牵线搭桥,将有资金并且有理财投资想法的人和有资金需求的企业或个人联系起来,以信用贷款的方式进行资金的借贷。中介机构通过收取账户管理费和服务费等获取利润,与此同时,中介机还要对借款方的经济水平、个人信誉、发展前景等情况进行详细的考察和审核。实际上,P2P 小额信贷公司就是一个起到中介作用的信息平台。

一、P2P 平台小额贷款业务的特点

P2P 小额信贷是一种新型借贷模式,近年来发展速度十分惊人。P2P 小额信贷主要有以下五个特点。

1. 风险分散

投资人出资的大额资金会被分散借出，一笔资金会作为小额贷款提供给多个借款人，这样极大地降低了风险系数。

2. 透明度高

在互联网金融环境下，整个交易通过互联网、移动通信网络或社交网络完成，交易双方可以充分实现信息沟通，当出借人和借款人签署借贷合同时会详细的互相了解对方的身份信息、信用信息等，在 P2P 网络平台上，出借人可以了解到借款人的资金使用途径、还款进度等信息，交易变得简单透明化。

3. 门槛低

P2P 小额借贷平台对投资人的投资金额要求较低，宜信的宜农贷最低出资金额仅为 100 元，这使得有闲置资金的社会上的中低等收入人群能够充分利用自己的自有资金，P2P 网贷是每个人都可以成为信用的传播者和使用者。

4. 融资效率高

在 P2P 网贷的平台上，如果想要进行借款申请、查看借款进度或是归还借款等操作，只需要靠点击鼠标输入相关信息即可，同时，资金供需双方还可以利用移动支付、网络支付、银行卡等不受时间、空间约束的支付方式高效完成交易，大大提高了企业或个人的融资效率。

5. 交易成本低

P2P 平台的整个借贷过程全部依托于网络，这样就大大降低了金融交易的搜索成本、发现成本、匹配成本、支付成本等。

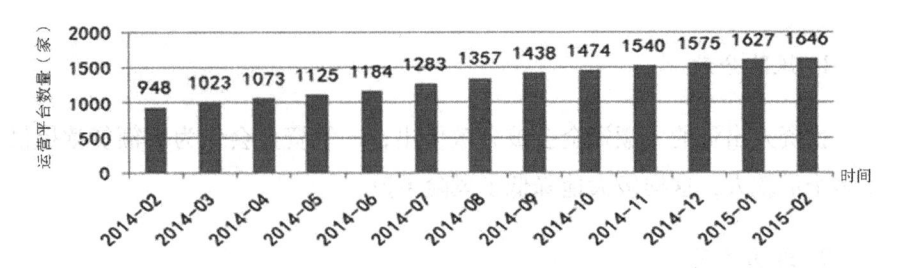

图1 2014—2015年各月网贷运营平台数

资料来源：网贷之家。

二、P2P平台的运营模式

（一）国外P2P平台的运营模式

1. 单纯中介型：Prosper模式

2006年，Prosper（http：//prosper.com）在美国加州正式成立并运营。与以往普通的机构贷款对借款人借款历史的严格审查标准不同，Prosper出借方主要通过对借款人的个人经历、朋友评价和社会机构等从属关系进行判断，与此同时，借款人还需要说明资金的用途、资金还款时间及对个人所能接受的利率底线进行设定。Prosper模式与拍卖模式十分相似，出借人凭借降低利息率的方式进行拍卖，拍卖结束后，Prosper会将最低利率的出借人组合成一个简单的贷款交给借款人。

Prosper平台中的投资人和借款人完全是自主交易，Prosper介入程度较小，它只负责贷款支付和收集符合借贷双方要求的借款人和出借人，该平台是典型的市场化借贷中介平台。网站盈利的来源是手续费的收取，从出借人处按年总出借款的1%收取服务费，从借款人处提取每笔借贷款的1%~3%费用。

2. 非盈利公益型：Kiva模式

2005年10月，世界上第一个提供在线小额贷款服务的非营利组织Kiva成立，Kiva主要是为发展中国家收入非常低的企业提供贷款，它们的目标是消除贫困。Kiva能让更多人尽快获得贷款信息，借款人会在网站上提供贷款金额、贷款时间（一般为12个月到18个月）、贷款用途和潜在风险等信息，在网站上出借人可以看到申请贷款人士的信息，出借人自主选择借贷金额，最低贷款金额为 25 美元。借款人可以使用信用卡，通过在线支付提供商 PayPal 贷出资金。Kiva 现在已经为 41 个国家提供了无息贷款，累计超过 2000 万美元。

3. 复合中介型：Zopa 模式、Lending Club 模式

（1）Zopa 模式

Zopa 在 2005 年 3 月于英国成立，同时在日本、美国和意大利得以推广。根据信用评级，Zopa 平台将借款人划分为 A*、A、B 和 C 四个等级，出借人提供贷款主要依据借款人借款金额、信用等级和借款用途等信息，借款人则可以对借款利率进行选择。Zopa 并不保证出借人本金和收益的安全性，坏账由催收公司负责，为尽可能降低出借人的借款风险，出借人的资金会被 Zopa 自动分割为 50 英镑的小包，然后由出借人对每个借款人进行分配。

Zopa 靠手续费的收取获取盈利，借款人的手续费为每笔 0.5%，出借人的手续费为年借款额的 0.5%。Zopa 是英国反欺诈协会（CIFAS）的成员，此外 Zopa 方面还称拥有公平贸易局的信贷许可证，并在 2007 年分别获得了 Webby Award 的"最佳金融/支付网站"奖和 Banker Award 的"最佳在线项目"奖。

（2）Lending Club 模式

2007 年，Lending Club 正式上线。Lending Club 主要通过 Facebook 应用平台等社区网络平台对出借人和借款人进行聚合。Facebook 拥有千万用户，是一个类似于 MSN 的全球网民联络平台，Facebook 中多为认识的朋友和同学，这大大增加了借款人借款成功的可能性，借款人的信用历史也不必公布。Lending Club 拥有固定利率，平均借款年限为三年，借款人在进行贷款交易前必须要经过严格的信用认证和 A - G 分级，固定利率根据信用等级的不同而不同，借款人的资料对出借人公开，出借人可根据借款人的资料、自己能够承受的风险等级及是否是自己的朋友来选择是否进行借款交易。

Lending Club 收入主要来源于以下三方面：第一，收取投资者的服务费；第二，借贷息差，范围为 1% ~ 6%；第三，收取投资基金的管理费，

费率为每年 0.7% ~ 1.25% 不等。2014 年 12 月 12 日，Lending Club 在纽约交易所正式挂牌上市，可以说给整个 P2P 行业注入了一剂强心针。

（二）国内 P2P 运营模式

1. 无抵押无担保模式：拍拍贷

2007 年 6 月，在上海成立的拍拍贷是 P2P 最原始的运作模式，也是国内首家 P2P 纯信用无担保网络借贷平台。与此同时，拍拍贷是首家工商部门批准获得"金融信息服务"资质的互联网金融平台。

拍拍贷采用纯线上模式运作，平台本身不参与借款，整个借贷过程通过竞标方式实现，出借人和借款人的供求状况决定利率，借款人在拍拍贷平台上发布资金使用途径、资金使用期限及预期年利率等借款信息，出借人参与竞标，利率低者中标。借款人的借款进度以及完成投标的笔数会在网页上显示出来，投标资金总额与借款人需求的资金相同时借款完成。为降低风险系数，一个借款人的资金来源于多个出借人提供的小笔资金，借款人也必须按月对出借人进行还本付息。该平台也主要靠手续费的收取获取盈利。

2. 无抵押有担保模式：宜信

2006 年，宜信在北京成立，成立后飞速发展，现已成为全国性 P2P 借贷连锁中介机构，北京及其他 15 个城市都有宜信设立的网点，现已吸纳了千名投资人及上亿的投资资金。2010 年 10 月 22 日，在《IT 经理世界》主办的金融创新高峰论坛上，宜信凭借创新的 P2P 模式获得了"金融服务最佳创新奖"。

宜信模式中借款人由宜信在申请人中进行挑选，而借款人的利率也由宜信根据其信用审核决定。在借款过程中，由宜信第三方账户人担任出借和借款的债务转移人，出借人在此过程中一般不参与信用的审核，与借款人没有合同，只有与宜信第三方的债权转让合同。为分散风险，宜信对借款人审核时都要求面见，并且会将资金分散贷出，与此同时，为保护出借人利益，宜信公司设立了风险保证金，当出现款项无法正常偿还的情况时，公司的保险金会提取出来包赔出借人全部本金和利息，以达到最大化的保证投资人利益的目的。宜信的利润同样来自手续费的收取。

3. 有抵押有担保模式：青岛

青岛第一家民间借贷中介机构于2003年成立，仅三年的时间该类机构已有40家左右，2006年后，该类机构以每年50%左右的幅度增长，截至目前已有100家左右。

青岛模式中的借贷利率大约平均为12%，一般由P2P公司根据借款人情况决定借贷利率。青岛模式中抵押物基本都为借款人的房产，而像股票、合同、汽车等一律不可作为抵押物，外地人几乎无法在青岛的P2P企业贷到款，抵押制度的严格性大大降低了风险系数。借款人抵押物的可信度较高，青岛的P2P企业大多为出借人做担保。青岛模式中P2P企业担负的责任是最大的，相比较而言，它的风险较小，不良贷款率也较低，所以说青岛P2P企业是典型的"复合中介型"。

4. 助学平台模式：齐放

齐放P2P于2007年底启动，齐放P2P具有一定的公益性，同时它也有可观的利润，齐放P2P启动后6个月处理了2500项借款，平均每笔借款大约为400美元。齐放P2P贷款人的年利率为5%～15%不等，该利率会随借款人公认的信用指数的变动而变动。

经济分层现象较为严重的大学生是齐放面向的主要群体。齐放与其他P2P企业具有相同的特点：贷款分散化。除此之外，在学生发布求助信息前，必须通过网站的身份证认证、学生证认证、电子邮件认证、移动电话认证及银行账号认证，借款成功后，贷款资金会先转到学校账户，由学校将资金发给借款学生，以保障款项使用的真实性。高校与齐放共担整个过程中存在的风险。与传统P2P企业靠收取手续费获取盈利不同，齐放还有网络广告的收入和培训学费收入的提成。

综上所述，中国的拍拍贷与Prosper类似，是单纯的中介型运营模式；宜信和青岛则与Zopa相似，属于复合中介型运营模式；而齐放则兼具Zopa和Kiva的双重特征。中国的P2P企业在借鉴外国的运营模式上取得一定成效，但是中国还没有像Lending Club这样利用社交网络平台的P2P企业。中国的P2P行业在效仿国外的基础上，还应该结合中国国情和经济走势，不断加强金融创新，加大力度控制风险，创造出适合中国国情的、具有中国特色的 P2P 运营模式。

三、P2P 平台小额贷款业务发展的风险因素

P2P 网贷在中国的发展时间较短，该行业尚处于初级发展阶段，纵观该 P2P 网贷行业进入中国后的发展，我们不难看出 P2P 网贷平台在快速发展的同时也显现出不少问题，国内 P2P 尚处于"三无"行业。"三无"是指：无准入门槛，无行业标准，无监管机构，"三无"因素致使 P2P 小额贷款行业鱼龙混杂、服务水平参差不齐，欺诈事件时有发生，值得庆幸的是 2015 年年底 P2P 行业确定由银监会监管，监管层也发布了针对 P2P 借贷的"四条边界"和"十二条准则"，但是监管文件却迟迟没有出台。

（一）外部风险

1. 无针对性的法律法规和有效的监管机制

P2P 网贷机构的借贷交易在欧美被视为证券交易的一种，由证监会系统对其进行有效监管和规范，如法国和加拿大的金融市场管理局、美国的证券交易委员会等。而我国的 P2P 行业最近才确定由银监会监管，而针对性的监管制度尚未出台。此外，我国与民间借贷相关的法律条文少之又少，《中华人民共和国合同法》《最高人民法院关于人民法院审理借贷案件的若干意见》以及中国人民银行发布的《贷款通则》是现阶段国内仅有的与网络借贷相关的法律法规，目前并没有针对个人与个人之间贷款的法律规定。P2P 行业是民间借贷的创新模式，关于 P2P 界定、准入、法律地位及信息披露等尚处于立法空白的灰色地带，致使许多 P2P 平台钻法律的空子，利用中介平台进行变相或非法吸收公众存款、非法集资及形成资金池等不法行为。而我国 P2P 借贷平台在工商管理部门登记时主要根据《公司登记管理条例》进行登记，并按照相关文件的规定在通信管理部门备案，但是工商管理部门及通信管理部门均不是金融监管机构。

2. 社会征信体系不完善

社会征信体系不完善是制约 P2P 平台小额贷款业务发展最主要的因素。英美国家的信用体系相对较为完善，仅凭身份证就可以查询到客户的信用信息和信用评级，为平台是否发放贷款提供可靠依据。目前我国央行

的征信体系只对银行和少数的小贷公司开放，尚未对 P2P 公司开放，线上平台无法借用网络对借款人进行身份认证和信用评估，许多 P2P 平台转为线下经营，致使运营成本增加，导致盈利减少，此外，P2P 平台无法保证借款人提供信息的真实性、还款可能性及资金使用用途的确定性，这些都极大程度地制约了 P2P 平台小额贷款业务甚至整个行业的发展。

3. 专业人才缺乏

P2P 行业在我国起步较晚，但是发展迅速，国内缺乏配套的专业人才培训计划和机制，完全符合行业需求的人才少之又少，导致 P2P 行业人才供给严重不足。虽然 P2P 行业的核心是金融，但是大部分的金融人才都分散在银行，绝大多数从业者不愿放弃银行稳定、高薪的工作转投 P2P 行业。此外，P2P 行业对从业者要求高、期待高，为使公司业绩快速增长，P2P 公司对员工的绩效指标要求严格，这也让许多人士望而却步。

（二）内部风险

1. 资金的来源风险

P2P 网贷平台实质上是一个中介机构，它将有闲散资金的出借人和有资金需求的借款人联系起来。但是，平台资金的来源渠道无法确定，出借人的资金可能来自非法渠道，如贪污、诈骗或者是高利贷所得，他们借此平台来达到资金合法化的目的。此时，P2P 网贷平台就涉及违法行为。

2. 平台的信用风险

由于 P2P 行业无准入门槛，不法人员用几万元买下一套软件，再到工商局和网络管理部门注册，只需半个月的时间就可以进行营业，许多不法分子在获取一定资金后就携款潜逃，投资者亏损惨重，这种现象在 P2P 行业比比皆是。由于 P2P 平台信用的缺乏致使消费者对整个行业丧失信心，抑制了整个行业的发展。

3. 平台的技术风险

P2P 平台大多在外购买模板并对购买的模板进行改造，由于改造后的模板不能保证完全成熟和全面，致使平台存在安全隐患。而且，P2P 公司主要以业务为重,并没有太多专业人士对网站系统进行维护,所以,P2P行业在系统的技术和安全方面存在一定的问题,可能发生客户信息泄露的危险。

四、促进 P2P 平台小额贷款业务发展的对策建议

1. 尽快出台和完善法律法规

目前民间借贷唯一可以遵循的法律依据是 1991 年 8 月 13 日最高人民法院下发的《关于审理借贷案件的若干意见》,该《意见》是在审理借贷法律案件中最具直接指导意义的文件;我国首个系统规范民间借贷的文件《鄂尔多斯市规范民间借贷暂行办法》于 2012 年 6 月实施;中国首部民间借贷的地方法律《温州民间融资管理条例》在 2013 年 11 月获浙江省人大通过。而 P2P 网贷将民间借贷网络化,目前我国尚无针对性的相关法律规定,我国应尽快拟定相关的法律条文,对 P2P 借贷和非法中介平台做出明确的界定,为 P2P 行业制定相应的管理办法,明确其经营范围、公司性质、业务禁区、业务指标、考核标准等,以确保 P2P 小额贷款公司能够正常稳健的运行;其次还应建立 P2P 行业统一的监测系统,对借款用途、还款进度、借款利率等进行监测,并设置统一的监测标准;此外,还应对公司法人及 P2P 公司做出严格的财务信息披露要求,对整个行业的经营状况和财务信息设立统一的披露制度;与此同时,法律条文还应对 P2P 小额借贷过程中的参与者进行严格的法律保护,发生违法事件时,对于违法方应进行严惩,严格制止利用 P2P 借贷进行洗黑钱或是非法集资的不法行为。

2. 实施有效监管机制

由于 P2P 行业监管缺失,致使 P2P 整个行业的水平参差不齐,虽然目前提出了四条监管边界:明确平台的中介性质、平台本身不得提供担保、不得将归集资金搞资金池、不得非法吸收公众资金,P2P 行业也明确由银监会进行监管,但是针对 P2P 平台的监管制度却尚未出台。首先,应该明确规定 P2P 行业的准入机制,P2P 属于借贷行业,涉及客户量较大,一个平台的倒闭或跑路都会损害到公众利益,所以建立 P2P 行业的准入机制十分必要。众所周知,P2P 的一大特点就是准入门槛低,致使许多不法分子

可以轻易进入该行业，P2P平台老板失联、兑付危机、倒闭跑路事件频发，致使投资者对整个P2P行业丧失信心，十分不利于P2P行业的整体发展。所以，监管机构应适当提高该行业的准入门槛，对公司的注册资金、从业经验、法人资质、发起人信用、风险控制机制等做出严格要求，避免不法分子进入P2P行业；其次，可对P2P行业实行定期或非定期的现场检查和非现场检查机制，以加强P2P平台自制能力，确保P2P小额贷款公司能够正常有序的运转；最后，P2P行业确定由银监会监管，银监会可制定整体监管细则，适当将监管权利转嫁到地方政府或相应的监管机构，再由当地的监管机构根据当地行业特点制定出有针对性的监管细则，以利于P2P行业健康长久的发展。

3. 加强行业自律性

一个行业能否健康长久的发展起着决定性的作用就是行业自律，尤其对于一个新兴行业更是至关重要。成立行业自律组织机构对加强行业自律十分必要，行业自律组织机构可辅助银监会对P2P行业的监管。目前，北京市P2P行业协会正在研究筹备中，广东等省份也开始着手筹办，各地方可结合当地P2P小额贷款公司的实际情况设立具有地方特色的、适合当地发展的P2P行业自律性协会，并要求当地P2P平台加入协会，对贷款进行等级划分，通过该协会进行信息共享、道德监督及风险警示。如果行业内出现非法集资、损害投资人利益等不法行为，可由该协会进行上报，并进行同业通报；还要设立行业公约，有违反者一律严惩；此外，还可设立监管交流平台，各监管机构可再次进行监管信息的交流，将得到的意见和建议上报银监会，逐步完善现有监管手段。

4. 推动建设征信体系

子曰："民无信则不立"，信用体系的健全和信用风险评估机制的确立对于金融体系的稳定和安全有重要意义，建立统一的征信体系是P2P行业取得健康长远发展的必要因素。借鉴欧美国家的先进经验，可以先进行系统的建设、信息采集等工作，然后建立统一的信用评价标准，逐步对接央行的个人征信系统，充分利用互联网的便捷性，建立起P2P行业统一信用评价体系，并根据真实情况及时变动更新。对出现问题的借款人设置黑名单,并进行业内共享,加大违约惩罚力度。

5. 加快人才培养,鼓励金融创新

人才培养是 P2P 行业未来发展的关键。P2P 行业属于新兴行业,十分缺乏专业人才。P2P 行业拥有很大的发展空间,有关该行业专业人才的培养计划不容耽搁,各大高校、研究机构必须从自身的实际出发,结合自身特点,拿出切实可行的计划方案并早日实施。

P2P 借贷平台行业只有不断提升自身能力、加强服务意识、在探索中进行创新才能健康、快速地发展。由此可见,想要确保国内 P2P 借贷服务平台稳定安全的运营,必须进行复合型人才的储备和培养,全面提升从业人员职业道德、职业技能及法律意识,为 P2P 平台自身树立良好的形象,从而取得更好的发展。

此外,我国 P2P 行业起步较晚,我国现有模式大都是从欧美国家引进,目前我国现有的 P2P 的运营模式与国外的运营模式基本上可以说是大同小异,我国国情和国家政策方面有一定差异性,因此我国应在原有基础上进行自主创新,创造出适合我国国情的 P2P 运营模式,或是创造出更利于自身平台发展的新型业务。我国应适度鼓励金融创新,通过创新来提升企业的核心竞争力。金融业务创新是推动 P2P 行业发展势在必行的道路。

参考文献

[1] 叶湘榕,唐明琴. P2P 行业发展问题研究 [J]. 南方金融,2014 (7):68 - 71.

[2] 薛群群. 国内外 P2P 小额信贷企业运营模式研究及实例分析 [D]. 北京:中央民族大学,2013.

[3] 纪崴. P2P 平台:发展与监管 [J]. 中国金融,2014 (5):18 - 23.

[4] 刘继兵,夏玲. 发达国家 P2P 网络信贷监管的比较分析 [J]. 武汉金融,2014 (4):18 - 20.

[5] 钱金叶,杨飞. 中国 P2P 网络借贷的发展现状及前景 [J]. 金融论坛,2014 (1):36 - 40.

[6] 曹小艳. 美英 P2P 网络借贷监管经验及其对我国的启示 [J]. 武汉金融,2014 (9):32 - 35.

小微企业税收优惠政策的实施效果及问题分析

梁 红

(北京联合大学管理学院金融与会计系,北京,100101)

摘要: 本文从小微企业的界定及税收优惠政策出发,针对税收优惠政策在小微企业实践中的执行情况,通过对其实施效果及存在的问题的分析,提出了改善小微企业税收优惠政策实施效果的建议。

关键词: 小微企业 税收优惠政策 效果

一、小微企业的界定

小微企业涉及小型微型企业和小型微利企业两个概念。

1. 小型微型企业

小型微型企业的概念来自工信部联企业〔2011〕300号《工业和信息化部、国家统计局、国家发展和改革委员会、财政部关于印发中小企业划型标准规定的通知》,根据企业从业人员、营业收入、资产总额等指标标准进行划分,并据此将中小企业划分为中型、小型、微型三种类型。

2. 小型微利企业

小型微利企业的概念源自于《企业所得税法实施条例》第九十二条:"企业所得税法第二十八条第一款所称符合条件的小型微利企业,是指从事国家非限制和禁止行业,并符合下列条件的企业:工业企业,年度应纳税所得额不超过30万元,从业人数不超过100人,资产总额不超过3000万元;其他企业,年度应纳税所得额不超过30万元,从业人数不超过80人,资产总额不超过1000万元。"

3. 两者的联系与区别

依据适用的对象和划分的标准不同将"小微企业"一词划分为"小型微利"和"小型微型"两个概念。小型微型企业是按照从业人员、营业收入、总资产这三个指标标准来认定。小型微利企业的认定不仅在从业人员和资产总额两个方面都有要求，而且还在年应纳税所得额方面进行了严格界定，两者存在着联系与区别。简单而言，就是"小型微型企业"必须在满足了"小型微利企业"的条件下，才能享受《企业所得税法》中所说的税收优惠。

二、小微企业税收优惠政策的梳理

我国企业中，小微企业占企业总数的99%，它们提供了超过80%的就业岗位。小微企业对繁荣市场、改善民生、促进就业、维护社会稳定等方面起着积极作用。小微企业也是当前释放改革红利，刺激经济发展的关键领域和薄弱环节。小微企业的发展受到本届政府的高度重视，李克强总理在2014年政府工作报告中提出，要"进一步扩展小微企业税收优惠范围，减轻企业负担"。财政部、国家税务总局等部委为深入贯彻中央部署，支持小微企业发展，陆续发布了《财政部国家税务总局关于金融机构与小型微型企业签订借款合同免征印花税的通知》《关于进一步支持小微企业增值税和营业税政策的通知》《关于贯彻落实进一步扩大小型微利企业减半征收企业所得税范围有关问题的公告》等多项促进小微企业发展的相关文件。

（一）企业所得税方面

1. 税率方面

根据《中华人民共和国企业所得税法》及其实施条例以及有关税收政策规定，符合条件的小微企业的企业所得税减按20%征收（以下简称"减低税率政策"）。

2. 应纳税所得额方面

继2015年2月25日国务院常务会议将小微企业所得税减半征税范围由10万元调整为20万元后，8月19日，国务院第102次常务会议决定，自2015年10月1日起，将减半征税范围扩大到年应纳税所得额30万元

(含)以下的小微企业。小型微利企业无论采取查账征收方式还是核定征收方式（含定率征收、定额征收），只要符合小型微利企业规定条件，均可以享受小微企业所得税优惠政策。同时，小型微利企业享受企业所得税优惠政策，不需要到税务机关专门办理任何手续，可以采取自行申报方法享受优惠政策。年度终了后汇算清缴时，通过填报企业所得税年度纳税申报表中"资产总额、从业人数、所属行业、国家限制和禁止行业"等栏目履行备案手续。

（二）增值税和营业税方面

根据财政部联合国家税务总局下发的《关于进一步支持小微企业增值税和营业税政策的通知》，规定自2014年10月1日起至2015年12月31日，对月销售额2万元（含本数，下同）至3万元的增值税小规模纳税人，免征增值税；对月营业额2万元至3万元的营业税纳税人，免征营业税。即小微企业中的增值税小规模纳税人和营业税纳税人，月销售额或营业额不超过3万元（含3万元）的，免征增值税或营业税。其中，以1个季度为纳税期限的增值税小规模纳税人和营业税纳税人，季度销售额或营业额不超过9万元的，免征增值税或营业税。

（三）印花税方面

《财政部国家税务总局关于金融机构与小型微型企业签订借款合同免征印花税的通知》（财税〔2014〕78号）规定，自2014年11月1日起至2017年12月31日止，对金融机构与小型、微型企业签订的借款合同免征印花税。

（四）附加税费及残疾人就业保障金方面

自2015年1月1日起至2017年12月31日，对按月纳税的月销售额或营业额不超过3万元（含3万元），以及按季纳税的季度销售额或营业额不超过9万元（含9万元）的缴纳义务人，免征教育费附加、地方教育附加、水利建设基金、文化事业建设费。自工商登记注册之日起3年内，对安排残疾人就业未达到规定比例、在职职工总数20人以下（含20人）的小微企业，免征残疾人就业保障金。

三、小微企业税收优惠政策的实施效果分析

（一）优惠政策受益范围扩大

据国家税务总局相关资料显示，2014年全国享受企业所得税优惠、减

免增值税营业税优惠的小微企业共减免税款 612 亿元。其中，2014 年，享受企业所得税优惠的小微企业户数为 246 万户，共计减免税额 101 亿元，优惠政策受益面达 90%；享受小微企业减免增值税、营业税优惠的有约 2200 万户纳税人，共计减免税款 511 亿元，其中减免增值税 307 亿元、营业税 204 亿元。

随着国家进一步加大对小微企业的税收支持力度，越来越多的小微企业享受了税收优惠带来的政策红利。例如，自 2014 年 10 月 1 日起至 2015 年 12 月 31 日，增值税或营业税的免征销售额或营业额从月销售额或营业额不超过 2 万元（含 2 万元）提高到月销售额或营业额不超过 3 万元（含 3 万元），享受此项税收优惠政策的小微企业受益面进一步扩大；再如，自 2015 年 10 月 1 日起，将企业所得税减半征税范围从 20 万元扩大到年应纳税所得额 30 万元（含）以下的小微企业，从而使得更大范围的小微企业获得了企业所得税的税收优惠。

（二）激励创业热情，市场主体增加

在小微企业税收优惠、减少行政审批流程以及商事制度改革实施等政策的综合作用下，我国企业市场经济得到进一步激活，据国家工商总局相关统计资料显示，2014 年全国新登记注册市场主体 1292.5 万户，注册资本（金）20.66 万亿元，同比分别增长 14.23% 和 87.86%。其中，新登记注册企业 365.1 万户，注册资本（金）19.05 万亿元，同比分别增长 45.88% 和 99.02%。

四、小微企业税收优惠政策实施中存在的问题

（一）优惠政策缺乏稳定性与系统性

现行扶持小微企业发展的税收优惠政策在各税种的相关文件中零散可见，税收优惠政策缺乏稳定性与系统性，影响了相关税收优惠政策的实施效果。

（二）宣传力度不够

由于小微企业财务力量比较薄弱，其对小微企业新出台的优惠政策信息的获取和使用能力较差，再加上一些优惠政策的内容变化频繁，期限较短，宣传不到位，导致一些小微企业不了解不熟悉甚至还不知道有优惠政策，因而使得一部分原本可以享受税收优惠的小微企业错失机会。部分小

微企业虽然知道优惠政策，但因对相关政策法规了解不深，心存顾虑；还有部分小微企业则因为财务管理混乱，存在偷税等违法行为，担心享受优惠政策后会招致税务机关的税务检查，因此不愿享受。

（三）税收优惠力度有待进一步加大

虽然近年来，针对小微企业的税收优惠政策调整频率和优惠力度不断加大，但从实际情况来看，优惠力度还是偏小，主要表现在减免税额较小。例如，自2014年11月1日至2017年12月31日，对金融机构与小型、微型企业签订的借款合同免征印花税。我们知道，借款合同的印花税税率是借款金额的0.05‰，然而，由于小微企业向金融机构的借款金额规模不大，以100万元为例，则免征的印花税仅为50元；再如，自2014年10月1日起至2015年12月31日，小微企业中的增值税小规模纳税人和营业税纳税人，月销售额或营业额不超过3万元（含3万元）的，免征增值税或营业税，然而一旦超过3万元则需全额缴纳增值税或营业税，而非仅就超过部分纳税，无形中也增加了小微企业的税收负担。

五、建议

（一）加大对小微企业税收优惠政策的稳定性、系统性的研究

为更好更快地推动我国小微企业健康发展，一方面需要进行关于小微企业税收政策的稳定性、系统性研究，推动针对小微企业发展的整体性税收扶持政策的出台；另一方面需要着眼于小微企业发展的关键性战略领域，尽快出台一些具有战略意义的重点小微企业税收扶持政策，把税收扶持政策放在最有效的地方。

（二）加大宣传辅导力度，提高纳税服务水平

政策宣传是落实国家税收优惠政策的重要环节，相关部门需要广泛宣传小微企业税收优惠政策，如通过网络、微博、微信、微电影、税法知识讲座等形式，使得更多的小微企业深入了解优惠政策。通过加强对小微企业税法知识的辅导培训，提高了小微企业财务人员的业务水平和税法意识，从而更好地推动国家针对促进小微企业发展的相关优惠政策的落实。加大宣传的同时，进一步优化办税流程，简化办税环节，精简纳税人报送资料，规范涉税文书，提高税务部门为小微企业的服务效率。

(三) 继续加大对小微企业的税收优惠力度

1. 提高小微企业增值税和营业税的免征额标准

如前所述，自 2014 年 10 月 1 日起至 2015 年 12 月 31 日，增值税和营业税的免征额标准为月销售额或营业额不超过 3 万元，即年销售额或营业额不超过 36 万元，但这个标准指的是销售额或营业额总额，而非扣除成本费用后的净额，而且一旦超过 3 万元将全额纳税，此标准过低，不能满足小微企业的实际情况，没有有效降低小微企业的流转税的税负。

2. 取消或延长税前弥补亏损五年的时间要求

《企业所得税法》第十八条规定，企业纳税年度发生的亏损，准予向以后年度结转，用以后年度的所得弥补，但结转年限最长不得超过 5 年。即企业所得税最长补亏年度不超过 5 年，超过 5 年仍未弥补完的亏损，税前不再予以弥补。对于小微企业的亏损弥补，可以考虑取消或适当延长现行税前弥补亏损 5 年的时间要求，从而给小微企业更多的缓冲时间。

3. 扩大小微企业固定资产加速折旧的范围

允许小微企业购置的生产设备实行普遍的加速折旧政策（包括选择加速折旧方法、缩短折旧年限、提高净残值率等方法）。对高能耗、高污染企业以外的小微企业，购入的生产设备实行普遍的加速折旧，有利于鼓励企业更新设备加快发展。

参考文献

[1] 袁显朋，赵联果. 浅析小微企业税收优惠政策产生的社会效应 [J]. 财会研究，2015（2）：41-43.

[2] 夏红雨. 基于企业社会责任的小微企业税收优惠政策体系研究 [J]. 税收经济研究，2015（2）：48-51.

[3] 陈梓洋. 茂名地税系统小微企业税收优惠政策执行中存在的问题及对策探讨 [J]. 南方论刊，2015（5）：65-67.

公司衍生产品使用影响因素研究综述

刘方方

(北京联合大学管理学院金融与会计系，北京，100101)

摘要：随着衍生产品市场的发展，公司使用各类金融衍生品进行风险对冲的实践获得迅猛发展，它日益受到学术界和实务界的广泛重视。早期的学者主要围绕公司为什么使用衍生产品来提出合理的解释，而自20世纪90年代以来，随着各国对使用金融衍生品信息披露制度的完善，使得研究者进行相关研究的数据数量获得显著提高，促进了学术界对公司衍生产品使用影响因素的实证研究。本文论述了影响公司衍生产品使用的主要因素并加以评述。

关键词：衍生产品使用　风险对冲　公司特征　公司治理

一、引言

自20世纪70年代以来，国际金融领域发生了翻天覆地的变化。1973年，维系国际货币金融秩序的布雷顿森林体系彻底崩溃。以美元为中心的固定汇率制度被自由浮动汇率制度所取代，国际外汇市场的汇率波动既频繁又剧烈，使得参与其中的各经济体不得不面临汇率波动的风险。70年代末80年代初，世界各国的利率自由化浪潮也使得金融市场的利率风险日益突出。公司获取生产要素的各种市场（如商品市场、货币市场、外汇市场等）价格的波动性加剧，使得公司利用各种金融衍生产品对冲风险成为必然。90年代以来，衍生产品市场取得爆炸性的增长，衍生产品交易量发展迅猛。全球衍生产品市场的蓬勃发展促进了众多学者对公司使用衍生产品进行对冲的研究。自Smith和Stulz (1985)依据MM定理提出风险对冲无关论以来，有关公司衍生产品使用的研究持续了数十年，但仍然存在许多悬而未决的问题。早期的学者受研究样本数据匮乏的制约，主要围绕公司为什么使用衍生产品来提出合理的解释，而自20世纪90年代以来，随着各国对衍生产品使用的信息披露制度的不断完善，使研究者进行相关研究的数据数量获得显著提高，促进了学术界对公司衍生产品使用影响因素的实证研究。

学术界对公司衍生产品使用问题的实证研究，主要集中在以下两个问题上：一是公司衍生产品使用的影响因素；二是公司衍生产品使用与公司价值之间的关系。本文主要集中在公司衍生产品使用的影响因素上。

二、公司衍生产品使用影响因素研究回顾

有关公司使用衍生产品进行风险对冲的理论，学术界先后提出了三种公司对冲理论。最早提出的是 Smith 和 Stulz（1985）的风险对冲无关论。对冲无关论认为，在完美市场假设下，一个公司并不能通过减少其风险暴露而增加公司价值，也就是说，对冲行为与公司价值是无关的。

自从 Smith 和 Stulz（1985）提出对冲无关论以来，为了理解真实世界中的公司风险对冲行为，众多财务学者在此基础上，放松各种假设条件，分析了市场不完善性对公司使用衍生品对冲风险的影响（如税收、财务危机成本、代理成本、信息不对称、管理者风险规避等），分别提出了节税假说、降低财务危机成本假说、降低代理成本假说、避免"投资不足"假说和管理者效用最大化论等。其中节税假说、降低财务危机成本假说、降低代理成本假说、避免"投资不足"假说被统称为公司价值最大化论。

按照 Lel（2006）及 Allayannis、Lel 和 Miller（2009）的观点，公司治理能够提供一个有效监督衍生产品使用的机制，只有外加上较强的公司治理，公司的风险管理决策才能增加股东价值。本文按照这个思路，将衍生产品使用的影响因素划分为两大类：公司特征因素和公司治理因素，分别从公司特征因素和公司治理因素两个方面来加以论述。

（一）公司特征因素

影响公司衍生产品使用的公司特征因素主要包括公司规模、成长机会、财务杠杆、税收、资产流动性、股利支付和盈利能力等，以下将展开分述。

1. 公司规模

关于是大公司倾向于使用衍生产品还是小公司倾向于使用衍生产品，

国外学者讨论较多，目前普遍接受的是衍生品使用的规模假说，即大公司倾向于使用衍生产品。

对大公司倾向使用衍生产品的解释主要包括以下几点：第一，运用衍生产品是一项复杂的信息处理工作，公司规模越大，越有可能使用衍生产品，因为可以享受衍生品交易的信息规模经济（Block 和 Gallagher，1986；Booth、Smith 和 Stolz，1984）；第二，互换、远期、场外交易（Over-the-counter）期权市场在交易成本结构上显示出明显的"规模经济"效应，交易量越大，平均交易成本越低，大公司由于从事衍生产品交易的成交量较大从而可带来成本的规模经济；第三，与小公司的管理层相比，通常大公司管理层的风险管理意识较高。

国外学者对公司规模实证检验的较多，基本上大部分研究都发现，衍生品使用会随着公司规模增大而增加。Nance、Smith 和 Smithson（1993）及 Mian（1996）的研究结果发现，公司规模和对冲之间存在正相关，说明与融资成本和财务危机成本对对冲活动的影响相比，信息和交易成本的规模经济对对冲活动影响的更大一些。Berkman 和 Bradbury（1996）的研究发现，公司会随着规模增加而增加使用衍生产品进行对冲。Wysocki（1998）发现，衍生品使用随着公司规模增加而增加，随着管制增加而减少。Graham 和 Rogers（1999）研究了那些面临利率风险和汇率风险的公司的衍生品使用状况。结果发现，小公司更少的使用衍生产品。此外，下列学者的研究结果均表明，公司规模越大，公司越倾向于使用衍生产品进行风险对冲。这些学者包括 Judge（2006），Clark、Judge 和 Ngai（2006），陈炜和沈群（2008），Ertugrul、Sezer 和 Sirmans（2008），Ramlall（2009），刘冰和崔砚犁（2010）等。

2. 成长机会

按照避免"投资不足"假说，当出现高成长性的投资机会，且公司内部现金流量较低时，公司倾向于使用衍生产品以避免或者减少"投资不足"问题。因此，从理论上说，具有较多成长机会的公司会倾向于使用衍生产品进行风险对冲。

Myers（1977）将公司潜在的投资机会特征化为期权，并指出，那些在其投资计划中具有更多成长期权的公司倾向于采取旨在降低公司价值波动性的对冲项目。Nance、Smith 和 Smithson（1993）的实证研究发现，那些使用衍生产品的公司通常具有较高的研发支出；同时那些具有更多投资期权的公司使用了更多的衍生产品，而且这些公司的财务杠杆比率较低。这说明使用衍生产品进行对冲的公司在其投资计划中具有更多的成长期权。

Carter、Rogers 和 Simkins（2006）调查了美国航空业公司 1992—2003 年的燃油对冲行为，他们研究发现，对冲与资本投资带来的价值增加正相关，而且对冲的溢价主要归功于对冲与资本投资相互作用的结果。

Danijela（2007）分析了克罗地亚非金融公司的风险管理实践和风险对冲决策。通过使用单因素分析和多元回归的方法来检验被研究公司的风险对冲程度是否为一些公司特征的函数，而这些公司特征之前已被证实与风险管理决策有关。经过研究发现，公司投资支出比（投资支出/总资产）与衍生产品使用之间显著正相关，实证结果与具有较高成长期权的公司使用更多的衍生产品进行对冲的理论假设相一致。

此外，相关研究发现，衍生产品的使用将随着公司研发支出的增加而增加（Nance、Smith 和 Smithson，1993；Geczy、Minton 和 Schrand，1997；Dolde，1995；Allayannis et al.，2001；Gay 和 Nam，1999；Choi、Mao 和 Upadhyay，2013）。

早期的风险对冲研究学者们使用最多的两个代理变量是公司的市值账面价值比和公司投资开发支出，这其中包含了较大的"噪音"。除了以上两个指标外，财务学者经常使用 Tobin Q 值作为一个公司投资机会的衡量手段。使用公司投资开发支出作为公司成长机会的代理变量，基于这样的事实，即这些费用支出是公司未来项目发展的指标。

3. 财务杠杆

有关公司财务杠杆对衍生产品使用的影响，国外学者的文献也较多涉及。众多学者在研究"财务危机"问题时会涉及财务杠杆与衍生产品使用之间关系的评述。Myers（1977）认为，既然那些资本结构中负债较多的公司更容易面临"财务危机"问题，而衍生产品的使用可降低财务危机成本，从而那些具有较高财务杠杆比率的公司将倾向于使用衍生产品。

Dolde（1995）、Berkman 和 Bradbury（1996）、Haushalter（2000）、

Gay 和 Nam（1999）、Howton 和 Perfect（1998）使用财务杠杆比率来衡量财务危机的预期成本，他们研究发现，较高的财务杠杆比率将会导致公司较大程度地使用衍生产品。大部分研究针对这个关系的解释是较大的财务危机预期成本将导致公司较大程度对衍生产品的使用。也就是说，这种解释是假设那些具有较高财务杠杆比率的公司将面临更大的财务危机成本的可能性。为了降低公司财务危机成本的可能性，具有较高财务杠杆比率的公司会倾向于使用衍生产品。

Clark、Judge 和 Ngai（2006）对在香港证券交易所上市的 227 家香港公司和中国内地公司的风险对冲决定因素和风险对冲价值效应进行了实证研究。他们研究发现，风险对冲与样本公司的预期财务危机成本（由财务杠杆比率代理）紧密相关。而且研究结果表明，与香港上市公司相比，中国内地上市公司的显著性要弱一些，这可能是由于国家是大部分内地上市公司的主要股东，由于政府的贷款担保，降低了这些公司财务危机发生的可能性，进而降低了风险对冲对财务杠杆比率的敏感性。

Ertugrul、Sezer 和 Sirmans（2008）研究了美国不动产投资基金机构 1999—2001 年风险对冲的影响因素。他们研究发现，对冲与财务杠杆比率之间显著正相关。

Clark 和 Judge（2008）使用 1995 年末英国股票市场排行前 500 位的 441 家非金融上市公司为研究样本，研究了财务危机成本与公司风险对冲需求之间的关系。他们研究发现，将财务杠杆作为财务危机成本的代理变量，在未区分外币债务使用者和非外币债务使用者的条件下会得出错误的推论。但将汇率衍生品使用者区分为使用和不使用外币债务者两类时，单独使用外币债务、同时使用外币债务和汇率衍生品的这两类公司的对冲决策与财务杠杆比率正相关；而单独使用汇率衍生品公司的对冲决策与财务杠杆比率不相关，这表明公司对外币债务的使用会影响研究结果。

Aretz 和 Bartram（2010）的研究结果表明，公司使用衍生产品的数量和程度与公司的财务杠杆比率、负债到期日、股利政策以及流动资产持有量有关。

另外，下列学者的研究结果则说明这一关系并不显著，这些学者包括 Nance、Smith 和 Smithson（1993）；Tufano（1996）；Allayannis 和 Ofek（2001）。

4. 税收

按照税收假说，由于公司税收函数的凸性特征，对冲活动能够降低公司税前利润的波动性，进而有效降低公司的实际税负水平。在实际经济活动中，由于存在所得税的累进税率（Statutory Progressivity）、投资税收抵免（Investment Tax Credits）和亏损结转（Income Tax Loss），其税收函数往往会呈现凸性。因为一个公司的应纳税义务是按照税率对其当年收入进行征收，因此当税收函数为凸性时，公司应税收入上升所带来的税收损失将大于其下降所带来的税收节约。公司通过风险对冲降低了公司应税所得的波动性，使公司各年份应税所得的波动性减小，进而降低了公司的预期税负支出。

Berkman 和 Bradbury（1996）的实证研究发现，亏损递延（Loss Carry Forward）与衍生产品的使用存在正相关关系。

Clark，Judge 和 Ngai（2006）对在香港证券交易所上市的 227 家香港公司和中国内地公司的风险对冲决定因素和风险对冲价值效应进行了实证检验。其研究发现，香港上市公司进行对冲可带来公司价值 0.88% 的节税收益；而内地上市公司的对冲节税收益仅占公司价值的 0.56%。

Aretz et al.（2007）认为，如果公司利润与实际税率的关系是凸性的，公司风险管理可通过降低税前利润的波动性，从而减轻公司的税收负担。其中，实际税率的凸性由逐渐增加的边际税率或税法对某些税收优惠项目的限制（如不能在无限的年度内将亏损递延或将亏损预提）所造成。

Donohoe（2015）研究了公司使用金融衍生产品所带来的节税收益，其研究发现，当公司从事衍生产品对冲后，公司三年期的平均实际税率大约降低了 3.6 个到 4.4 个百分点。

5. 资产流动性和股利支付

Nance、Smith 和 Smithson（1993）认为，公司可以通过维持较高的短期流动性来降低与长期债务有关的预期财务危机和代理成本。一个具有较高速动比率且较低股利支付率的公司，其依靠对冲来降低其直接债务的预期财务危机和代理成本的需求就降低了。例如，对公司发放股利的限制可使得公司维持充足的流动资金，这使得对冲活动变得无关紧要。由于现金和有价证券可用于支付公司的短期债务,所以较高的资产流动性将会降低公司使用衍生产品的需求。类似地,持有较多的流动资产也会降低公司的对冲需求。相关研究表明,流动比率与公司衍生品使用之间存在负相关关系(Tufano,1996;Geczy、Minton 和 Schrand,1997)。Froot et al.(1993)预测资产流动性和对冲之间存在负相关的关系,其解释并非将资产流动性作为公司长期债务的替代品来看待,而是将资产流动性作为公司获得内部资金的一种来源。

同时,股利政策也会影响公司对衍生产品的需求。一个较低的股利支付率将使得公司有足够的资金来满足固定权益持有者的需要,并因此降低代理冲突。有研究表明,留存收益率与公司衍生品的使用之间存在负相关关系(Nance、Smith 和 Smithson,1993)。

Nance、Smith 和 Smithson(1993)的实证检验表明,那些使用衍生产品的公司通常具有较低的资产流动性和较高的股利支付额。Berkman 和 Bradbury(1996)的研究认为,公司会随着股利支付率的增加而增加使用衍生产品;公司会随着资产流动性和偿付利息能力的增加而减少使用衍生产品。

Carter、Rogers 和 Simkins(2006)通过对美国航空业自 1992—2003 年的燃油对冲行为进行实证研究后发现,公司的现金持有量与对冲数量之间是负相关的。这个结果说明,一个具有较多流动资产的公司不倾向于从事风险管理,因为它拥有一个较大的财务缓冲区。

Aretz 和 Bartram(2010)的研究结果表明,公司使用衍生品的数量和程度与公司的财务杠杆比率、负债到期日、股利政策及流动资产持有量有关。

Kumar 和 Rabinovitch(2013)使用 1996—2008 年美国油气公司衍生产品头寸的具体数据研究了风险对冲的影响因素。他们研究发现,公司内部现金流的波动风险将影响公司对衍生产品的使用程度。

6. 盈利能力

基于降低财务危机成本理论,当公司具有较强的盈利能力时,公司面临财务危机的可能性将会降低,因此,盈利能力的增加会降低公司对衍生产品的需求。Graham 和 Rogers(1999)试图找到一个变量能直接衡量财务危机的发生概率和财务危机发生后的相关成本。他们在研究中首次引入了一个与财务危机成本相关的变量：资产报酬率（ROA）。他们认为，如果拥有较低盈利能力的公司更有可能面临财务危机，那么公司的盈利能力可能会与衍生产品的使用程度负相关。对公司价值最大化的追求使得盈利能力较弱的公司会比盈利能力较强的公司更多地使用衍生产品。他们使用公司税前资产报酬率（Pre-tax ROA）来衡量公司的盈利能力。其研究发现，衍生产品使用程度与税前资产报酬率负相关，即具有较低盈利能力的公司参与了较多的对冲活动，这与公司使用衍生产品是为了降低财务危机成本的假设相一致。

（二）公司治理因素

经过文献综述后发现，影响公司衍生产品使用的公司治理因素主要包括：公司治理程度、股权结构、董事会特征、管理层激励、外部法律环境等，以下分别加以阐述。

1. 公司治理程度与衍生产品使用

股东、管理者和债权人之间目标利益的不一致并由此会引发代理冲突，这为公司使用衍生产品提供了一个现实基础。从这个角度出发，公司治理将会对公司采取的风险管理策略产生影响。

Tufano（1996）认为，公司由于治理结构不同而面对不同的代理人，他们将对风险管理持有不同的态度。

Kleffner、Lee 和 McGannon（2003）研究了加拿大实施风险管理公司的治理结构特征。他们将加拿大 118 家上市公司 2001 年的调查问卷结果作为研究样本，其研究结果显示 31% 的样本公司进行了风险管理。他们发现，61% 的公司是出于风险管理经理的影响，51% 的公司是出于董事会的鼓励，37% 的公司是出于遵守多伦多证券交易所的规定。

Benson 和 Oliver（2004）研究了澳大利亚公司衍生产品使用的管理者动机。其研究发现，管理者的态度是影响衍生产品使用的重要因素，管理者使用衍生产品进行对冲时往往把注意力集中在较广层次的风险降低和现金流波动性的降低上。

Marsden 和 Prevost（2005）研究了自 1994 年至 1997 年新西兰上市公司衍生产品的使用状况，以检验 1993 年新西兰新公司法实施对衍生产品使用的影响。他们指出，公司内部治理机制将会对公司的衍生品策略产生一定影响。

Lel（2006）使用 1990—1999 年 34 个国家的公司数据为研究样本首次检验了公司治理对衍生产品使用的影响。其研究结果表明，公司治理强的公司使用汇率衍生产品是为了股东财富最大化；而公司治理弱的公司使用汇率衍生产品大多是出于管理者自利或者投机的目的。只有在公司治理强的公司里，汇率衍生产品的使用才会随着汇率风险暴露的增加而增加；而在公司治理弱的公司里，汇率衍生产品的使用则与管理者的风险偏好相关。

Geczy、Minton 和 Schrand（2007）使用调查的数据证明，公司内部治理机制较弱的公司更可能使用衍生品对利率与货币变动进行"投机"。

Allayannis，Lel 和 Miller（2009）研究了公司治理如何通过风险对冲来影响公司价值，他们以 39 国的公司样本数据为研究样本来验证具有较完善治理机制的公司对汇率衍生产品的使用是否能够增加公司价值。他们研究发现，公司治理通过对冲的作用能够增加公司价值。他们的研究结果也说明，只有外加上较强的公司治理，公司的风险管理决策才能发挥作用。

Dionne 和 Triki（2013）的研究发现，公司治理和管理层的风险规避都是影响风险对冲的重要因素。

2. 股权结构与衍生产品使用

股权结构是公司治理的重要组成部分，因为股权结构决定了公司控制权的分布情况，决定着股东和管理者以及股东和债权人之间委托代理关系的性质，因此，股权结构是影响公司运用衍生产品的重要因素（黄建兵、宁静鞭和於颖华，2008）。

DeMarzo 和 Duffie（1995）、Breeden 和 Viswanathan（1996）指出，当公司被机构投资者所有时，其信息不对称的程度将会降低，因此会减少对衍生产品的使用程度。

Tufano（1996）的研究发现，金矿行业非管理者的机构投资者对风险管理决策有负面影响。Mayers 和 Smith（1982）、Dionne 和 Triki（2013）的实证研究也证明了这一特征。

与此截然相反，Geczy、Minton 和 Schrand（1997）及 Graham 和 Rogers

(2002) 的研究却得出不同的结论。他们发现，衍生产品的使用程度与机构投资者的持股比例之间显著正相关。

Adkins、Carter 和 Simpson（2007）检验了美国银行控股公司使用汇率衍生品与其股权结构的关系。他们研究发现，股权结构影响衍生产品的使用，较高的机构投资者持股比例将促使管理层从事风险对冲。

黄建兵、宁静鞭和於颖华（2008）应用公司财务理论，对中国上市公司风险管理费用的决定因素进行了实证研究。他们研究发现，大股东持股比例越高，公司在风险管理方面花费越多。

贾炜莹和陈宝峰（2009）采用面板数据模型分析了中国非金融行业上市公司治理机制对其风险管理行为的影响。他们研究发现，第一大股东持股比例与衍生产品使用之间显著负相关；股权制衡度、非国有控制股份与衍生产品使用之间显著正相关。

吴世飞（2011）以 2007—2009 年沪、深两市采掘业全部 A 股公司为研究样本，研究了公司治理如何影响衍生品的运用决策。其研究发现，第一大股东持股比例与公司衍生品的运用之间呈现正 U 形关系；而第一大股东持有股份性质为国有股的公司使用衍生品的动机较其他公司要弱。

3. 董事会特征与衍生产品使用

董事会是公司治理的核心组成部分。许多研究表明，董事会特征影响董事会在公司治理中的功能，如独立董事、董事会规模、领导结构等，进而对公司的衍生产品使用决策产生影响。

Dionne 和 Triki（2013）指出，独立董事的作用是促使总经理做出最优的风险对冲决策。另外，董事长和 CEO 的两职分离将有助于 CEO 做出最优的风险管理决策。

Borokhovich et al.（2004）的实证研究发现，公司利率衍生产品的使用数量与独立董事的人员数量显著正相关，即董事会中具有较高独立董事比例的公司倾向于使用利率衍生产品。

Marsden 和 Prevost（2005）研究了 1994—1997 年新西兰上市公司衍生产品的使用状况。其研究结果显示，独立董事比例对公司使用衍生产品具有负面影响，但结果并不显著。这也许只代表特定环境下的独立董事特征，并没有普遍性。

贾炜莹和陈宝峰（2009）的研究发现，独立董事比例与衍生产品风险对冲之间显著正相关；董事长和总经理的两职合一与衍生产品风险对冲之间显著负相关。董事会规模与衍生产品风险对冲之间不相关。

吴世飞（2011）的实证研究发现，公司对衍生品的运用受到独立董事及外部大股东的支持，符合广大股东的利益要求。

4. 管理层激励与衍生产品使用

按照委托代理理论，由于公司高管与股东之间存在代理问题，薪酬契约的设计可以缓解股东与公司高管之间的利益冲突，将高管的报酬与其业绩相挂钩可促使其为股东财富最大化努力工作，从而有效解决代理成本问题。管理者激励主要包括薪酬激励和股权激励两种方式。Tufano（1996）、Berkman 和 Bradbury（1996）、Geczy、Minton 和 Schrand（1997）、Schrand 和 Unal（1998）、Knopf et al.（2002）、Adam 和 Fernando（2006）的实证研究表明，管理者持股、管理者薪酬均影响公司使用衍生产品。

Smith 和 Stulz（1985）认为，随着管理层所持股份的增加，管理层的风险厌恶程度增大，因此管理层具有增加使用衍生产品的需要。而且随着管理层所持股份的增加，管理层将有更多的自由度来控制衍生产品的使用。因此，管理者持股与衍生产品使用正相关。

Tufano（1996）、Schrand 和 Unal（1998）的实证研究均发现，衍生产品的使用会随着管理者持股比例的增加而增加，而随着管理者持有期权的增加而减少。

Berkman 和 Bradbury（1996）的研究发现，公司会随着管理者持股比例的增加而增加使用衍生产品。

Geczy、Minton 和 Schrand（1997）的研究结果表明，与不使用汇率衍生品的公司相比，使用汇率衍生品的公司往往具有较高管理层持股比例。

Knopf et al.（2002）的实证研究发现，当管理层持有的股票和期权组合的敏感性增加时，公司倾向于较多地使用衍生产品进行风险对冲。

Supanvanij（2005）以 1998—2000 年披露使用衍生产品的 138 个美国公司为样本来研究使用货币衍生品的利得（或损失）是否影响公司的对冲决策和高层管理者薪酬。其研究表明，对冲的利得（或损失）显著影响风险管理决策和管理层薪酬，因为对冲的利得（或损失）会显著影响管理层薪酬，因此公司会减少风险管理活动。

Hagelin 等（2007）研究了管理层股票期权与对冲溢价的关系，其研究表明，当公司是出于管理层期权的动机出发而进行风险对冲时，公司价值将会减少。

Adkins、Carter 和 Simpson（2007）检验了美国银行控股公司使用汇率衍生品与管理层薪酬的关系。他们的研究表明，管理层期权报酬与衍生产品使用之间负相关。

Huang、Ryan 和 Wiggins（2007）研究了公司使用非线性衍生产品（例如期权）的原因。他们研究发现，投资机会、债务上的期权特征、管理层激励的薪酬结构、免费现金流的代理问题影响了公司选择。而投资机会、公司风险、期权报酬与非线性货币衍生品的使用之间正相关；债券的期权特征与非线性利率衍生品的使用之间正相关，而管理层现金薪酬、管理层持股、CEO 任期与非线性利率衍生品的使用之间负相关；投资机会、债务、管理层薪酬上的非线性现金流特征与非线性衍生品的使用之间正相关。

Spanò（2007）以 443 个英国非金融公司为样本研究了风险对冲的动机，研究表明管理层风险规避是造成风险对冲偏离最优对冲结构的主要因素，而股东与管理者的利益冲突虽然成为公司风险管理决策的核心问题，但它不是影响风险管理决策的因素。

Ertugrul、Sezer 和 Sirmans（2008）研究了美国不动产投资基金机构 1999—2001 年衍生产品使用的影响因素，通过使用 Black－Scholes 模型对 CEO 持有期权组合与股票收益波动的敏感性分析以及 CEO 持有股票、期权组合对股票价格波动的敏感性分析，他们发现，管理者风险规避是影响不动产投资行业使用衍生产品的主要因素，CEO 薪酬和 CEO 财富对股票收益波动的敏感度也影响衍生产品的使用程度。

贾炜莹和陈宝峰（2009）的研究发现，管理层激励对公司风险管理决策产生一定的影响。管理层持股比例与高层管理人员薪酬与衍生产品风险对冲之间显著正相关。

Acharya 和 Bisin（2009）研究了管理层对冲与股东权益和公司价值的关系。他们指出，管理者具有将公司特有风险代替总风险的动机，比如错过一些高回报的创业活动而支持一些平淡无奇的项目，这种风险替代的道德风险增加了股票市场的总风险，并减少了投资者分担风险的能力。他们指出最佳的所有权结构设计应该抑制道德风险并研究这些福利的特性。

吴世飞（2011）的实证研究表明，中国上市公司对高管人员的激励效果尚不明显，应该通过多种手段给予高管人员有效的激励，以促进高管人员的利益与公司目标趋同。

Kumar 和 Rabinovitch（2013）使用 1996—2008 年美国油气公司衍生产品头寸的具体数据研究了风险对冲的影响因素，他们的研究结果表明，公司对冲的程度与加重管理者壕沟效应的因素、免费现金流的代理成本正相关。这些加重管理者壕沟效应的因素包括较长的 CEO 任期、较高的管理层持股比例和较弱的董事会治理。

5. 外部法律环境与衍生产品使用

外部法律环境在公司治理过程中发挥着重要作用。有效的法律体系是必要的，因为有效的法律制度能够抑制内部人的机会主义行为，进而对公司使用衍生产品产生积极影响。

Marsden 和 Prevost（2005）研究了 1994—1997 年新西兰上市公司的衍生产品使用状况，以检验 1993 年新西兰新公司法实施对衍生产品使用的影响。他们指出，法律和监管环境可能会影响公司的衍生品策略。

Doidge、Karolyi 和 Stulz（2007）指出，对投资者权益的保护通过提升制度层面上对管理者的监督水准，能够缓解股东与管理者利益上的冲突和矛盾。

三、结论与启示

通过梳理国内外衍生产品使用影响因素的实证研究文献，作者发现，国内学者对有关公司使用衍生产品的理论和实证研究刚刚起步，取得了一定的成果，但仍存在一些不足，主要表现在：

①国内学者对公司使用衍生产品的研究相对较少，且多数集中于金融衍生品监管与信息披露等方面的定性研究，如谭燕芝（2008）对金融衍生品监管进行了定性研究；李志斌（2012）对后危机时代的金融衍生品市场监管进行了定性研究；熊玉莲（2014）研究了场外金融衍生产品的法律监管；在理论与实证研究方面，多数学者侧重于研究风险对冲的动机，缺乏

对衍生产品使用影响因素的系统分析和实证检验,如张舜(2004)从公司投融资、管理报酬角度研究了公司对冲的动机理论;陈炜和沈群(2008)以 2004 年中国有色金属行业上市公司的横截面数据为研究样本,研究了上市公司使用衍生产品风险对冲的动机;陈忠阳和赵阳(2007)对衍生产品、风险对冲与公司价值之间的关系进行了较为详细的理论综述;贾炜莹与陈宝峰(2005)选取 2007 年沪、深两市全部非金融上市公司截面数据为研究样本,实证检验了我国上市公司风险对冲的动机;郭飞和徐燕(2010)基于沪深 300 指数公司 2008 年年报为研究样本,理论分析和实证检验了中国上市公司使用衍生产品进行风险对冲的动机。

②在衍生产品使用影响因素的研究方面,有关公司治理如何影响衍生产品使用的理论和实证研究,国内则是寥寥无几。Allayannis、Lel 和 Miller(2009)认为,公司治理能够提供一个有效监督公司衍生产品使用的机制,只有外加上较强的公司治理结构,公司的风险管理决策才能发挥作用。中国上市公司治理结构的缺陷极易导致公司的风险管理决策失效。因此,研究公司治理结构对上市公司衍生产品使用的影响具有十分重要的现实意义。

③缺乏对中国制度背景的深入分析。中国正处于计划经济向市场经济转轨进程中,中国上市公司具有特殊的制度背景,如衍生产品市场格局初步形成、公司治理机制有缺陷、法律法规对投资者权益保护不够、股权结构比较独特等。这种特殊的制度背景必然导致中国的风险管理实践与西方发达国家的公司风险管理实践之间有所差异。西方经典的风险对冲动因理论及其实证结果在中国可能不适用,即使可以适用,也要按照中国国情做出适当的修改。因此,对中国公司使用衍生产品的实证研究绝不能死搬硬套西方的模式。目前国内学者在作相关研究时,没有对中国的制度背景进行深入、系统的理论分析,如股权模式、董事会治理、管理层激励、衍生品市场发展状况、资本市场效率性、所得税制度等。因此,在中国制度背景下研究公司衍生产品使用的影响因素具有重要的理论意义和应用价值。

参考文献

[1] 陈炜,沈群. 金融衍生产品避险的财务效应、价值效应和风险管理研究 [M]. 北京:经济科学出版社,2008:59-75.

［2］陈忠阳，赵阳. 衍生产品、风险对冲与公司价值——一个理论综述［J］. 管理世界（月刊），2007（11）：139-149.

［3］郭飞，徐燕. 对冲和风险管理动机：中国上市公司衍生工具使用的实证研究［J］. 会计论坛，2010（1）：46-56.

［4］黄建兵，宁静鞭，於颖华. 我国上市公司风险管理决策的实证研究［J］. 经济管理，2008（6）：4-9.

［5］贾炜莹，陈宝峰. 上市公司治理机制对风险管理影响的实证研究［J］. 财会月刊，2009（7）：11-14.

［6］贾炜莹，陈宝峰. 我国上市公司风险管理动机的实证研究——基于衍生金融工具的运用［J］. 中国流通经济，2005（10）：77-80.

［7］李志斌. 后危机时代的金融衍生品市场监管［M］. 北京：中国金融出版社，2012：55-59.

［8］刘冰，崔砚犁. 对冲活动对汇率风险敞口的影响——来自中国A股上市公司的经验数据［J］. 财会月刊，2010（3）：39-42.

［9］谭燕芝. 金融衍生品监管——基于契约经济学的分析［M］. 北京：中国经济出版社，2008：244-248.

［10］吴世飞. 公司治理如何影响衍生品的运用决策？——基于我国采掘业上市公司的实证研究［D］. 大连：东北财经大学，2011：12-29.

［11］熊玉莲. 场外金融衍生品法律监管研究［M］. 上海：复旦大学出版社，2014：176-184.

［12］张舜. 公司对冲动机研究［D］. 武汉：华中科技大学，2011.

［13］Acharya V, Bisin A. Managerial hedging, equity ownership and firm value［J］. Journal of Economics, 2009, Vol. 40：47-77.

［14］Adam T, Fernando C S. Hedging, speculation and shareholder value［J］. Journal of Financial Economics, 2006, Vol. 81：283-309.

［15］Adkins L C, Carter D A, Simpson W G. Managerial incentives and the use of foreign-exchange derivatives by banks［J］. The Journal of Financial Research, 2007, Vol. 30：399-413.

［16］Allayannis G, Ihrig J, Weston J P. Exchange-rate hedging: financial versus operational strategies［J］. American Economic Review, 2001, Vol. 91：391-395.

[17] Allayannis G, Lel U, Miller D P. Corporate governance and the hedging premium around the world [C]. Darden School Working Paper. 2009.

[18] Allayannis Y, Ofek E. Exchange rate exposure, hedging and the use of foreign currency derivatives [J]. Journal of International Money and Finance, 2001, Vol. 20: 273 - 296.

[19] Aretz K, Bartram S M, Dufey G. Why hedge? Rationales for corporate hedging and value implications [J]. The Journal of Risk Finance, 2007, Vol. 8: 434 - 449.

[20] Aretz K, Bartram S M. Corporate hedging and shareholder value [J]. Journal of Financial Research, 2010, Vol. 33: 317 - 371.

[21] Benson K, Oliver B. Management motivation for using financial derivatives in australia [J]. Australian Journal of Management, 2004, Vol. 29: 225 - 242.

[22] Berkman H, Bradbury M E. Empirical evidence on the corporate use of derivatives [J]. Financial Management, 1996, Vol. 25: 5 - 13.

[23] Block S B, Gallagher T J. The use of interest rate futures and options by corporate financial managers [J]. Financial Management, 1986, Vol. 15: 73 - 78.

[24] Booth J, Smith L, Stolz R. The use of interest futures by financial institutions [J]. Bank Research, 1984, Vol. 15: 15 - 20.

[25] Borokhovich K A, Kelly B R, Claire C E, Simkins B J. Board composition and corporate use of interest rate derivatives [J]. Journal of Financial Research, 2004, Vol. 27: 199 - 216.

[26] Breeden D, Viswanathan S. Why do firms hedge? An asymmetric information model [C]. Duke University Working Paper. 1996.

[27] Carter D A, Rogers D A, Simkins B J. Does hedging affect firm value? Evidence from the US airline industry [J]. Financial Management, 2006, Vol. 35: 53 - 86.

[28] Choi J J, Mao C X, Upadhyay A D. Corporate risk management under information asymmetry [J]. Journal of Business Finance and Accounting, 2013, Vol. 40: 239 - 271.

[29] Clark E, Judge A, Ngai W S. The determinants and value effects of corporate hedging: an empirical study of Hong Kong and Chinese firms [C]. Working Paper, 2006.

[30] Danijela M S. Corporate risk management rationales: evidence from croatian companies [C]. Working Paper, 2007.

[31] DeMarzo P M, Duffie D. Corporate incentives for hedging and hedge accounting [J]. The Review of Financial Studies, 1995, Vol. 8: 743 -771.

[32] Dionne G, Triki T. On risk management determinants: what really matters? [J]. European Journal of Finance, 2013, Vol. 19: 145 -164.

[33] Doidge C, Karolyi A G, Stulz R M. Why do countries matter so much for corporate governance? [J]. Journal of Financial Economics, 2007, Vol. 86: 1 -39.

[34] Dolde W. Hedging, leverage and primitive risk [J]. Journal of Financial Engineering, 1995, Vol. 4: 187 -216.

[35] Donohoe M. The economic effects of financial derivatives on corporate tax avoidance [J]. Journal of Accounting and Economics, 2015, Vol. 59: 1 -24.

[36] Ertugrul M, Sezer O, Sirmans C. Financial leverage, CEO compensation, and corporate hedging: evidence from real estate investment trusts [J]. Journal of Real Estate Finance and Economics, 2008, Vol. 36: 53 -58.

[37] Froot K A, Scharfstein D S, Stein J C. Risk management: coordinating corporate investment and financing policies [J]. Journal of Finance, 1993, Vol. 48: 1629 -1658.

[38] Gay G D, Nam J. The underinvestment problem and corporate derivatives use [J]. Financial Management, 1998, Vol. 27: 53 -69.

[39] Geczy C C, Minton B A, Schrand C. Why firms use currency derivatives [J]. Journal of Finance, 1997, Vol. 52: 1323 -1354.

[40] Graham J R, Rogers D A. Do firms hedge in response to tax incentives? [J]. Journal of Finance, 2002, Vol. 57: 815 -840.

[41] Graham J R, Rogers D A. Is corporate hedging consistent with value maximization? An empirical analysis [C]. Duke University Working Paper, 1999.

[42] Hagelin N, Holmen M, Knopf J D, Pramborg B. Managerial stock options and the hedging premium [J]. European Financial Management, 2007, Vol. 13: 721-741.

[43] Haushalter G D. Financing policy, basis risk and corporate hedging: evidence from oil and gas producers [J]. Journal of Finance, 2000, Vol. 55: 107-152.

[44] Howton S D, Perfect S B. Currency and interest-rate derivatives use in US firms [J]. Financial Management, 1998, Vol. 27: 111-121.

[45] Huang P, Ryan Jr. H E, Wiggins R A. The influence of frim and CEO specific characteristics on the use of nonlinear derivative instruments [J]. Journal of Financial Research, 2007, Vol. 30: 415-436.

[46] Judge A. Why and how UK firms hedge [J]. European Financial Management, 2006, Vol. 12: 407-441.

[47] Kleffner A, Lee R., McGannon B. The effect of corporate governance on the use of enterprise risk management: evidence from canada [J]. Risk Management and Insurance Review, 2003, Vol. 6: 53-73.

[48] Knopf J, Nam J, Thornton J. The volatility and price sensitivities of managerial stock option portfolios and corporate hedging [J]. Journal of Finance, 2002, Vol. 57: 801-813.

[49] Kumar P, Rabinovitch R. CEO Entrenchment and corporate hedging: evidence from the oil and gas industry [J]. Journal of Financial and Quantitative Analysis, 2013, Vol. 48: 887-917.

[50] Lel U. Currency hedging and corporate governance: a cross-country analysis [R]. U.S. Federal Reserve Board's International Finance Discussion Papers, 2006.

[51] Marsden A, Prevost A K. Derivatives use, corporate governance and legislative change: an empirical analysis of new zealand listed companies [J]. Journal of Business Finance and Accounting, 2005, Vol. 32: 255-295.

[52] Mayers D, Smith Jr. C W. On the corporate demand for insurance [J]. The Journal of Business, 1982, Vol. 55: 281-296.

[53] Mian S L. Evidence on corporate hedging policy [J]. Journal of Financial

and Quantitative Analysis, 1996, Vol. 31: 419 -439.

[54] Myers S C. Determinants of corporate borrowing [J]. Journal of Financial Economics, 1977, Vol. 5: 147 -175.

[55] Nance D R, Smith C W Jr., Smithson C W. On the determinants of corporate hedging [J]. Journal of Finance, 1993, Vol. 48: 267 -284.

[56] Ramlall I. Determinants of hedging: An empirical investigation for mauritius [J]. IUP Journal of Financial Risk Management, 2009, Vol. 6: 99 -120.

[57] Schrand C, Unal H. Hedging and coordinated risk management: evidence from thrift conversions [J]. Journal of Finance, 1998, Vol. 53: 979 -1013.

[58] Smith C W, Stulz R M. The determinants of firms' hedging policies [J]. Journal of Financial and Quantitative Analysis, 1985, Vol. 20: 391 -405.

[59] Spanò M. Managerial ownership and corporate hedging [J]. Journal of Business Finance and Accounting, 2007, Vol. 34: 1245 -1280.

[60] Supanvanij J. Derivative gain/loss, currency hedging and management compensation [J]. Journal of American Academy of Business, Cambridge, 2005, Vol. 6: 16 -23.

[61] Tufano P. Who manages risk? An empirical examination of risk management practices in the gold mining industry [J]. Journal of Finance, 1996, Vol. 51: 1097 -1137.

[62] Wysocki P D. Managerial Motives and corporate use of derivatives: some evidence [C]. Working Paper, 1998.